# Die Lahmheiten
des Pferdes

# PETER GRAY

# Die Lahmheiten des Pferdes

## Ursachen · Symptome Behandlung · Prophylaxe

KOSMOS

Titel der englischen Originalausgabe: Lameness
erschienen 1994 bei J. A. Allen & Company Ltd, London
(ISBN 0 85131 577 1)
© Peter Gray 1994

Aus dem Englischen von Dr. med. vet. Wiebke Bielenberg

Mit 101 Schwarzweißfotos und
78 Schwarzweißzeichnungen von Maggie Raynor

Umschlaggestaltung von Atelier Jürgen Reichert, Stuttgart,
mit einem Foto von Gabriele Boiselle

**kosmos** Bücher • Videos • CDs •
Kalender • Seminare
zu den Themen: • Natur • Garten und
Zimmerpflanzen • Astronomie • Heim-
tiere • Pferde & Reiten • Kinder- und Ju-
gendbücher • Eisenbahn / Nutzfahrzeuge
Nähere Informationen sendet Ihnen gerne:
Kosmos Verlag · Postfach 106011 · 70049 Stuttgart

Die Deutsche Bibliothek - CIP-Einheitsaufnahme

**Gray, Peter:**
Die Lahmheiten des Pferdes : Ursachen, Symptome, Behandlung,
Prophylaxe / Peter Gray. [Aus dem Engl. von Wiebke Bielenberg. Mit
Schwarzweißfotos und Schwarzweißzeichn. von Maggie Raynor.] -
Stuttgart : Kosmos, 1997
    Einheitssacht.: Lameness <dt.>
    ISBN 3-440-07034-4

Für die deutschsprachige Ausgabe:
© 1997, Franckh-Kosmos Verlags-GmbH & Co., Stuttgart
Alle Rechte vorbehalten
Lektorat: Dr. med. vet. Jürgen Bartz
Herstellung: Kirsten Raue
ISBN: 3-440-07034-4
Printed in Czech Republic/Imprimé en République tchèque
Satz: TypoDesign, Würzburg
Herstellung: Těšínská Tiscárna, a. s., Český Těšín

Kosmos Verlag
Mitglied in der
Deutsche Vereinigung zum
Schutz des Pferdes e.V.
Wienkamp 11 rechts
46354 Südlohn

# Die Lahmheiten des Pferdes

# Einleitung

Der Zweck eines Buches über Lahmheiten ist es, ein größeres Bewußtsein für dieses Thema zu schaffen und jedem, der mit Pferden zu tun hat, eine Vorstellung davon zu vermitteln, wie sich Lahmheiten verhindern lassen.

Wir sind unseren Pferden die bestmögliche Verhütung von Lahmheiten schuldig und profitieren auch selbst davon, indem uns in vielen Fällen Behandlungskosten erspart bleiben und die Pferde seltener ausfallen. Wenn wir

- über einen korrekten Beschlag Bescheid wissen,
- die Hufpflege engagiert überwachen,
- Zusammenhänge zwischen Exterieur und Anatomie erfassen,
- die körperlichen Reifungsvorgänge und den Einfluß von Erschütterungen besser verstehen,
- und das Zusammenwirken von Muskeln, Knochen und Wirbelsäule in der Bewegung beachten,

sind wir diesem Ziel bereits ein gutes Stück näher gekommen.

All diese Aspekte sollen in diesem Buch besprochen werden, und ich hoffe, damit etwas zum besseren Verständnis der Zusammenhänge zwischen Lahmheiten und ihren Ursachen beitragen zu können. Davon profitieren unsere Pferde, und dann hat sich der Aufwand gelohnt.

Die Grundlagen der Lahmheitsverhütung sind:

- Die korrekte Huf- und Gliedmaßenbalance, um das Auftreten von Verstauchungen, Zerrungen und Stellungsanomalien zu vermeiden. Der Beschlag ist daran wesentlich beteiligt.
- Wenn wir besser verstehen, wie Erschütterungen innerhalb der Gliedmaßen abgefangen werden, können wir darauf hinwirken, daß diese möglichst wenig geschädigt werden, und damit Problemen wie Schale, Hufknorpelverknöcherung, Überbeinen und Spat vorbeugen.
- Wachstumsbedingte Lahmheiten verhindert man durch korrekte Fütterung und Verständnis dafür, wie es zu Erkrankungen kommen kann. Überfütterung von Jungtieren kann zu Osteochondrose (Verknöcherungsstörungen) führen und falsches Fütterungsmanagement zu Kreuzverschlag.
- Verstehen wir die Funktionsweise der Muskulatur, hilft uns das dabei, nicht nur muskelbedingte Lahmheiten zu vermeiden, sondern auch viele daraus resultierende Verletzungen. Muskelprobleme spielen eine wichtige Rolle bei Sehnenverletzungen und wirbelsäulenbedingten Lahmheiten.
- Die rechtzeitige Erkennung und richtige Behandlung von Wirbelsäulenproblemen gelingt am besten durch regelmäßige vorbeugende Maßnahmen, die besonders bei anfälligen Pferden wichtig sind.

**10** ● Ein guter Beschlag kann dabei helfen, eine Vielzahl der heute häufig auftretenden Lahmheiten zu verhindern.

Die Praxis zeigt immer wieder, daß heutzutage Muskel- oder Wirbelsäulenprobleme häufige Lahmheitsursachen sind. Das sollte nachdenklich
machen und dazu veranlassen, über Ursache und Behandlung dieses Problems besonders nachzudenken.

# Danksagung

Mein Dank gilt folgenden Personen: David Watson, BA, MRCVS, der das
Manuskript editierte; Brendan Paterson, BVetMed CertESM, MRCVS, für
seine Hilfe bei der Niederschrift und die Bereitstellung von Röntgenaufnahmen; Frau D. A. Sinclair LLB vom Royal College of Veterinary Surgeons für
die Beratung bei der Einleitung. Ich danke folgenden Personen und Institu-
tionen für das Zurverfügungstellen von Bildmaterial: John Birt; Victory
Racing Company, Baltimore, USA und ihrem britischen Repräsentanten
Atlantic Equine Limited, Rugby, England; Mustad Hoofcare SA, Switzerland
und ihrem britischen Repräsentanten, EPC of Frome, Somerset, England;
G. Stonehewer von der Firma Universal Horse Shoes, Ludlow, England; Sue
Devereux, BVSc, MRCVS; L. Rochford, MCSP; und Stuart Newsham. Be-
sonderer Dank gilt Maggie Raynor für ihre exzellenten Zeichnungen, Bill
Ireson für die Produktionsedition und meinen Herausgebern.

## Kommentar des Autors

Ich habe für die Beschreibung des Pferdekörpers möglichst Ausdrücke aus
der Umgangssprache gewählt. Tierärztliche Fachausdrücke, die wir in der
Praxis gebrauchen, definieren bestimmte Details genauer. Soweit es für den
Leser hilfreich erscheint, habe ich diese daher im Text in manchen Fällen
zusätzlich verwendet.

# Lahmheitsursachen

Eine Lahmheit kann durch verschiedene Faktoren ausgelöst werden. Einige davon sind besonders wichtig:

● Die Einwirkung von Erschütterungen spielt eine große Rolle. Die Kräfte, die beim Auftreffen des Hufes auf den Boden durch das Bein hinaufgeleitet werden, bezeichnet man als *axiale Kompressionskräfte*. Gleichzeitig wirkt das Körpergewicht des Pferdes in umgekehrter Richtung auf die Gliedmaßen ein. Ungleichmäßige Gewichtsverteilung führt zu einer unproportionalen Belastung einzelner Strukturen und kann Lahmheiten verursachen.

● Diese Einflüsse wirken nur bei Bewegungen auf die *Extremitäten* (Gliedmaßen) ein – ein ruhendes Pferd ist keinen Erschütterungen ausgesetzt. Das Körpergewicht an sich wird nur dann problematisch, wenn es unphysiologisch verteilt ist, wie bei einem lahmen Pferd, das die Körperlast überwiegend mit dem gesunden Bein zu tragen versucht und dieses dabei überlastet.

● Der Körperbau (*Exterieur*) des Pferdes bestimmt, wie die axialen Kompressionskräfte durch die Gliedmaßen (*Extremitäten*) geleitet werden und wie diese den dabei auftretenden Belastungen standhalten.

● Die Bodenbeschaffenheit spielt als Lahmheitsursache ebenfalls eine Rolle. Wenn der Untergrund sehr weich oder hart, uneben, voller Löcher oder von unberechenbar wechselnder Beschaffenheit ist, besteht ein erhöhtes Verletzungsrisiko.

● Als *Traumen* (Einzahl: *Trauma*) bezeichnen wir unbeabsichtigte Verletzungen anatomischer Strukturen. Verhindern kann man sie nur durch vorausschauendes Management im Umgang mit dem Tier, durch sichere Zäune, geeignete Bodenbeläge usw. Trotzdem bleibt stets ein Restrisiko bestehen, bedingt auch durch die Wesensart des Pferdes.

● Infektionen entstehen meist durch das Eindringen von Fremdkörpern aus der Umwelt, etwa Splitt, Dornen und Holzsplitter, oder durch menschliche Eingriffe wie Nägel beim Hufbeschlag.

● Die Ernährung kommt hauptsächlich dann als Lahmheitsursache in Frage, wenn sie zu Entwicklungsstörungen von Gelenkknorpeln und Knochen führt. Auch Muskelprobleme können durch Fehlernährung ausgelöst werden.

● Eine regelmäßige Gliedmaßenstellung und ein korrekter Beschlag bilden beim Pferd die Grundlage einer stabilen Gesundheit. Sie entscheiden darüber, wie gleichmäßig die axialen Kompressionskräfte auf alle Strukturen des Hufes und des Beines einwirken.

● Den Kopf kann man als schweres Pendelgewicht betrachten, das am Hals wie an einem beweglichen Hebelarm befestigt ist. Der Hals setzt am nahezu unbeweglichen Rumpf an. Das Pferd kann durch diesen Hebel seinen Schwerpunkt verlagern, er hilft ihm beim Ausbalancieren. Der Hals schwingt während der Vorwärtsbewegung mit, hier setzen viele Muskeln an, welche die Schulter und Vordergliedmaßen bewegen. Lahmheiten, die hier ihren Ursprung haben, sind meist auf Muskelprobleme oder Veränderungen an der Halswirbelsäule zurückzuführen.

● Die Vorderbeine sind nur durch Muskeln und Bänder mit dem Rumpf verbunden. Eine knöcherne Verbindung zwischen Schulterblatt und Wirbelsäule (Schlüsselbein) existiert nicht. Diese Aufhängung beeinflußt die Bewegungen der Vorhand und die Art, wie Belastungen aufgefangen werden. Die Vorderbeine tragen das Gewicht und sind auch bei der Vorwärtsbewegung des Pferdes aktiv beteiligt. Im Stehen ruhen 60 Prozent des Körpergewichtes auf den Vorderbeinen, in der Bewegung trifft hier die größte Kraft des Aufpralls auf. Beim Springen muß die Vorhand bei der Landung das Vielfache des ge-

*Der Körperschwerpunkt verändert sich in Abhängigkeit von der Körperhaltung: Wenn das Pferd den Kopf senkt, verlagert er sich weiter vorwärts-abwärts.*

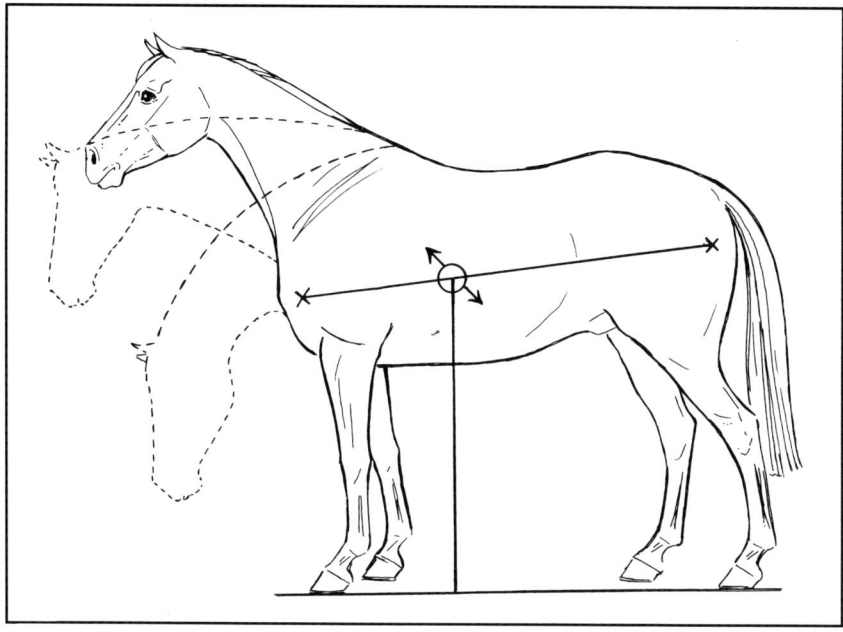

samten Körpergewichts abfangen; so kommt es hier häufiger zu Lahmheiten. Diese sind naturgemäß oft von einem Typus, der auf Erschütterungen zurückzuführen ist, wie Hufbeinerkrankungen, Schale, Gleichbeinentzündungen und Überbeine. »Schienbeine« beim jungen Vollblüter und Entzündungen im Vorderfußwurzelgelenk gehören ebenfalls dazu. Prellungsvorgänge sind auch bei der Entstehung von Hufrollenerkrankungen oft mitbeteiligt.

● Beim Aufsetzen des Beines hängt die möglichst reibungslose Weiterleitung der Erschütterungen bis in stoßabsorbierende Strukturen vom korrekten Gebäude des Pferdes ab. Der Körperbau (*Exterieur*) beeinflußt die Belastbarkeit des betreffenden Tieres ganz entscheidend.

Das **Karpalgelenk** (Vorderfußwurzelgelenk), im üblichen Sprachgebrauch oft etwas irreführend als Knie oder Vorderknie bezeichnet, verbindet *Radius* (Unterarm) und *Metacarpus* (Röhrbein). Kompressionskräfte wirken sich hier direkt auf die Knochen und Knorpel aus, weniger auf Bänder und Sehnen.

Das aus vielen Einzelknochen bestehende Karpalgelenk wird durch Bänder und Sehnen zusammengehalten. Bei der Belastung biegt sich das Gelenk

*Während der Belastungsphase bilden Unterarm, Vorderfußwurzelgelenk und Röhrbein normalerweise eine Gerade.*

**14** daher manchmal nach hinten durch, und seine Knochen werden in dieser Situation ungleich komprimiert. Deshalb hat die Stellung des Karpalgelenks großen Einfluß auf seine Stabilität und normale Belastbarkeit.

Im **Fesselgelenk** trifft das Röhrbein in einem Winkel von etwa 145° auf das Fesselbein. An der dadurch besonders belasteten Rückseite wird das Gelenk durch die oberflächliche und tiefe Beugesehne und den Fesseltrage-apparat gestützt. Zum Fesseltrageapparat gehören das Fesselringband und der Fesselträger (*M. interosseus medius*). Das Fesselgelenk ist sehr beweglich, es fängt Erschütterungen auf und leitet sie weiter, ohne dabei instabil zu werden. Passiert letzteres dennoch, kommt es zu Verletzungen.

Die **Fessel** selbst wird an der Hinterseite durch einen festen Bandapparat unterstützt und ist so vor Verletzungen relativ gut geschützt. Am ehesten treten diese bei Jungtieren auf, wenn die noch nicht gefestigten Knochen

*Der Fesseltrageapparat*

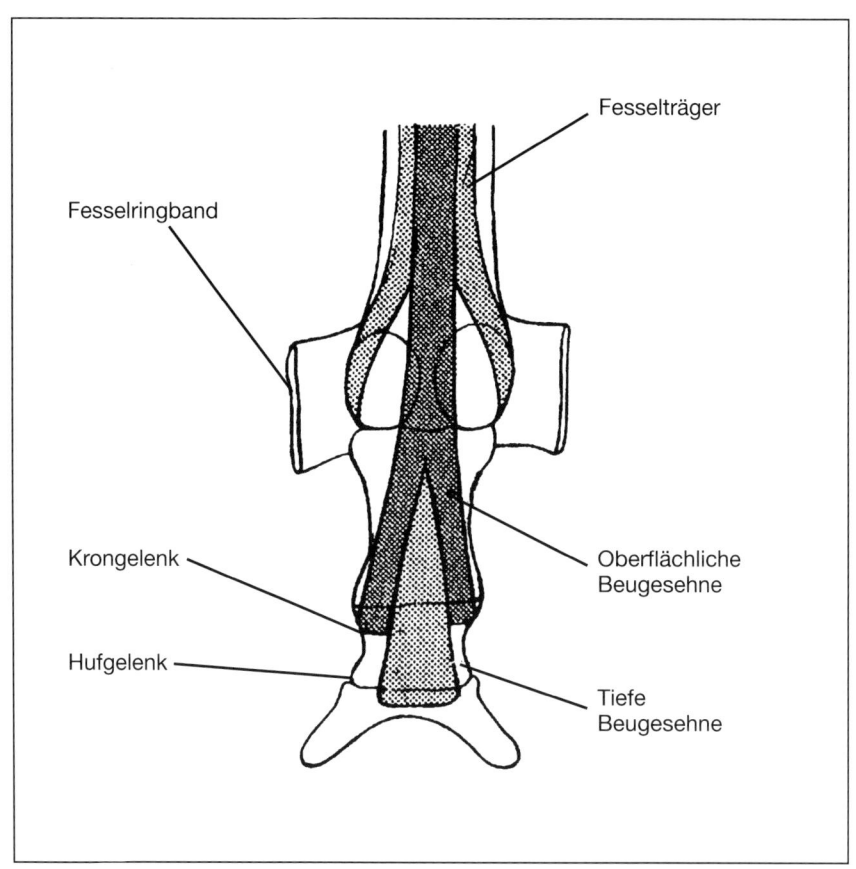

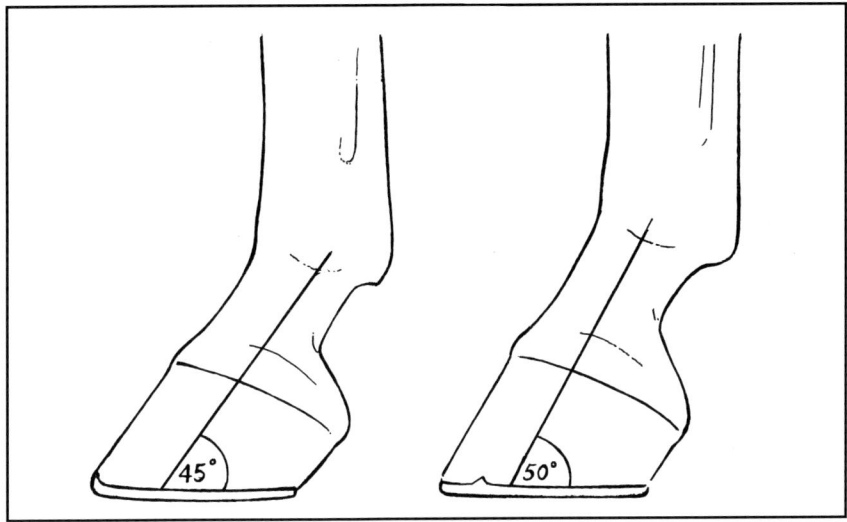

*Normalstellung von Huf und Fessel an Vorder- und Hinterfuß, regelmäßige Achsen, Huf passend zum Fesselstand*

stark belastet werden. Besonders gefährdet sind dabei Tiere mit weicher Fesselung.

Im Idealfall liegt die **Hufachse** von vorne und von der Seite betrachtet in einer durchgehenden Linie mit der Achse der Fessel und ist weder seitlich noch nach vorne oder hinten gebrochen. Der komplex zusammengesetzte Huf hat ein eigenes Stoßdämpfersystem. Abweichungen von der idealen Balance führen zu einer vermehrten Belastung des Beines und erhöhen das Lahmheitsrisiko. Der ideale Winkel der Huf-Fessel-Achse zum Boden beträgt vorne 45°, hinten 50°.

● Die Hinterbeine, der Motor des Pferdes, setzen im Hüftgelenk am Becken an. Die seitlichen Beckenknochen schließen sich nach oben mit dem Kreuzbein (*Sakrum*) zum Beckenring zusammen. Hier liegt das straffe Kreuzdarmbeingelenk (*Iliosakralgelenk*) mit seinen starken Bandverbindungen. Über diese stabilen Strukturen werden Erschütterungen direkt vom Hinterbein auf die Lendenwirbelsäule weitergeleitet und dort teilweise von den Bandscheiben absorbiert.

● Im Galopp entsteht der Vorwärtsimpuls vorwiegend aus der Hinterhand durch die Winkelung und Streckung von Sprunggelenk und Knie. Auch die Wirbelsäule wird dabei etwas mitbewegt. Das Sprunggelenk ist bei der Vorwärtsbewegung eines der wichtigsten Gelenke und spielt auch beim Auffangen von Aufprallkräften eine große Rolle. Es setzt sich aus verschiedenen Anteilen zusammen, einem oberen, beweglichen Scharniergelenk und darunter

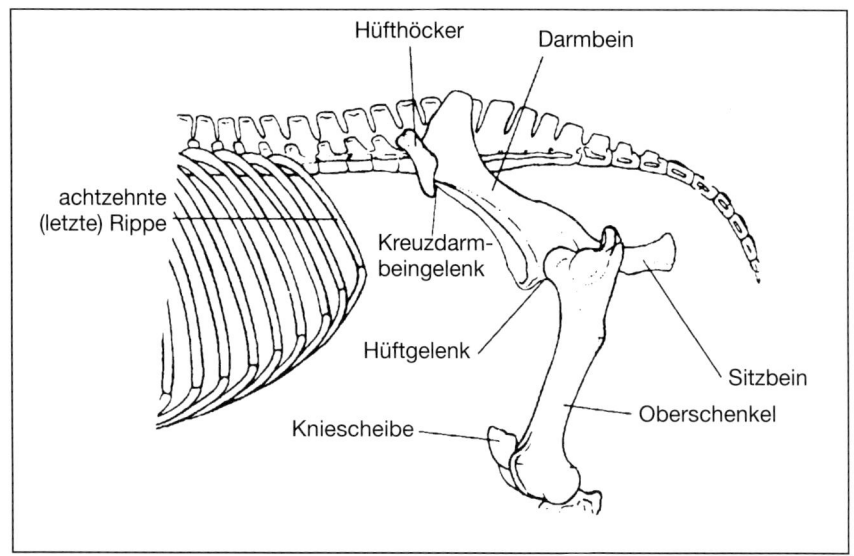

Hüfthöcker

Darmbein

achtzehnte
(letzte) Rippe

Kreuzdarm-
beingelenk

Hüftgelenk

Sitzbein

Oberschenkel

Kniescheibe

*Der Übergang der Hintergliedmaße zu Becken und Wirbelsäule am Kreuzdarmbeingelenk*

liegenden straffen Gleitgelenken, die als Stoßdämpfer dienen. Knie und Sprunggelenk arbeiten stets gleichzeitig, sie können beim intakten Bein nicht getrennt bewegt werden. Die Zusammenschaltung wird durch Muskeln und Sehnen an der Vorder- und Rückseite des Hinterbeins bewirkt, die die sogenannte *Spannsägenkonstruktion* bilden. Diese federnde Verbindung absorbiert bereits einen guten Teil der auf das Bein einwirkenden Erschütterungen.

● Das Kniegelenk besteht aus zwei Gelenken, die sich synchron bewegen: Eines wird von Ober- und Unterschenkel gebildet, das andere durch die Kniescheibe und den Oberschenkelknochen. Die Gelenkkapseln beider Gelenke stehen miteinander in Verbindung. Das Kniegelenk absorbiert Erschütterungen, indem es Energien an die mächtige Kruppenmuskulatur weiterleitet und sie durch den Oberschenkelknochen auch auf Becken, Wirbelsäule und Rumpf überträgt.

● Die Wirbelsäule ist im Brust- und Lendenwirbelbereich nur beschränkt beweglich, in der Kreuzbeinregion sogar völlig starr. Geringe Bewegungen sind nur seitlich und von oben nach unten möglich. Man schätzt, daß sich ein gut gymnastiziertes Pferd seitlich etwa 10 bis 12 Zentimeter weit biegen kann. Müssen auf beschränktem Raum engere Wendungen ausgeführt werden, dreht es sich um die Hinterhand, wobei es die Vorhand hebt und die Beine seitwärts setzt.

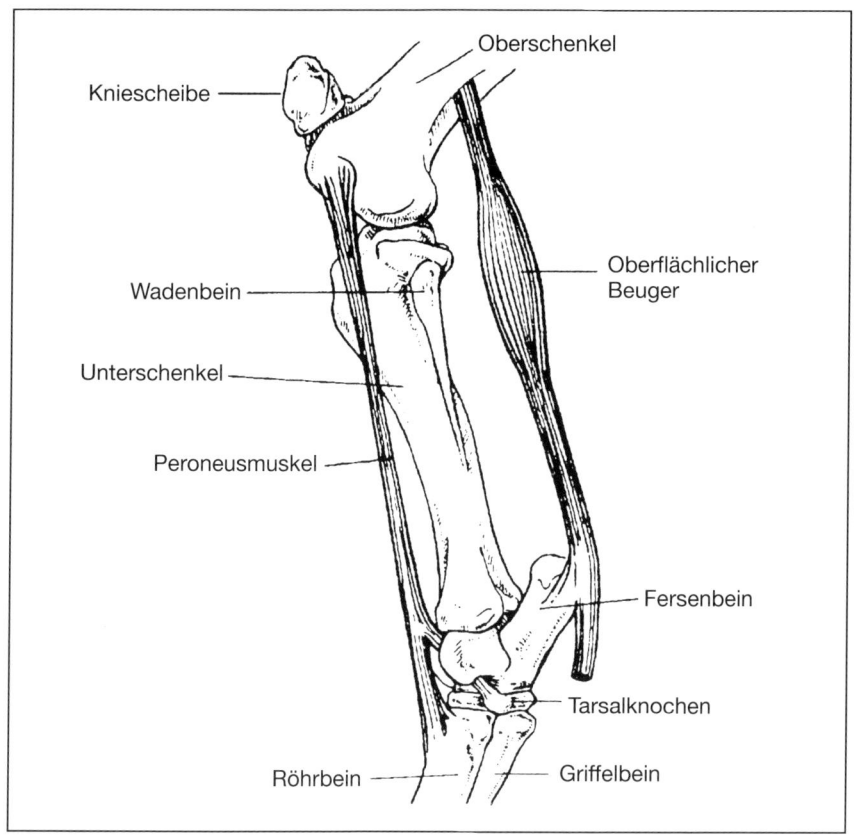

Kniescheibe

Oberschenkel

Wadenbein

Oberflächlicher
Beuger

Unterschenkel

Peroneusmuskel

Fersenbein

Tarsalknochen

Röhrbein

Griffelbein

*Spannbandapparat der Hintergliedmaße*

Reitpferde leiden recht häufig unter wirbelsäulenbedingten Lahmheiten. Fast immer ist eine physiotherapeutische oder chiropraktische Behandlung sowie eine Veränderung des Reitstils zur baldigen Besserung ebenso erforderlich wie die medikamentöse Therapie. Bei wenigen Tierarten wird der Rücken so belastet wie beim Pferd, und entsprechend gehäuft treten dort Probleme auf. Wir sollten deshalb bei den Anforderungen, die wir an unsere Pferde stellen, stets die beschränkten physiologischen Möglichkeiten berücksichtigen, die ihre Wirbelsäule hat.

● Die Brustwirbelsäule ist durch die anhängenden Rippen weniger beweglich. Zur Beweglichkeit der Lendenwirbelsäule tragen die Zwischenwirbelgelenke zwischen den Lendenwirbeln bei. Das mehrteilige *Lumbosakralgelenk* bildet eine breite Verbindung zwischen letztem Lendenwirbel und Kreuzbein.

Die Dicke der bindegewebig-elastischen Bandscheiben beeinflußt die

**18**  Bewegungsmöglichkeiten der einzelnen Wirbel. Die Bandscheiben liegen jeweils zwischen den Wirbelkörpern und sind fest mit ihnen verbunden. Mit zunehmendem Alter werden diese Zwischenwirbelscheiben durch Kalkeinlagerungen unelastischer. Zubildungen (*Spondylarthrosen*) können zur Brückenbildung zwischen den einzelnen Wirbeln führen und diese schließlich fest verbinden. Zwischen den Querfortsätzen der letzten drei Lendenwirbel bestehen echte *synoviale* (mit Gelenkschmiere gefüllte) Gelenke. Hier kann es durch eine Gelenkentzündung bereits ab dem zweiten Lebensjahr zu massiven Verschmelzungen zwischen den Wirbeln kommen (*Ankylose*). Diese Verkalkung dehnt sich in seltenen Fällen auch auf das normalerweise beweglich bleibende Lumbosakralgelenk aus.

● Die Wirbelsäule bildet die Verbindungsachse zwischen den Gliedmaßen, die den Körper vorwärts bewegen. Der Impuls der sich vom Boden abstoßenden Hinterbeine wölbt den Rücken im Bereich des Rumpfes auf. Dabei wirken diagonale und senkrechte Kräfte auf die Wirbel und ihre Anhangsgebilde ein. Die schräg einwirkenden Kräfte biegen die Wirbelsäule seitwärts,

*Bewegungen, die sich negativ auf die Wirbelsäule auswirken können*

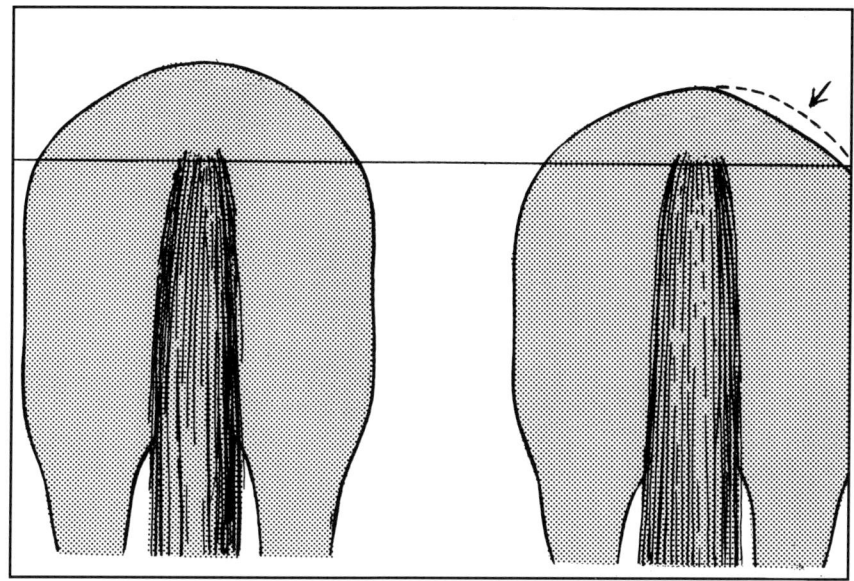

*Einseitiger Schwund der Kruppenmuskulatur (Pfeil) als Folge von Störungen im Kreuzdarmbeingelenk oder von primären Muskelverletzungen*

während die senkrechten die Aufwölbung der Wirbelsäule verstärken. Die resultierenden seitlichen Schwingungen des Rumpfes werden im Schritt besonders deutlich.

In schnelleren Gangarten wird die Bewegung geringer, weil dabei das Muskelkorsett zunehmend angespannt und die Wirbel dadurch gegen Verschiebungen stabilisiert werden.

Der *Musculus longissimus dorsi* zieht oberhalb der Wirbelsäule den Rücken entlang, der *Musculus psoas minor* unterhalb. Sie festigen bei gleichzeitiger Kontraktion den Rumpf. Setzt die Synchronisation zwischen diesen starken Muskeln aus, kann es zu Wirbelbrüchen kommen. Diese Gefahr besteht beispielsweise bei Stürzen oder in der Aufwachphase nach Narkosen, eine Verletzung kann aber sogar beim Galoppieren auf völlig ebenem Grund passieren. Solche Brüche (*Frakturen*) sind meist im Bereich der Brustwirbelsäule lokalisiert.

● Das Beckendach fängt die mechanischen Stöße der Hinterhand direkt ab. Deshalb findet man hier oft geringgradige Verschiebungen des *Iliosakralgelenks*. Auch Muskelverletzungen sind im Bereich der Kruppe und der Oberschenkelmuskulatur nicht selten. Die Schweifrübe kann bei Unfällen verletzt werden. Generell ist jede Anomalie in Bewegung und Haltung des Schweifes ein Hinweis auf mögliche Probleme im Wirbelsäulenbereich.

● Eine einwandfrei funktionierende Muskulatur ist für die Gesundheit und

Leistungsfähigkeit des Pferdes von großer Bedeutung. Das wird leider oft zuwenig beachtet, wohl auch deshalb, weil muskelbedingte Lahmheiten meist schnell wieder vergehen. Bereits wenige Tage nach einer Muskelverletzung lahmt das betroffene Pferd kaum mehr. Bleibende kleine Veränderungen des Gangbilds werden dabei häufig übersehen oder vernachlässigt. Durch die veränderte Aktion der Muskulatur ist aber die Mechanik des Pferdes beeinträchtigt, der Gang leidet, und es kommt häufig zu Folgeproblemen am Stützapparat, an Knochen, Bändern und Sehnen.

## Achsenkräfte

Die *axialen Kompressionskräfte* wirken auf das Bein ein, sobald es das Körpergewicht aufnimmt. Sie werden mit steigender Geschwindigkeit größer. Nicht nur aufwärts gerichtete Stöße, sondern auch der von oben durch das Körpergewicht ausgeübte Druck tragen zur Kompression der dazwischenliegenden anatomischen Strukturen bei. Wie bereits gesagt, beeinflußt das individuelle Gebäude des Pferdes, insbesondere die Gliedmaßenstellung, die Art, wie Belastungen aufgefangen und weitergeleitet werden. Stellung und Winkelung bestimmen die Kräfte, die auf Knochen und Gelenke einwirken. Jede Formabweichung beeinträchtigt auf Dauer die Fähigkeit der Gließmaße, mit den auftretenden ungleich verteilten Kräften fertig zu werden.

Jede Analyse von Lahmheitsursachen läuft letzten Endes auf die gleiche

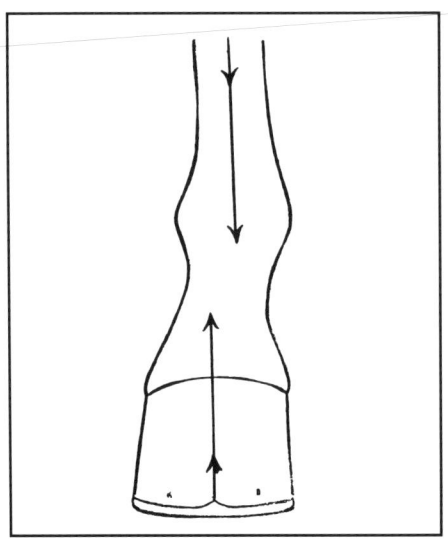

*Von oben wirkt das Körpergewicht auf den Fuß ein, von unten der Einfluß des Bodens. Wie stark die Strukturen des Beines dadurch belastet werden, ist abhängig von der Stellung.*

Frage hinaus: Wie ist die gegebene Anatomie des Tieres der normalen täg-
lichen Beanspruchung gewachsen? Wird ein Gelenk, eine Sehne oder ein Band durch eine unphysiologische Stellung oder Struktur ständig überlastet, werden Probleme wahrscheinlicher. Äußere Faktoren, etwa fehlerhafter Beschlag oder unebener Boden, wirken sich ähnlich aus. Auch hierdurch wird das Bein ungleich belastet, das Verletzungsrisiko steigt. Vernachlässigt man beim stark wachsenden Jungtier auch nur kurzfristig die korrekte Hufpflege, kann bereits ein bleibender Schaden entstehen. Es kommt zu Stellungsanomalien, besonders häufig im Vorderfußwurzelgelenk und den unteren Beinabschnitten. Beim ausgewachsenen älteren Pferd können Überbeine darauf hinweisen, daß mit der Gliedmaßenbalance etwas nicht in Ordnung ist. Aufgrund der mangelnden Balance entwickeln sich später oft Lahmheiten, nicht etwa umgekehrt.

Dem idealen Pferdebein gelingt es nach entsprechendem Training, Belastungen optimal aufzufangen und gleichmäßig zu verteilen, ohne einzelne Partien vermehrtem Streß auszusetzen. Wenn trotzdem Lahmheiten auftreten, zeigt dies, daß diese idealen Verhältnisse nicht immer hergestellt werden konnten, und auch, daß unsere Kenntnisse über die fundamentalen Zusammenhänge manchmal noch nicht ausreichend sind.

# Andere Einflüsse

Sicherlich gibt es auch unvermeidbare Lahmheiten. Verletzungen häufen sich besonders dann, wenn vom Pferd körperliche Aktivitäten verlangt werden, die nicht seiner Natur entsprechen. Pferde sind nicht zum Springen geboren, daher bringt ein Sprung stets Probleme für ihre eher starre Wirbelsäule mit sich.

Unser mangelndes Verständnis für die *physiologischen* (natürlichen) Funktionen einer leistungsfähigen Muskulatur läßt oft Verletzungen entstehen, die vermeidbar wären und später ernsthafte Folgen nach sich ziehen.

Selbst ein Pferd mit idealem Körperbau kann, trotz aller Sorgfalt, bei hohem Tempo in ein Loch treten und sich verletzen. Sehnenverletzungen passieren auch bei unpassend-strauchelnden Landungen nach einem Sprung, wobei das Bein mechanisch überstreckt wird. Verletzungen können eine Folge fehlerhafter oder überlastender Trainingsmethoden sein oder von Arbeit auf ungeeignetem Boden und ähnlichem herrühren. Zu sekundären Verletzungen kommt es dann, wenn Muskelprobleme und Schmerzen zu einer unphysiologischen Beanspruchung anderer Körperteile führen.

Kurz gesagt: Viele Lahmheiten kann man verhindern, manche leider nicht.

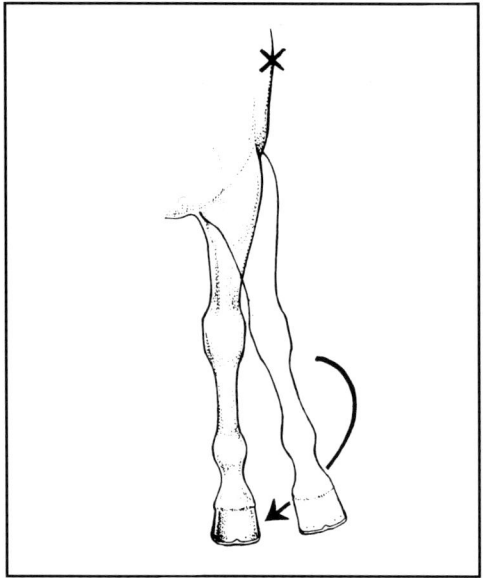

*Muskelverletzungen können die Gliedmaßenaktion beeinflussen. Bei Verletzungen an der Schulteraußenseite (Kreuz) verändert sich die seitliche Beweglichkeit des Beines durch die eintretende Muskelkontraktion (Pfeil).*

Wenn die Zusammenhänge zwischen Verletzungen und deren Ursachen stärker berücksichtigt würden, gäbe es sicher weniger Totalausfälle durch immer wiederkehrende Probleme am Bewegungsapparat der Pferde.

Im folgenden Absatz soll kurz zusammengefaßt werden, wie die Kompressionskräfte auf die einzelnen Teile des Pferdebeines einwirken:

- Die Strukturen des Hufes, insbesondere Strahl, Strahlkissen, Hufkissen und Hufknorpel, absorbieren bereits einen Teil der Aufprallenergie. Der Aufbau des Hufes sorgt dafür, daß sich die Wucht gleichmäßig verteilt.
- Die Winkelung der Fessel und die beteiligten Bänder und Sehnen unterstützen diesen Effekt.
- Das Fesselgelenk mit seinen Gleichbeinen, zahlreichen festen Bändern und den Beugesehnen bietet eine federnde Stabilität und leitet die Energie weiter in das Röhrbein. Das bisher Beschriebene gilt gleichermaßen für Vor- und Hinterhand.
- Sprunggelenk und Knie wirken bei der Hinterhand im oberen Gliedmaßenbereich als Stoßdämpfer. An dieser Wirkung sind auch die Kruppenmuskulatur und das Hüftgelenk beteiligt.
- An der Vorhand sind die Winkelung von Ellbogen und Schultergelenk für die Dämpfung mitverantwortlich.
- Die verschiedenen Muskelpartien im oberen Beinabschnitt haben einen stoßabsorbierenden Effekt.
- Schließlich gelangt die restliche Aufprallenergie durch die großen Muskelpartien des Rumpfes bis in die Wirbelsäule hinauf.

Es ist offensichtlich, daß jede Schwachstelle in dieser anatomischen Kette einem erhöhten Verletzungsrisiko ausgesetzt ist. So führt eine Stellung, bei der das Bein teilweise von einer durch die Hufmitte gelegten Senkrechten abweicht, zu Problemen an eben dieser Stelle, also dort, wo die gedachte Mittelachse aus der Kontur hinauszieht. Das Ausmaß der auftretenden Schädigung wird durch das Körpergewicht mitbeeinflußt.

# Vordergliedmaße

Die natürliche Konstruktion der Vordergliedmaße leitet die axialen Kompressionskräfte gerade durch das Bein hinauf und absorbiert sie dabei, wobei die einzelnen anatomischen Teile möglichst wenig belastet werden. Schauen wir uns das stehend-belastete Bein einmal in Frontalansicht an:

*Im Idealfall absorbiert das Vorderbein in der Belastungsphase die axialen Kräfte in gerader Linie.*

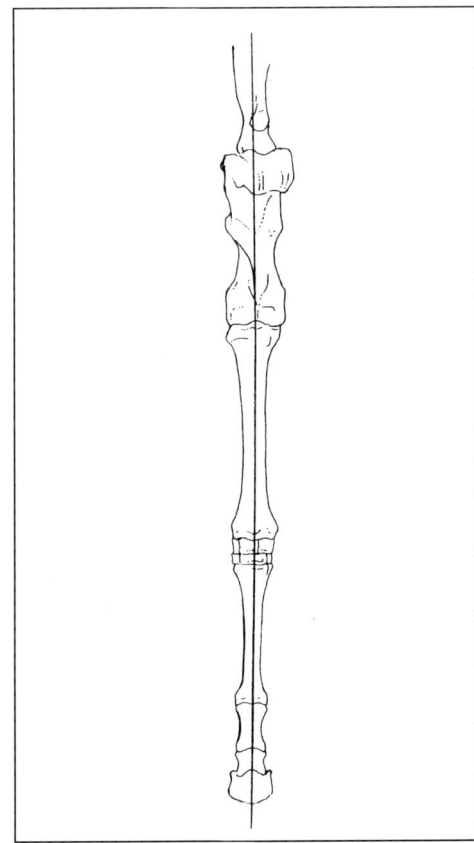

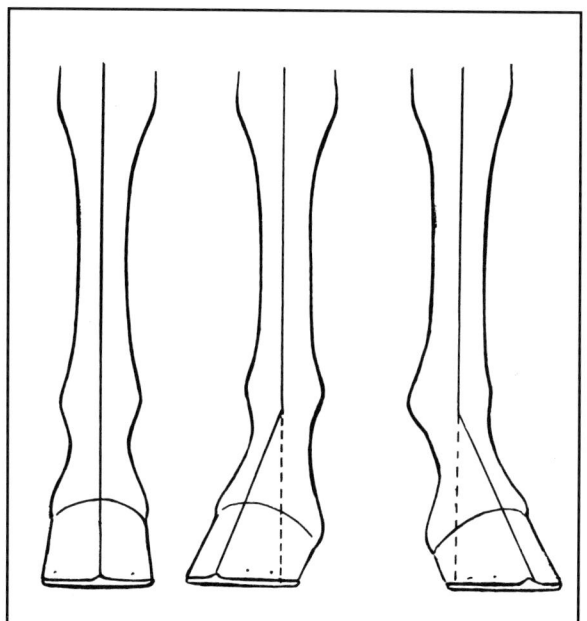

Der Huf wird im Idealfall durch die Mittellinie in zwei gleiche Hälften geteilt. Sind dagegen Innen- und Außenwand des Hufs unterschiedlich geneigt, verliert der Huf und damit das ganze Bein seine ideale Balance. Das korrekte und gerade Aufeinanderfolgen der einzelnen Knochenelemente verleiht dem Bein eine optimale Widerstandsfähigkeit und vermeidet die Überlastung

*Niedrige Trachten (links) führen zu Veränderungen der unteren Gelenke und belasten die Beugesehnen. Überhöhte Trachten in Kombination mit einer kurzen Zehenwand vermehren die Druckbelastung im Huf- und Fesselgelenk (rechts).*

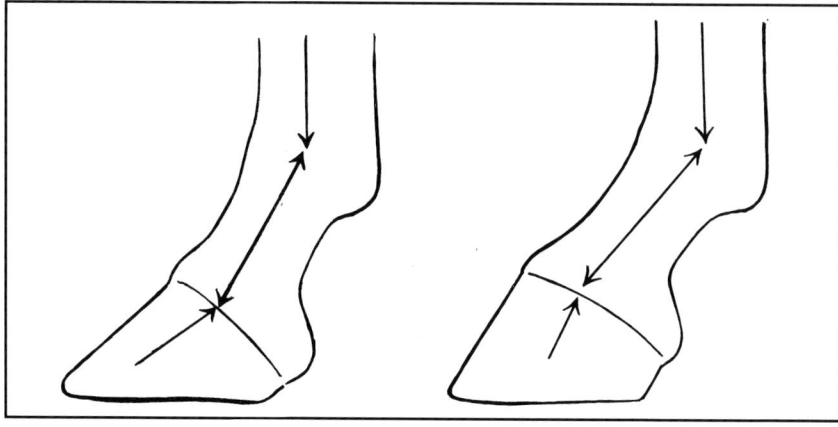

*Unebener Boden führt zu übermäßiger Belastung der Gelenke; dazu zählt auch die übliche Straßenwölbung.*

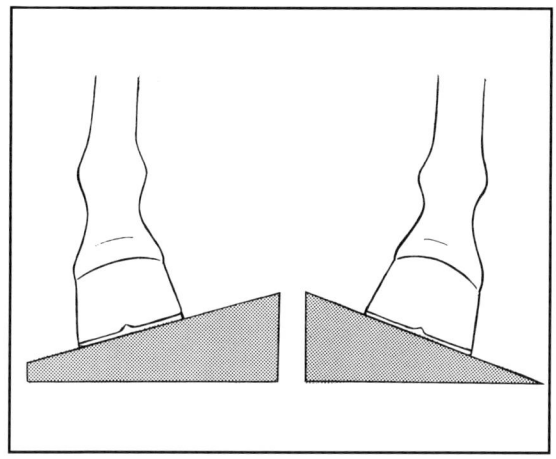

einzelner Strukturen. Die zentrale Achse sollte im gesamten Verlauf keinesfalls durch Anomalien, Stellungsfehler oder äußere Einflüsse seitlich gebrochen sein, sondern strikt senkrecht verlaufen. Eine Senkrechte teilt Kron- und Fesselbein, Röhre, Unter- und Oberarm in annähernd gleiche Hälften. Dadurch wirkt die gerade Gliedmaße beim Auffußen wie eine stabile Stütze:

Die gegenläufig wirkenden Kräfte des Aufpralls und des Körpergewichts treffen hier in einer Weise aufeinander, die die größtmögliche Schonung aller beteiligten anatomischen Strukturen gewährleistet. Verletzungen können so weitestgehend vermieden werden.

Im oberen Teil der Vordergliedmaße trägt das Ellbogengelenk zur Stoßabsorption bei. Die Erschütterungen werden von dort in die Muskelmassen der Schulter und des Rumpfes weitergeleitet. Indirekt wirken sie damit auch auf die Wirbelsäule ein. Das Körpergewicht lastet gleichzeitig von oben auf diesen Teilen. Ein Pferd mit korrektem Gebäude kann diese Kräfte mit minimalem Verletzungsrisiko auffangen. Die Tatsache, daß sich das Schulterblatt dabei – als einziger Teil von der geraden Linie abweichend – leicht gebogen an den Brustkorb anpaßt, ändert nichts an diesem Grundprinzip.

Von der Seite gesehen achten wir darauf, ob die vordere Wand der Vorderhufe einen Winkel von etwa 45° zum Boden bilden, die der Hinterhufe einen Winkel von 50°. Legt man an Huf- und Fesselvorderseite eine Linie, sollte sie gerade bis zum Fesselgelenk hinaufziehen, ohne nach vorwärts oder rückwärts gebrochen zu sein.

Der Winkel des Vorderhufes entspricht oft dem der Schulter, genauer dem der *Spina scapulae* (Knochengrat auf der Mitte des Schulterblattes). Daher finden wir bei Pferden häufig eine steile Schulter mit einer steilen Fesselung kombiniert. Die Lage des Schulterblattes wird zusätzlich durch sein Längenverhältnis zur Länge des Oberarmknochens bestimmt.

Bei niedrigen Trachten und langer Zehe entsteht eine Brechung der Huf-Fessel-Achse nach hinten, wodurch es zu einer unnötigen Belastung aller Strukturen an der Beinrückseite kommt. Betroffen sind davon zum Beispiel Strahlbein, Beugesehnen, Fesselträger und die Knochen des Vorderfußwurzelgelenks.

Steht der Huf zu steil und sind die Trachten zu hoch, ist die Zehenachse nach vorne-oben gebrochen. Das kann in manchen Fällen zur Entwicklung eines **Zwanghufes** führen, wodurch Erschütterungen ungedämpfter auf die empfindlichen Strukturen des Fesselgelenks übertragen werden.

Manchmal wirken sich auch Stellungsabweichungen in anderen Körperteilen negativ auf die Balance des Hufes aus. Fehlstellungen im Fessel- oder Vorderfußwurzelgelenk führen zu einer ungleichen Fußung des sonst regelmäßig entwickelten Hufes. Erschütterungen werden in diesem Fall entweder direkt im verstellten Gelenk vermehrt absorbiert oder bereits vorher, in den davon ebenfalls beeinträchtigten tiefer liegenden Partien. Die Wahrscheinlichkeit, daß solche Pferde auf Dauer gesund und belastbar bleiben, ist dadurch deutlich vermindert.

Man weiß von menschlichen Sportlern her, daß *Imbalancen* bestmöglich korrigiert werden müssen, ehe optimale Leistungen erbracht werden können. Beim Pferd erreicht man dies durch Korrekturbeschläge. Möglicherweise benötigt das Tier diese sogar während seiner ganzen Laufbahn, muß also beispielsweise lebenslang mit Eisen beschlagen werden, bei denen ein Schenkel verstärkt ist. Durch geeigneten Beschlag können auch kleinste Unregelmäßigkeiten ausgeglichen werden, eine Überlastung einzelner Strukturen wird dadurch vermieden und das aktive Leben des Pferdes kann häufig erheblich verlängert werden.

Hier soll nun genauer behandelt werden, wie sich Stellungsfehler auf einzelne Gliedmaßenanteile wie Huf, Fessel, Vorderfußwurzelgelenk und Unterarm auswirken.

## Huf und Fessel

Die Hufbalance beeinflußt die korrekte Stellung des gesamten Beines. Manchmal ist es deshalb notwendig, eine anscheinend ideale, regelmäßige Hufstellung zu verändern, um Überlastungen anderer Partien zu vermeiden.

Ein gut beschlagener Huf fußt plan auf. Nur wenn die Fußungsfläche des Hufes von Natur aus korrekt ist, kann der Schmied das mit normalen Eisen erreichen. Deshalb ist es wichtig, daß sich der Schmied das Pferd vor dem Beschlagen im Schritt und Trab auf ebenem Grund vorführen läßt. Er beurteilt dabei dessen Aktion, um die Hufe dementsprechend auszuschneiden, so daß

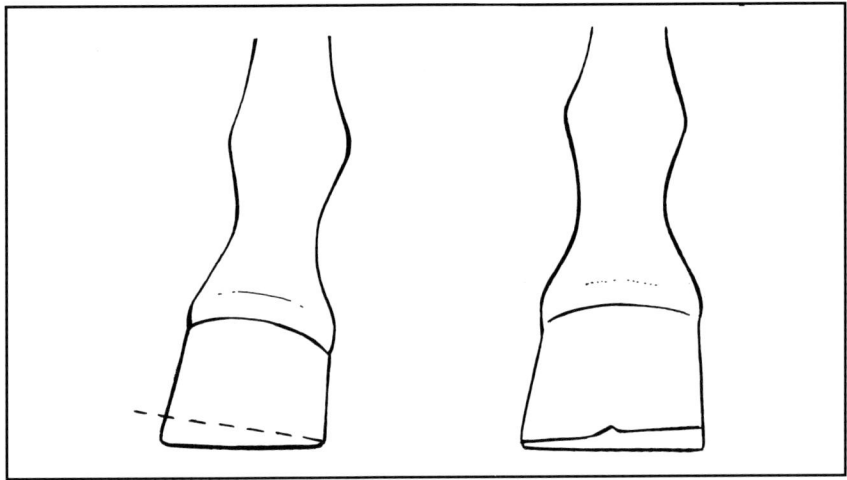

*Unregelmäßige Hufe werden durch Ausschneiden korrigiert. Findet man damit nicht das Auslangen, wird zusätzlich ein einseitig erhöhtes Eisen verwendet.*

sie alle vier gut ausbalanciert sind und gleichmäßig fußen. Das fertige Eisen muß eine völlig ebene Auflagefläche haben.

Besonders riskant sind in dieser Beziehung Eisen, die für den Gebrauch auf rutschigen Oberflächen mit eingesetzten Griffen oder Stollen versehen sind. Diese nutzen sich oft ungleich ab und bieten dann keine ebene Stand-

*Bei steiler Fesselung (links) prellen Erschütterungen stärker. Eine weiche Fesselung (rechts) belastet dagegen vermehrt Sehnen und andere Strukturen der Beinrückseite.*

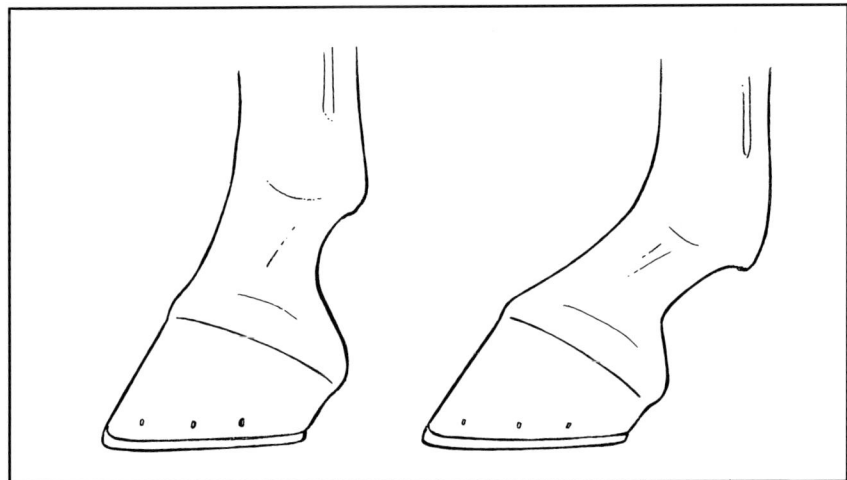

**28** fläche mehr. Das Problem liegt dabei nicht nur in der entstandenen unpassenden Stellung. Die Fußung wird überdies instabil, und das Pferd »kippelt«. Dadurch kommt es leicht zu Verletzungen der betroffenen Gelenke. Betrachtet man die Hufstellung von vorne, kann man sich vorstellen, wie es sich auswirkt, wenn einseitig nur die innere oder äußere Seitenwand gekürzt wird. Die Stellung der gesamten Gliedmaße ändert sich dadurch und damit die Auswirkungen der im Bein fortgeleiteten und absorbierten Kompressionskräfte.

*Imbalancen* in der Kräftefortleitung wirken sich naturgemäß in umgekehrter Richtung ebenfalls aus, das Körpergewicht lastet vermehrt auf den entsprechenden Problemzonen. Häufig kommt es dann zu Lahmheiten, die fast unvermeidbar werden, wenn Abweichungen längere Zeit unkorrigiert bleiben. Man kann sich auch vorstellen, wie sich ein Längerlassen der Zehen oder ein starkes Kürzen der Trachten auf die Hufbalance auswirken. Die Zehenachse wird dadurch verändert, die Belastung für den Fesseltrageapparat und andere Strukturen wächst zumeist.

Ein Eisen soll den Huf vor übermäßiger Abnützung schützen, Erschütterungen mildern und dafür sorgen, daß sich die auf den Tragrand des Hufes einwirkende Last gleichmäßig auf alle Strukturen verteilt. Der natürliche Hufmechanismus, der unter anderem die Blutversorgung des Hufes unterstützt, funktioniert nur, solange Strahl, Strahl- und Hufkissen und Hufknorpel normal ausgebildet sind und das Eisen richtig liegt.

Die sensiblen Teile des Hufes dürfen dabei keinem Druck ausgesetzt sein, weder durch die Hufnägel noch durch das Eisen, sonst treten leicht Entzündungen und Infektionen auf.

## Fesselgelenk

Wenn die Gliedmaßenachse von vorne gesehen nicht gerade verläuft, wird das Fesselgelenk unphysiologisch belastet. Dieses Gelenk fängt einen großen Teil der axialen Kompressionskräfte auf, besonders stark ist deren Einwirkung bei der Landung nach einem Sprung. Schwachstellen sind dabei stark der Gefahr ernsthafter Verletzungen ausgesetzt. Sorgfältiges Management hilft zumindest das vermeidbare Risiko zu minimieren, indem stets auf eine korrekte Gliedmaßenbalance Wert gelegt wird und die Pferde nie auf ungeeignetem Boden gearbeitet werden.

*Rechts: Trotz seiner ausgezogenen Vorderfußwurzelgelenke war dieses Reitpferd nicht vermehrt lahmheitsanfällig.*

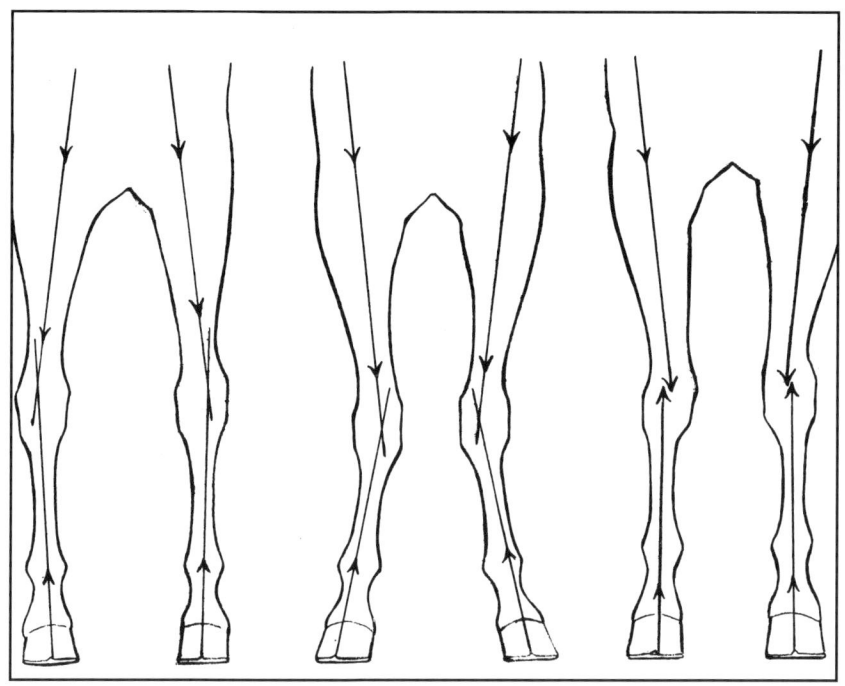

*Oben: Die Stellung des Vorderfußwurzelgelenks ist wichtig für die Stabilität: O-bei-nig, X-beinig, ausgezogenes Gelenk.*

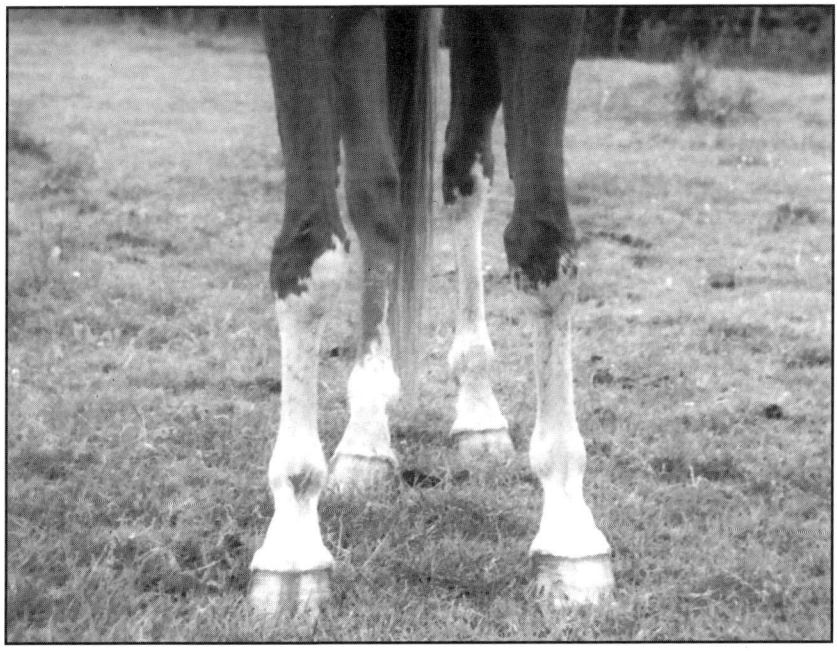

Durch seine anatomische Lage in gerader Linie zwischen Unterarm (*Radius*) und Röhrbein (*Metacarpus*) ist es weitgehend vor der Einwirkung axialer Kräfte geschützt. Dies gilt allerdings nur, solange keine Rückbiegigkeit vorliegt, sei es bei Stellungsfehlern oder wenn ein ermüdetes Pferd belastet wird, wie es typischerweise in der Endphase eines Rennens passiert. Dann nämlich sieht man oft, wie der Fesselkopf des belasteten Beines tiefer durchtritt und die Achse von Unterarm und Röhre nach rückwärts gebrochen wird.

Von vorne betrachtet geht die erwünschte gerade Linie dann verloren, wenn es durch entwicklungsbedingte Störungen zu einem ungleichmäßigen Wachstum kommt. Dabei entstehen Fehlstellungen, wie X-Beinigkeit oder andere Verschiebungen, etwa ausgesetzte Karpalgelenke.

## Einfluß des Bodens

Der Boden beeinflußt durch seine Oberfläche, Neigung und Härte das Ausmaß der entstehenden Erschütterungen ebenfalls beträchtlich. Bei Bergabsprüngen, beispielsweise von einem Feld herab auf harten Straßenbelag, wird die Vorhand besonderen Kompressionsbelastungen ausgesetzt, woraus nur zu leicht Verletzungen resultieren. Fast die gleiche Belastung der anatomischen Strukturen entsteht aber auch, wenn man dieselbe Straße in flottem Tempo entlang trabt. Unebener, steiniger oder löcheriger Boden erzwingt eine einseitige Belastung der tragenden Gliedmaße, die dabei so gebogen werden kann, daß es zu Verletzungen kommt. Ähnlich wirkt auch eine schräge oder gewölbte Bodenfläche. Nicht nur die Oberflächenbeschaffenheit beeinflußt die Erschütterungen, sondern auch der Trainingszustand des Pferdes. Gegenüber dem schlaffen Körper des untrainierten Tieres ist der des regelmäßig gearbeiteten Tieres widerstandsfähiger und elastischer. Auf sehr weichem Boden ermüdet ein Pferd schneller, und besonders bei Tieren mit schlechter Kondition steigt das Risiko von Sehnenverletzungen rasch an.

## Hintergliedmaße

An den Hintergliedmaßen haben der Körperbau des Pferdes und die Bodenbeschaffenheit geringeren Einfluß auf die Verletzungshäufigkeit. Von allen Strukturen wird das Sprunggelenk am stärksten beansprucht.

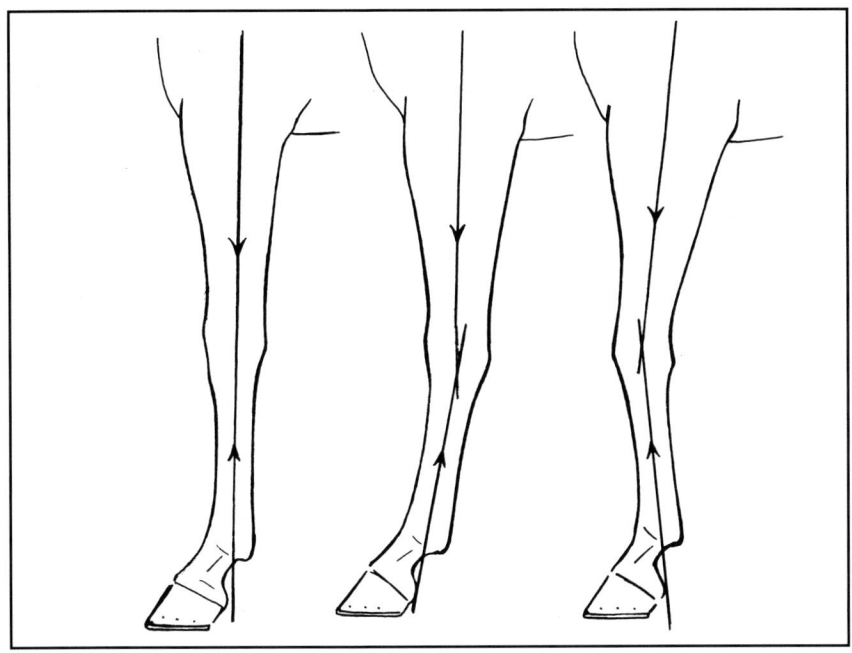

*Rückbiegigkeit im Vorderfußwurzelgelenk ist eine häufige Lahmheitsursache. Vorbie-gigkeit bereitet meist weniger Probleme.*

*Stellungsfehler der Hinterbeine zu erkennen, ist gleichermaßen von Bedeutung. Eine fehlerhafte Stellung macht die Pferde anfälliger für Spat und andere Erkrankungen.*

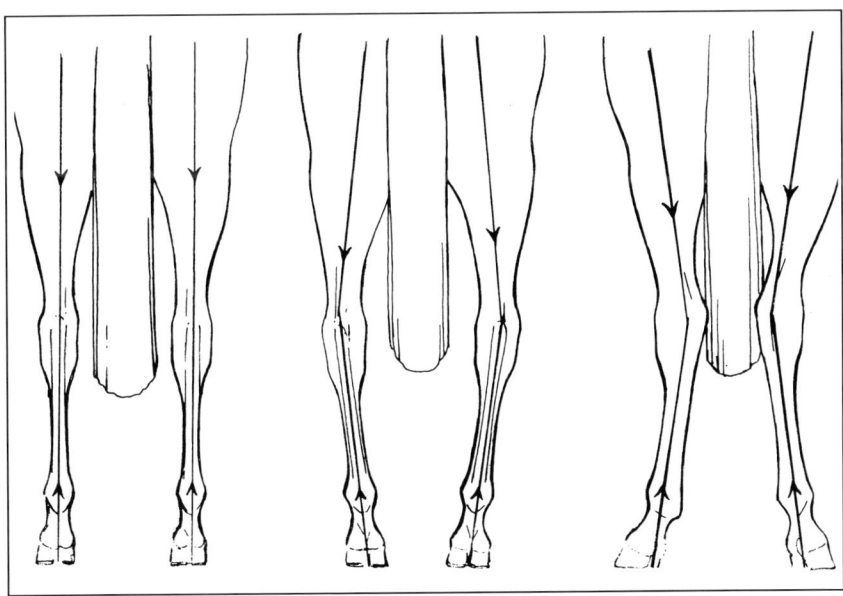

Pferde lahmen deshalb häufiger vorne als hinten. Das liegt auch daran, daß die Vorhand den größeren Teil des Körpergewichts trägt und bei der Landung nach einem Sprung Kräfte, die ein Vielfaches des Körpergewichts ausmachen, direkt auf die Vorderbeine einwirken. Dadurch werden die knöchernen und sehnigen Bestandteile von Huf, Fessel, Röhrbein und Knie stark belastet.

Hinterhandlahmheiten sind meist auf Fehlfunktionen im Sprunggelenk-Knie-Bereich zurückzuführen, wenn dessen Sprungfederwirkung beeinträchtigt ist, oder auf Probleme in den mächtigen Muskelmassen der Oberschenkel und Kruppe, die das Gewicht des Tieres vom Boden abstoßen.

In der tierärztlichen Praxis begegnet man heutzutage besonders häufig Lahmheiten, die auf Muskelverletzungen oder Störungen der Wirbelsäulenfunktion beruhen. Das entspricht der Situation beim menschlichen Sportler. Der Unterschied besteht darin, daß es für diesen nicht möglich ist, mit Muskel- oder Kreuzschmerzen maximale Leistungen zu erbringen, während das vom Pferd oft erwartet wird, meist aus Unkenntnis der Probleme und Schmerzen, unter denen es leidet.

# Diagnose

Das Thema Lahmheitsdiagnostik wird hier ausführlich behandelt, soweit es Möglichkeiten umfaßt, die dem Pferdebesitzer in seinem Stall selbst zur Verfügung stehen. Spezielle Untersuchungstechniken, die der Tierarzt durchführen muß, werden nur kurz gestreift. Dazu gehören Röntgen, diagnostischer Ultraschall, Szintigraphie, diagnostische Anästhesien sowie andere Methoden zur Darstellung von Knochen und Weichteilen.

Man könnte annehmen, daß es ohne den Einsatz dieser technischen Hilfsmittel schwierig ist, zu einer eindeutigen Diagnose zu gelangen. Trotzdem wird ein Teil der Lahmheiten vom Tierarzt gerade durch die genaue klinische Untersuchung, also ohne technische Hilfsmittel, diagnostiziert. Diese Untersuchungen werden hier detailliert beschrieben: Das Erkundigen nach der Vorgeschichte (*Anamnese*), das aufmerksame Beobachten des Pferdes in Ruhe und beim Vorführen (*Adspektion*) und dann, nachdem man herausgefunden hat, welche Extremität betroffen ist, das genaue Abtasten und Durchbewegen der verschiedenen anatomischen Strukturen (*Palpation*).

**Wichtig:** Diese Maßnahmen können den Tierarzt nicht ersetzen. Sie dienen nur der ersten Orientierung. Der Tierarzt muß im Zweifelsfall **sofort** gerufen werden!

## Vorgeschichte

Man sollte möglichst exakt herausfinden, wie es zu der Lahmheit kam, obwohl Antworten auf diese Frage gelegentlich ausbleiben oder zweifelhaft erscheinen. Folgende Erkundigungen sind oft hilfreich:

- Die Meinung des Pflegers darüber, wo das Pferd lahmt, ist interessant, wenn sie auch nicht immer richtig ist. Besteht die Möglichkeit, daß mehrere Extremitäten betroffen sind?
- Seit wann lahmt das Pferd? Wenn die Lahmheit schon länger besteht: Gab es dazwischen Phasen, in denen das Pferd besser ging?
- Wann ist das Lahmen deutlicher: Auf hartem oder auf weichem Untergrund, bergauf oder bergab?
- Lahmt das Pferd unter dem Reiter stärker? Manche Symptome treten nur unter dem Sattel auf.

● Ist die Lahmheit auf einer Hand stärker, besonders beim Leichttraben?
● Sind die Symptome auffälliger, wenn es gerade aus dem Stall kommt?
● Verschwindet die Lahmheit, wenn das Pferd aufgewärmt ist, läuft es sich also nach einiger Zeit ein?
● Wie verteilt das Pferd sein Körpergewicht, welches Bein entlastet es beim Ruhen?
● Ist es zu einer offensichtlichen Verletzung gekommen? Ist das Tier gestürzt, von einem anderen Pferd getreten worden oder ähnliches?
● Wann wurde das Pferd zuletzt beschlagen?

## Lokalisation in der Ruhe

Es ist nicht immer möglich, gleich mit Sicherheit festzustellen, wo das Problem lokalisiert ist. Der Tierarzt geht deshalb folgendermaßen vor:
● Zuerst wird das Pferd in Ruhe im Stall daraufhin beobachtet, welche Gliedmaßen es belastet und welche entlastet. Schont es eine bestimmte Extremität deutlich, wird man diese zuerst genauer untersuchen.
● Findet man dabei keine Besonderheiten, hebt man jeden Fuß einzeln auf, um ihn auf Wunden, Schwellungen, vermehrte Wärme oder andere Anomalien zu untersuchen. Hebt das Pferd einen Fuß nur widerwillig, kann das ein Hinweis darauf sein, daß es das Gewicht nur ungern auf das andere Bein verlagert, daß es also im Standbein Schmerzen hat.
● Danach läßt man das Pferd aus dem Stall führen und auf einer ebenen Fläche gerade aufstellen. Es wird nun von allen Seiten aufmerksam gemustert, um erste Hinweise auf den Sitz der Erkrankung zu entdecken. Man achtet dabei auf jedes Anzeichen: Zeigt es in der Bewegung Schmerzen, besonders bei den ersten Schritten, gibt es in den Wendungen nach oder kommt es zu ungewöhnlichen Reaktionen, während es hingestellt wird?
● Bei der weiteren Betrachtung sucht man nach Schwellungen und *Muskelatrophien* (deutlich schwächer ausgebildete Muskelpartien). Erstere findet man eher im Bereich von Gelenken und oberflächlich unter der Haut liegenden Knochen, letztere besonders an Hals und Schultern, Rücken und Hinterhand. Unter Umständen kommt es erst nach Tagen zu einer Schwellung, andererseits muß nicht jede bereits länger bestehende Schwellung zu einer Lahmheit führen.
● Anzeichen einer Entzündung, wie Hitze, Schwellung und Schmerz, sind Hinweise darauf, daß es sich um einen *akuten* (frischen) Prozeß handelt. Auch benachbarte Bereiche können verändert sein, sei es durch ins Gewebe ausgetretene Flüssigkeit oder durch schmerzhafte Muskelverspannungen.

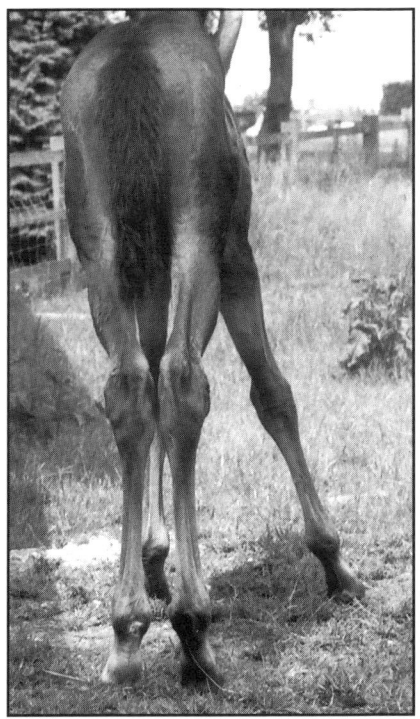

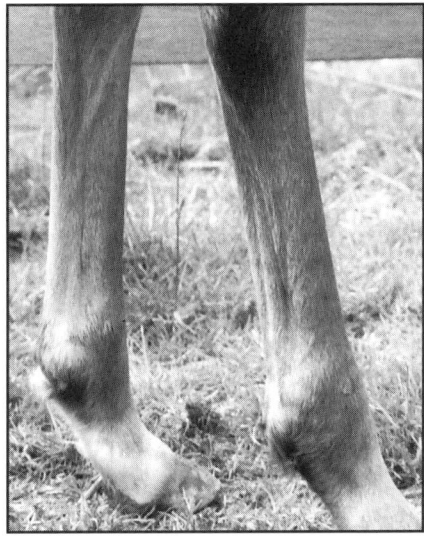

*Dieses Fohlen (links und oben) lahmt hinten links und belastet im Stand die Hinterbeine ungleichmäßig. Fesselgelenk und Fessel werden tiefer durchgetreten. Die Verletzung wurde durch einen Sturz verursacht und heilte durch Ruhigstellung aus.*

*Das rechte Karpalgelenk (links im Bild) dieses Pferdes ist nach einem Schlag angeschwollen. Eine Knochenverletzung lag nicht vor.*

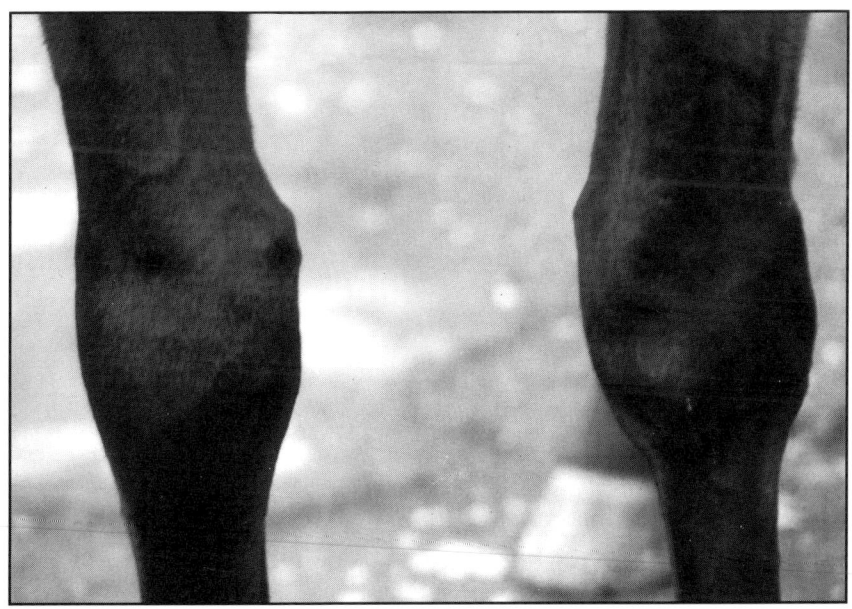

»Kalte« Schwellungen kommen dann als Lahmheitsursache in Frage, wenn sie andere anatomische Strukturen oder die Aktion des Pferdes beeinträchtigen. Nicht mehr entzündlich reagierende *Überbeine* (knöcherne Verdickungen), sei es am Röhrbein oder am Kronbein (*Schale*), müssen also nicht immer zu Lahmheiten führen.

Man achtet bei der Untersuchung besonders auf Umfangsvermehrungen im Bereich von Gelenken, Schleimbeuteln, Bändern, Sehnen und Sehnen-

*Das Pferd wird gerade auf den Beobachter zugeführt.*

*Im Schritt achtet man von hinten auf die Bewegung der Hüften und der Hinterbeine, besonders auf die von Sprunggelenk und Huf.*

scheiden. Weiche Schwellungen findet man am häufigsten an den Fessel-
gelenken, am Karpalgelenk und am Sprunggelenk. Die am häufigsten betroffenen Sehnen sind die Beugesehnen der Vorderbeine. Harte knöcherne Zubildungen, wie Überbeine oder *Spat* des Sprunggelenks, bemerkt man dabei
ebenfalls.

Die Wirbelsäule und alle benachbarten Strukturen werden ebenfalls aufmerksam gemustert. Wichtig sind hier eine abweichende Ausrichtung der
knöchernen Elemente, Muskelkrämpfe, die die Rückenlinie verändern, und
auffällige Muskelatrophien oder Schwellungen.

Die sorgfältige Betrachtung im Stand ist damit abgeschlossen.

● Nun läßt man das Pferd im Schritt auf gerader Linie etwa 30 Meter weit
hin- und herführen, um seinen Gang von vorne und hinten zu beurteilen.
Lahmheiten werden drei Formen zugeordnet:

Wenn das Pferd beim Belasten des Beines Schmerzreaktionen zeigt, liegt
eine *Stützbeinlahmheit* vor, wenn sich die Symptome beim Vorschwingen des
Beines manifestieren, eine *Hangbeinlahmheit*. Diese Unterscheidung ist für
die weitere Diagnose wichtig. Stützbeinlahmheiten lassen besonders auf
Schmerzen in den knöchernen Strukturen oder auf Erkrankungen der dazugehörigen Bänder schließen, während Hangbeinlahmheiten meist auf Muskelprobleme oder andere Weichteilverletzungen zurückzuführen sind, allerdings auch bei Rückenproblemen auftreten.

*Wenn man das Pferd scharf wenden läßt, beginnt die Bewegungsfolge damit, daß der Pfleger das Tier eng um sich herum treibt.*

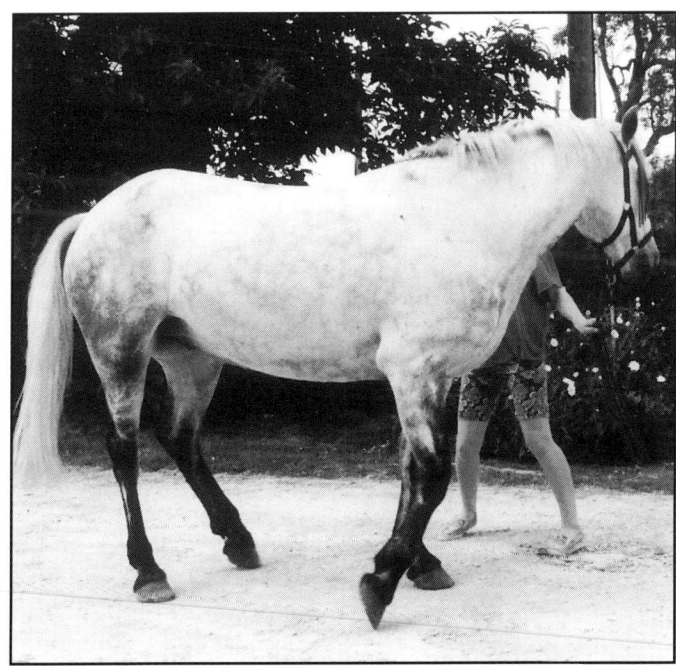

*Diese Aufnahme zeigt die nächste Phase der Wendung; Hier sieht man, daß das Pferd das innere Hinterbein korrekt vor das äußere setzt.*

*Rechte Seite: Liegt eine Lahmheit vor, ist sie im Trab meist deutlicher erkennbar. Der Kopf des Pferdes wird beim Vortraben stets so lose geführt, wie man es bei diesen beiden Aufnahmen sieht, damit er sich ungehindert bewegen kann.*

*Unten: Wenn das Pferd rückwärtsgerichtet wird, soll es jedes Bein gleichmäßig frei zurücksetzen können.*

Schließlich gibt es auch *gemischte Lahmheiten.*

● Anschließend – oder auch erst nach dem Vormustern im Trab – wird das Pferd mehrmals auf engstem Kreis gewendet. Wichtig ist dabei, daß das Pferd herumtritt und nicht der Führende. Das erreicht man am leichtesten, indem man sich mit dem Gesicht zum Pferd neben dieses stellt und es drei- bis viermal energisch um sich herumtreibt. Man wiederholt das zur anderen Seite.

Ein gesundes Pferd kreuzt dabei mühelos die Beine, das innere Hinterbein

**40** greift jeweils vor das äußere. Bei Verletzungen oder Quetschungen der Rückenmarksnerven werden die Bewegungen des Tieres mehr oder weniger unkoordiniert. Wendet das Pferd nicht mühelos, kann das ein Hinweis auf eine Rückenmarkserkrankung, wie das *Wobbler-Syndrom*, sein.

Nach dem Wenden richtet man das Pferd vier bis fünf Schritte flott rückwärts. Es sollte das Verlangte prompt und ohne Widerstand ausführen können. Probleme dabei lassen auf Rückenschmerzen oder Nervenschäden schließen. Vorsicht allerdings, daß man nicht Unwilligkeit mit Unvermögen verwechselt!

● Wie vorher bereits im Schritt, wird das Pferd nun im Trab an der Hand über die gleiche Distanz von etwa 30 Metern auf hartem, ebenem Boden vorgeführt.

Man beginnt mit der genauen Beobachtung der **Hinterhandaktion.** Es ist wichtig, dabei wirklich nur auf die Hinterhand zu achten und das Kopfpendeln bei einer eventuell vorliegenden Vorhandlahmheit vorerst nicht zu beachten. Man läuft sonst Gefahr, etwas zu übersehen, besonders dann, wenn mehrere Extremitäten zugleich betroffen sind.

Bei *Stützbeinlahmheiten* hebt sich die Hüfte des betroffenen Beines, während dieses auffußt. Gleichzeitig senkt sich der Kopf, was wir allerdings

*Geht das Pferd hinten gerade, bewegen sich beide Hüften symmetrisch (links); bei einer Stützbeinlahmheit (rechts) hebt sich in der Stützphase die Hüfte des erkrankten Beins höher (Pfeil).*

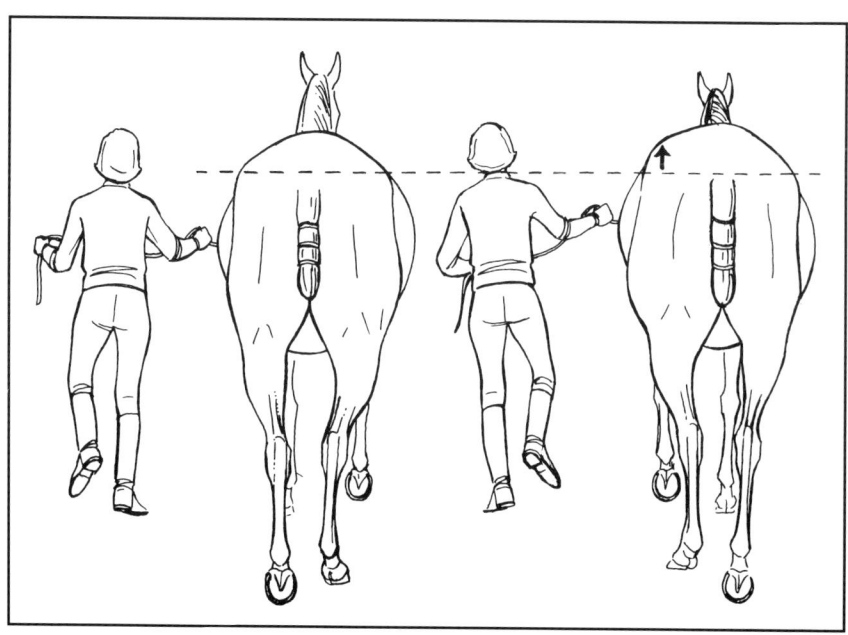

*An der Longe werden Stützbeinlahmheiten der inneren Gliedmaßen meist verstärkt sichtbar; bei Muskelproblemen hilft meist das Gegenteil: Beim größeren Außenradius erscheint das dafür typische Kürzertreten auffälliger.*

aus den vorher genannten Gründen jetzt noch ignorieren wollen. Das gesunde Bein verhält sich gegenläufig, die Hüfte sinkt beim Auffußen.

Dieses Symptom allein genügt, um festzulegen, auf welchem Hinterbein das Pferd lahmt. Der Grad der Lahmheit und die genauere Analyse der vorliegenden Störung erlauben Rückschlüsse auf den Sitz der Lahmheit und die Schwere der Erkrankung.

Bei *Hangbeinlahmheiten* fällt die Hüfte beim Vorschwingen der Gliedmaße oft bis unter das normale Niveau; Länge und Richtung des Schrittes sind verändert.

Das alles wirkt anfänglich recht verwirrend, aber mit entsprechender Übung erkennt man die typischen Bewegungsabläufe recht gut. Man sollte sich dabei wirklich nur auf die Hinterhand konzentrieren und muß die Vorhand ignorieren.

Bevor man das Pferd beurteilt, während es auf den Betrachter zutrabt, muß absolut klar sein, ob eine Hinterhandlahmheit vorliegt. Nötigenfalls wird man es wiederholt vortraben lassen. Auch die Meinung des Reiters ist diesbezüglich wichtig. Er kann beurteilen, ob das Pferd an Impuls von hinten verloren hat oder ob er eine Lahmheit vorne bemerkt hat, und hilft einem damit, zu einer Entscheidung zu gelangen. Man sollte zwar berücksichtigen, daß sich selbst der beste und erfahrenste Reiter einmal irren kann, seine Meinung ist aber in jedem Fall interessant und für die Diagnosefindung hilfreich.

Die Aktion der Hinterbeine wird anschließend auch von beiden Seiten betrachtet. Das Pferd wird entweder wie bisher vorgemustert, nur der Beobachter ändert seine Position, oder es wird an die Longe genommen, sofern dafür ein fester Untergrund zur Verfügung steht. Von hier aus kann man Schrittlänge und Aktion am besten beurteilen und sieht, wie korrekt das Pferd die Gliedmaßen vom Boden abhebt.

Wenn ein Hinterfuß weniger weit vorgeführt wird, sagt man, daß das Pferd nicht genügend nachtritt. Das wird meist auf der erkrankten Seite der Fall sein. Dieser Unterschied kann aber so gering sein, daß er nur einem sehr erfahrenen Beobachter auffällt. Bei muskelbedingten Lahmheiten wird oft das betroffene Bein scheinbar völlig normal gestreckt, aber vor dem Aufsetzen wieder etwas zurückgezogen. Zu bemerken ist allenfalls das schnelle Korrigieren, bevor der Huf den Boden wirklich berührt. Eine solche Ganganomalie kann schwierig zu diagnostizieren sein, trabt das Pferd zum Beispiel durch höheres Gras, wird sie nicht auffallen. Abweichende Bewegungen der Kruppe erkennt man meist besser, wenn das verdächtige Bein beim Longieren innen ist und so stärker belastet wird. Hilfreich ist es dabei, wiederum die

*Tritt ein Pferd hinten nicht genügend unter, liegt die Ursache dafür oft in einer Gelenk-, Muskel- oder Rückenerkrankung. Der gepunktete Umriß zeigt die Stellung, die das gestreckte Hinterbein erreichen sollte. Im Vergleich dazu die Stellung, bis zu der sich das Bein der erkrankten Seite wirklich streckt.*

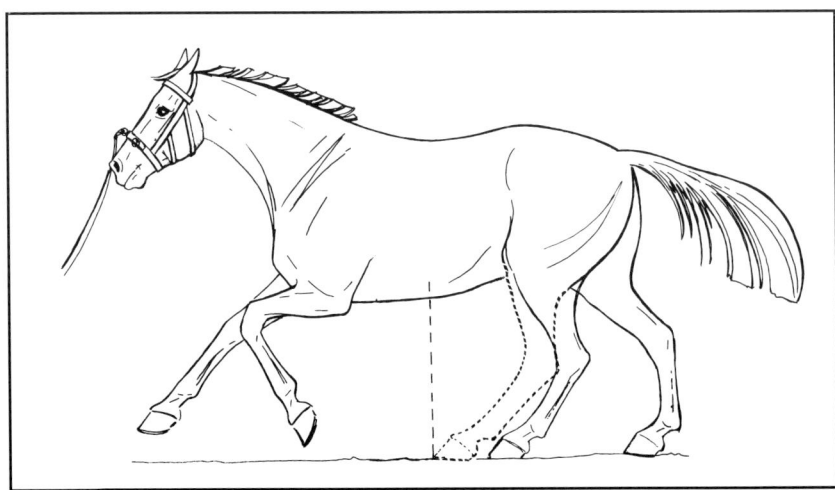

*Bei Stützbeinlahmheiten der Vordergliedmaßen hebt das Pferd den Kopf, während das schmerzende Bein das Gewicht aufnimmt. Er senkt sich wieder, wenn das gesunde Bein auffußt (Vergleichslinie).*

Vorhand und speziell die Kopf-Hals-Partie außer acht zu lassen, da deren Bewegungen eher verwirrend wirken.

Von der Seite erkennt man deutlich, ob eine verminderte Beugung des Knie- und Sprunggelenks vorliegt. Da diese beiden Gelenke stets miteinander bewegt werden, kann allerdings durch die Adspektion allein nicht entschieden werden, welches von beiden betroffen ist.

Vordergliedmaßen leiden häufiger unter prellungsbedingten Lahmheiten als hintere. Diese werden ebenfalls deutlicher, wenn das betroffene Bein beim Traben auf dem Zirkel innen ist.

Lahmheiten, die durch lockere oder schlecht liegende Eisen hervorgerufen werden, können durch das Vorführen verschlechtert werden. Lose Eisen können sich noch weiter verschieben und auf die empfindliche Sohle drücken, und auch Druck auf ein Hufgeschwür oder eine Steingalle führt zu akuten Schmerzreaktionen.

**Von vorne gesehen** hebt ein Pferd bei einer *Stützbeinlahmheit* den Kopf an, wenn das schmerzende Vorderbein den Boden berührt. Das Umgekehrte gilt beim Auffußen des gesunden Beines.

**44**     Bei *Hangbeinlahmheiten* ist die Kopfbewegung weniger charakteristisch, obwohl manche Pferde den Kopf entlastend ein wenig anheben, während die schmerzende Extremität vorgeführt wird. Durch den Schmerz beim Vorschwingen flacht eher die Kurve ab, in der das Pferd den Huf vorführt: Das Bein wird weniger stark gehoben.

Ganganomalien, besonders wenn sie beidseitig auftreten, können einerseits gebäudebedingt, also für das betreffende Pferd normal sein, andererseits aber auch auf eine doppelseitige Lahmheit zurückzuführen sein. Einem einseitigen Auftreten wird meist eine Verletzung zugrunde liegen, häufig im oberen Beinabschnitt.

Die typischen Nickbewegungen des Kopfes bei Stützbeinlahmheiten bewirken eine Gewichtsverlagerung und dienen zur Entlastung des tragenden Beines. Zusätzlich verkürzt das Pferd die Stützphase, damit das Körpergewicht weniger lange auf der schmerzenden Extremität lastet. Kopfbewegungen bei den selteneren Hangbeinlahmheiten dienen eher dem Ausbalancieren oder dem Versuch, Schrittanomalien durch Einsatz anderer Muskeln zu kompensieren.

● Bitte denken Sie immer daran, daß ein Pferd durchaus auf mehr als nur einem Bein lahm gehen kann und daß dann die verschiedensten Bewegungsstörungen auftreten.

Lahmt das Pferd auf beiden Vorderbeinen gleichzeitig, wie es bei *Hufrollenerkrankungen* häufig der Fall ist, bewegt es den Kopf nicht auffallend. Sein Gang erscheint allerdings deutlich verkürzt und hat nur einen geringen Vorwärtsimpuls.

Bei rückenmarksbedingten Lahmheiten können Vorder- und Hinterbein einer Diagonalen betroffen sein. Rückenprobleme zeigen sich unter dem Einfluß des Reitergewichts oft deutlicher.

Sind beide Hinterbeine gleichzeitig betroffen, wie es bei beidseitigem Spat der Fall sein kann, sind Unterschiede und damit Lahmheiten meist schwer zu erkennen.

Verletzungen an verschiedenen Gliedmaßen können unterschiedlichen Ursprungs sein oder auch auf denselben Vorfall zurückgehen. Eine Verletzung kann auch die Folgeerkrankung einer anderen sein.

● Bei Pferden kommt es recht häufig zu *sekundär* auftretenden Lahmheiten als Folge geringfügiger Probleme, die zuerst übersehen werden, obwohl sie den Bewegungsablauf beeinflussen. Bereits kleinste Abweichungen in der Balance bewirken eine erhöhte Belastung anatomischer Strukturen, die damit einem vermehrten Verletzungsrisiko ausgesetzt sind. Besonders gilt das bei schneller Arbeit oder beim Springen. Verletzungen im unteren Teil des Beines entstehen oft auf diese Weise und verschlimmern sich, bis der ursprüngliche Auslöser endlich gesucht, gefunden und eliminiert wird.

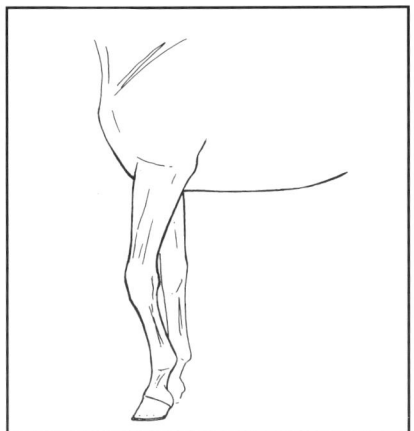

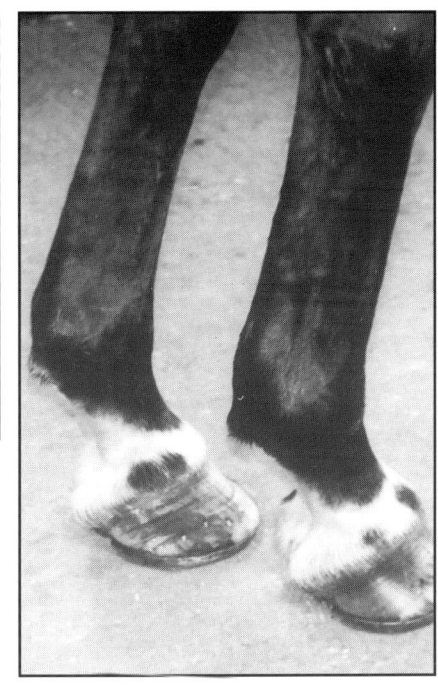

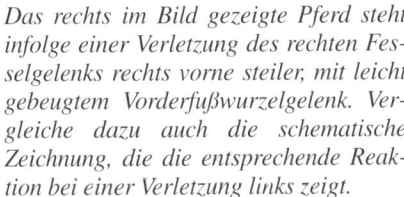

*Das rechts im Bild gezeigte Pferd steht infolge einer Verletzung des rechten Fesselgelenks rechts vorne steiler, mit leicht gebeugtem Vorderfußwurzelgelenk. Vergleiche dazu auch die schematische Zeichnung, die die entsprechende Reaktion bei einer Verletzung links zeigt.*

Zu Folgeschäden kommt es häufig nach diesen Erkrankungen:

**Dynamische Veränderungen** im Oberteil des Beines können ein unkorrektes Aufsetzen des Hufes bewirken.

**Ungleichmäßige Gewichtsverteilung,** wenn das Pferd eine andere Körperstelle zu schonen versucht. So führt eine Hufrollenerkrankung oft zu Zerrungen im Fesselgelenk, weil die Haltung des Fußes ständig verändert wird, um beim Auftreten die Schmerzen im Strahlbeinbereich zu vermeiden.

**Nach Überlastung** eines Beins, das den Hauptteil des Körpergewichts übernimmt, beispielsweise wenn ein Pferd nach einem *Niederbruch* (Zerstörung des Fesselträgers) für längere Zeit die stark verletzten Teile entlastet.

**Muskelatrophien** können auch in entfernt liegenden Partien auftreten, wenn Muskeln durch eine Schonhaltung ausgeschaltet werden. Solche Schäden bestehen nur zeitweise, da der Muskel selbst nicht direkt verletzt ist. Allerdings muß er nach dem Ausheilen der ursächlichen Verletzung oft erst durch eine entsprechende Therapie wieder dazu stimuliert werden, seine normale Tätigkeit aufzunehmen.

● Bei Sportpferden, die eine anstrengende Wettkampfsaison hinter sich haben, entdeckt man nicht selten Verletzungen an ganz anderen Gliedmaßen als an denen, die auf den ersten Blick problematisch erscheinen.

**Achtung:** Ist die Lahmheit einem bestimmten Bein klar zuzuordnen, erfolgt **keine** weitere Untersuchung! Der Tierarzt wird dann sofort verständigt.

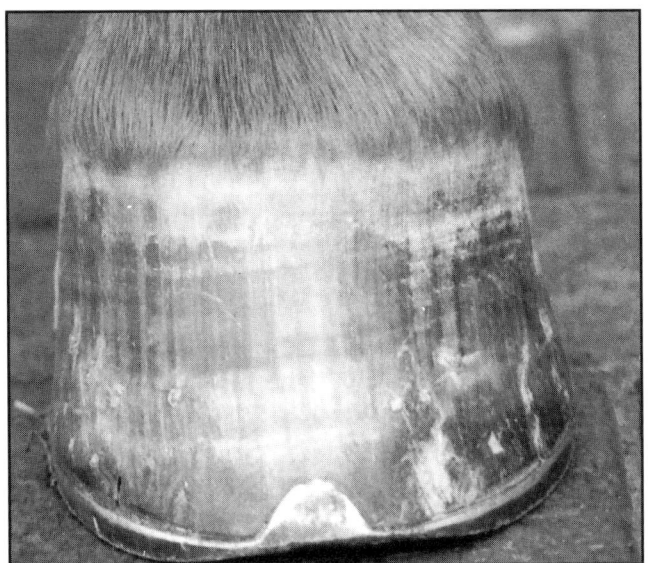

*Linker Vorder-
huf mit steilen
Seitenwänden.
Vergleiche mit
dem normalen
Huf der folgen-
den Abbildung.*

# Systematische Untersuchung

## Huf

Die Untersuchung eines Beines beginnt mit dem Huf, zuerst am stehenden, dann am aufgehobenen Bein. Dabei wird jedes Detail mit dem der anderen Seite verglichen, beginnend mit der Stellung der Hufachsen zum Boden und dem Fesselstand.

Ein gesunder Huf zeigt keine Tendenz zum Zwang- oder Bockhuf, seine Ballenregion ist gut ausgebildet, so daß der Strahl breit ist und in der Bewegung regelmäßig Bodenkontakt hat.

Im **Kronbereich** gibt es normalerweise keine Aufreibungen durch Knochenzubildungen (tiefe Schale). Die seitlich tastbaren Hufknorpel sind elastisch, nicht hart wie bei einer Hufknorpelverknöcherung. Bei der Bewertung von Abweichungen sollte man stets daran denken, daß Fehlbildungen nicht immer zu Lahmheiten führen müssen. Sie können, müssen aber nicht die Ursache sein, allerdings kommt es an solchen Stellen mit großer Wahrscheinlichkeit irgendwann einmal zu Problemen. Man vergleicht die **Temperatur** der Hufe, indem man sie mit der Hand umfaßt. Vermehrte Wärme findet man bei Hufinfektionen, nach Brüchen und bei *akuter Hufrehe*. Rehe bleibt selten auf einen Fuß beschränkt, sind mehrere Hufe warm, gibt das bereits einen wichtigen Hinweis auf die Art der Erkrankung.

*Rechter Vorder-
huf des gleichen
Pferdes mit nor-
maler Wandung;
das Pferd ging
trotz der Asym-
metrie gerade.*

*Verwendung der
Hufunter-
suchungszange:
Zuerst wird die
Wand examiniert,
dann der Eck-
streben- und
Strahlbereich.
Zuletzt wird der
Druck über der
Strahlbeingegend
angesetzt.*

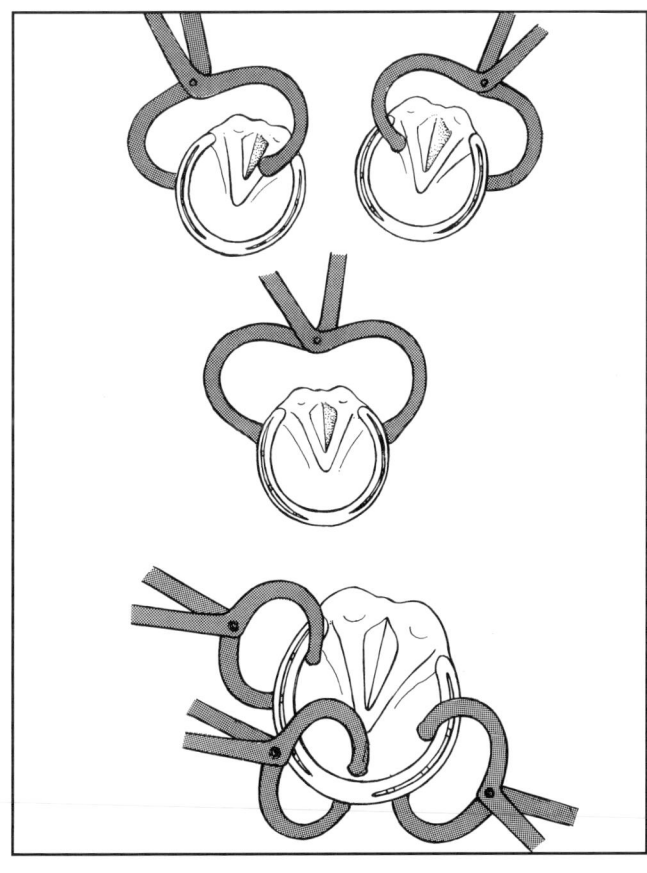

Anschließend untersucht man den aufgehobenen, gereinigten Huf weiter. Die Kontur und **Lage des Eisens** wird betrachtet, man beurteilt, ob es locker geworden ist oder ob es zu eng sitzt und Teile davon auf die Sohlenfläche drücken. Probleme mit dem Beschlag können direkt zu Lahmheiten führen oder indirekt, wenn das Pferd durch den Versuch, den schmerzenden Huf zu entlasten, andere Strukturen vermehrt gefährdet.

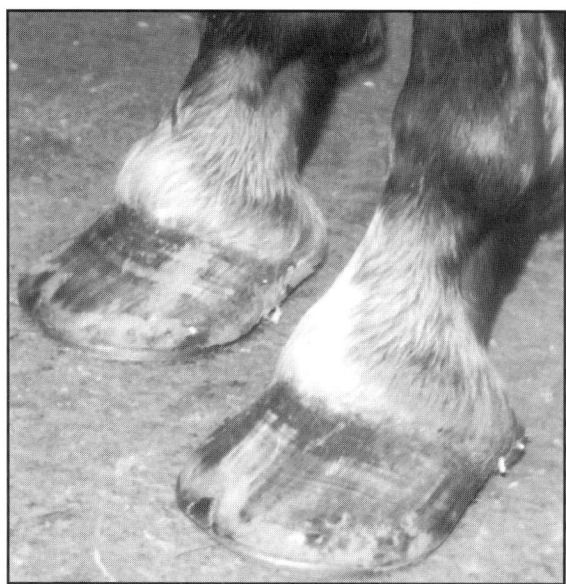

*Diese Hufe haben durch eine Reheerkrankung ihre Form verloren. Beachte die nach hinten gebrochene Huf-Fessel-achse.*

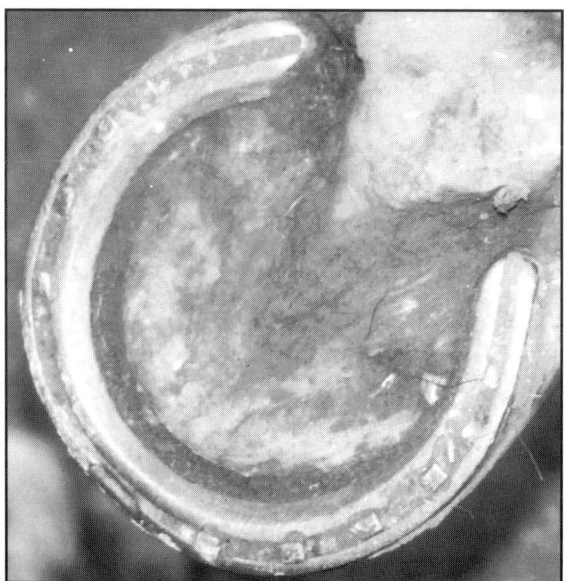

*Die Sohle dieses Hufs hat sich gesenkt. Der Schmied hat die polsternde Einlage mit einer Randfurche versehen, um Druck auf den eisennahen Bereich zu vermeiden.*

Eine **Hufuntersuchungszange** erleichtert das Lokalisieren schmerzhafter
Areale. Dabei wird der Huf Stück für Stück systematisch abgedrückt, zuerst
die gesamte Wand und besonders die Nagellöcher, dann Trachten, Strahl und
die Gegend über dem Strahlbein im hinteren Sohlendrittel. Die Ballen werden
genau inspiziert und mit den Fingern durchgetastet. Hier kommt es gelegentlich
zu Eiteransammlungen; man erkennt sie an hellen Verfärbungen im
*Saumbandbereich,* Umfangsvermehrungen und eventuell durch Schmerzreaktionen
beim Abtasten.

Das Pferd zeigt Schmerzen meist dadurch an, daß es seinen Fuß wegzuziehen
versucht. Solche Reaktionen müssen stets genau abgewogen werden,
da natürlich viele Gründe zum Wegzucken führen können, auch äußere An-

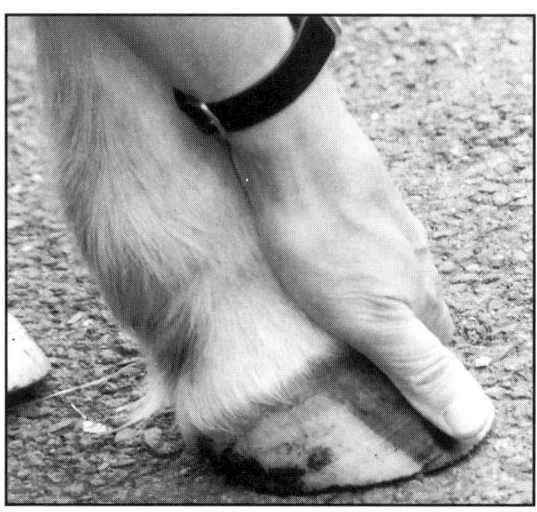

*Die Temperatur des Hufs kontrolliert man durch Umfassen mit der ganzen Hand.*

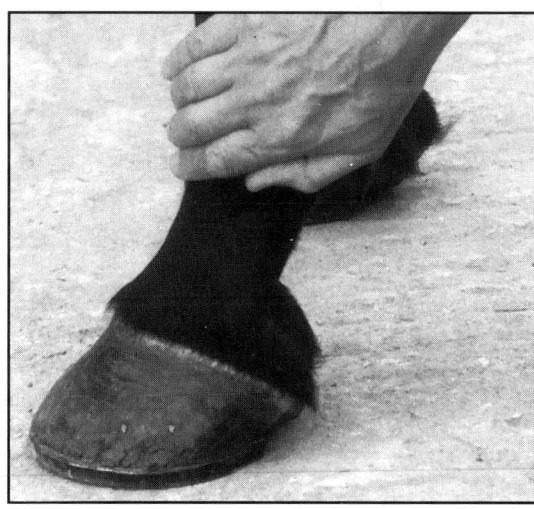

lässe. Tierärzte halten daher eine Abwehrbewegung erst dann für aussagekräftig, wenn sie sich wiederholt auslösen läßt. Bei der Prüfung der Hufwand und besonders der Nägel hilft ein nicht übertriebenes Abklopfen mit der Zange. Auch hier vergleicht man im Zweifelsfall mit dem gesunden Huf.

Vermutet man die Ursache der Lahmheit im Hufbereich, kann zur genaueren Untersuchung das Eisen entfernt werden, wenn man dazu handwerklich sicher in der Lage ist und über passendes Werkzeug verfügt.

## Untersuchung des oberen Beinabschnitts

Konnte der Huf als Lahmheitsursache ausgeschlossen werden, führt die Suche systematisch weiter hinauf. Jede einzelne Struktur wird dabei auf Wärme, Schwellung, unnatürliche Einziehungen und Schmerzen untersucht.

### Temperaturprüfung

Man kontrolliert die Temperaturverteilung am besten mit der Handfläche. Dafür ist Routine natürlich von Vorteil. Man erwirbt sie durch regelmäßiges Abfühlen verschiedener Pferdebeine und lernt so, normale von veränderten Arealen zu unterscheiden. Rennpferdetrainer sind darin zumeist Experten, da sie im Laufe der Jahre bereits unzählige Pferdebeine kontrolliert haben. Jeder, der täglich Umgang mit Pferden hat, kann diese praktische Erfahrung leicht erwerben.

### Schwellungen

Gute Kenntnisse der normalen Anatomie erleichtern es, Umfangsvermehrungen auf den ersten Blick zu erkennen. Geschwollene Schleimbeutel, Sehnenscheiden und Gelenkkapseln geben dem Fingerdruck nach, während sich die knöchernen Zubildungen bei Überbeinen, *Periostitis* (Knochenhautentzündungen) des Röhrbeins oder Schale hart anfühlen. In den Anfangsstadien einer *Periostitis* gibt es oft noch keine deutliche Schwellung, nur die Vorderseite der Röhre ist extrem berührungsempfindlich.

*Rechte Seite: Kontrolle auf regelmäßige Temperaturverteilung. Unten ist ein gesundes Bein kühler.*
*(Von links im Uhrzeigersinn: Beugesehnen, Ellbogengelenk, Buggelenk, hinten innen am Sprunggelenk bei Spatverdacht, Vorderfußwurzelgelenk im Bereich des Karpaltunnels, die Vorderseite desselben Gelenks.)*

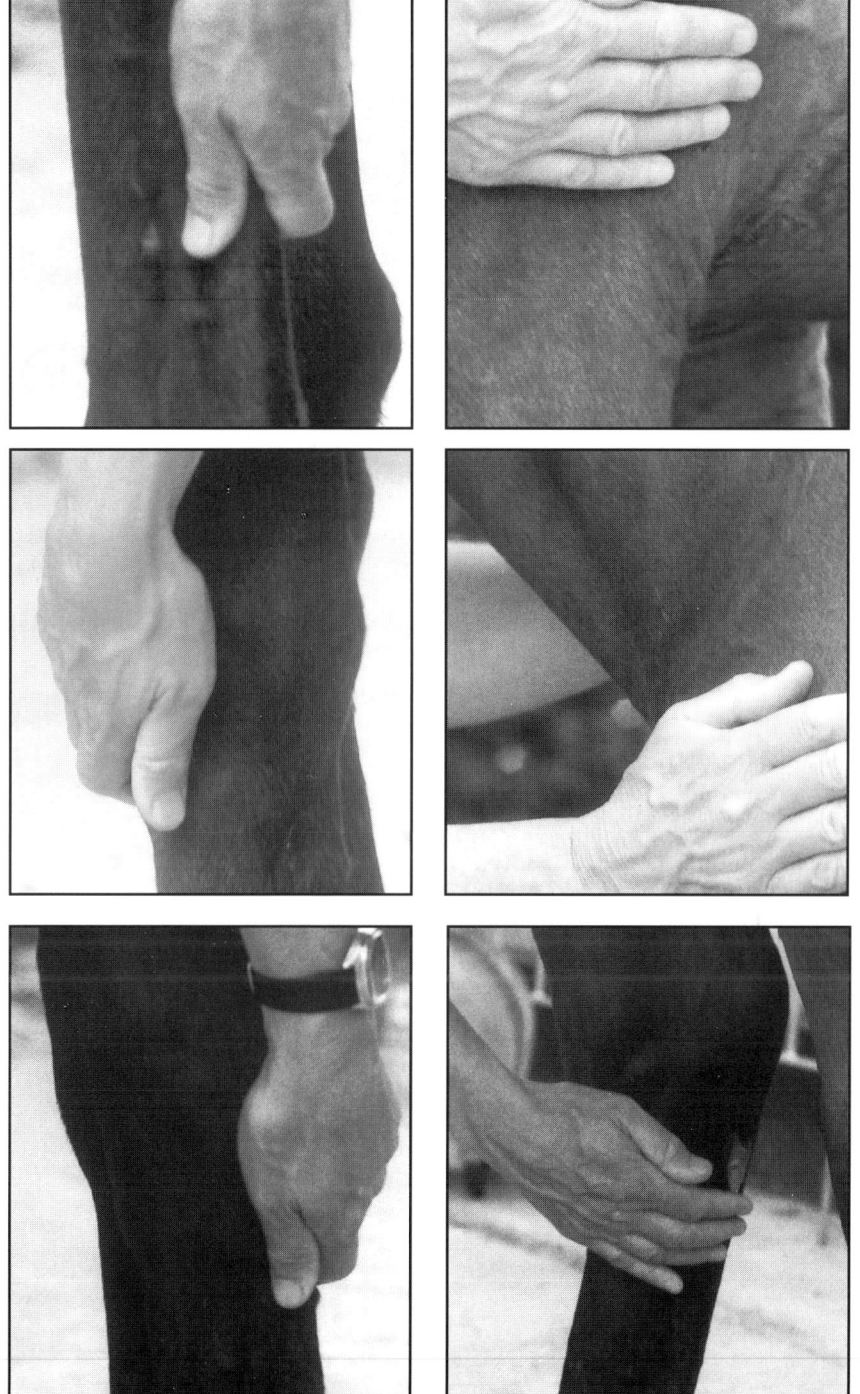

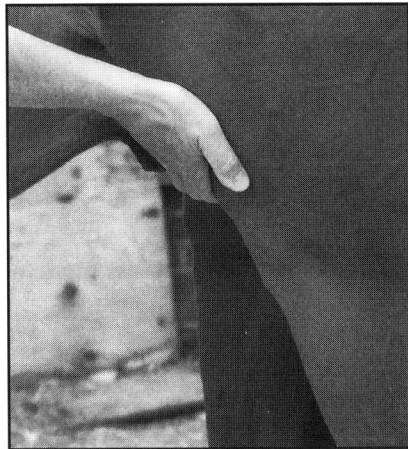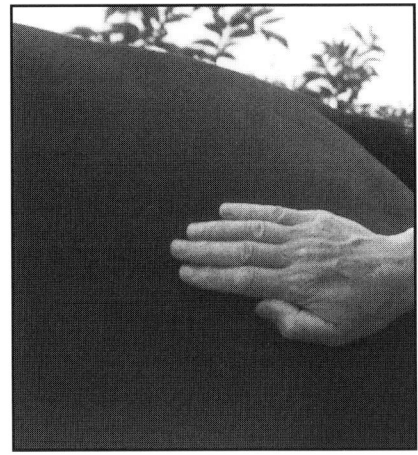

*Kontrolle der Hauttemperatur über dem Kniegelenk (links) und im Bereich des Hüftgelenks (rechts).*

## Atrophien (Muskelschwund)

Bei großen Muskelpartien sind Atrophien leicht erkennbar. Besonders häufig findet man sie in der Schultergegend. Der Muskelbauch ist reduziert, die normale Körperkontur wird dadurch verändert. Auch hier vergleicht man die Region wieder mit der entsprechenden Partie der gesunden Seite, denn nur sehr selten sind die Muskeln beider Seiten gleichzeitig verändert.

## Einschnürungen der normalen Körperkontur

Eine *Konstriktion* des *Fesselringbandes* oder Schwellungen des darunterliegenden Gewebes führen zu einer Einschnürung über dem Fesselkopf im Bereich der Beugesehnen. Beim *Karpaltunnelsyndrom* findet man an der Rückseite des Karpalgelenkes Verengungen durch die relativ zu kurzen Bänder.

## Schmerz

Beim Durchtasten und Bewegen der verletzten Teile zeigt das Tier typische Schmerzreaktionen. Diese Tests dürfen nur mit Vorsicht durchgeführt werden, zu starke Kraftanwendung kann einen bestehenden Schaden verschlechtern. Wie bei der Anwendung der Hufuntersuchungszange kommt es auf das richtige Maß an, und man sollte stets mit Feingefühl vorgehen. Oft löst bereits ein sehr geringer Druck ein deutliches Zucken der getesteten Gliedmaße aus; es gibt keinerlei Rechtfertigung dafür, hierbei grob zu sein.

Bei der genauen Untersuchung der jeweiligen Gliedmaße beginnt der Tierarzt, wie bereits beschrieben, routinemäßig von unten.

## Fessel

Die auffälligsten Entzündungen oder Schwellungen werden durch eine tiefe (im Kronbereich) oder hohe (in der Mitte der Fessel) Schale ausgelöst. Das Hufgelenk oder das Krongelenk können wärmer sein, ohne daß sie anschwellen. Bei frischen Prozessen lahmt das Pferd normalerweise deutlich, und in chronischen Fällen finden sich hier die typischen Knochenzubildungen. Hat sich die Entzündung beruhigt und ist der Verknöcherungsprozeß abgeschlossen, geht das betroffene Pferd unter Umständen wieder schmerzfrei.

Verletzungen an der Fesselrückseite betreffen bindegewebige Strukturen: oberflächliche oder tiefe Beugesehne, Gleichbeinbänder und Sehnenscheiden. Sie führen zu Schwellungen. Diese dürfen nicht mit solchen verwechselt werden, die hier durch aufsteigende Infektionen aus dem Hufbereich oder durch eine *Phlegmone* (Wundinfektion, sog. Einschuß) entstehen können.

Im vorderen Teil der Fessel können Verletzungen der Strecksehne, besonders unten an ihrem Hufbeinansatz, Schwellungen hervorrufen. Neben einer vermehrten Temperatur findet man gelegentlich Schmerzreaktionen, wenn man die betroffenen Teile vorsichtig bewegt. Das tritt beispielsweise bei Verstauchungen des Fesselgelenks und Zerrungen der Bänder ein.

Wenn man eine Infektion als Lahmheitsursache ausschließen kann und die Erkrankung eindeutig im Fesselbereich lokalisiert ist, müssen zur genauen Abklärung später meist Röntgenaufnahmen angefertigt werden. Vorher wird man allerdings noch den Rest der Extremität untersuchen und alle anderen diagnostischen Möglichkeiten ausschöpfen.

## Fesselgelenk

Zum Fesselgelenk gehören auf dessen Hinterseite je zwei Sesambeine, die Gleichbeine genannt werden. Sie dienen als Widerlager und Gleitfläche für die Beugesehnen.

Je nachdem, ob sie von knöchernen Elementen oder von Weichteilen gebildet werden, gibt es harte oder weiche Umfangsvermehrungen des Fesselgelenks. Weiche Anschwellungen entstehen meist an der Hinterseite des Gelenks durch eine vermehrte Füllung der Sehnenscheiden oder der hinteren Aussackung der Gelenkkapsel. Sie werden als Gallen bezeichnet und verursachen üblicherweise keine Lahmheit, sondern gelten als Schönheitsfehler.

**54**

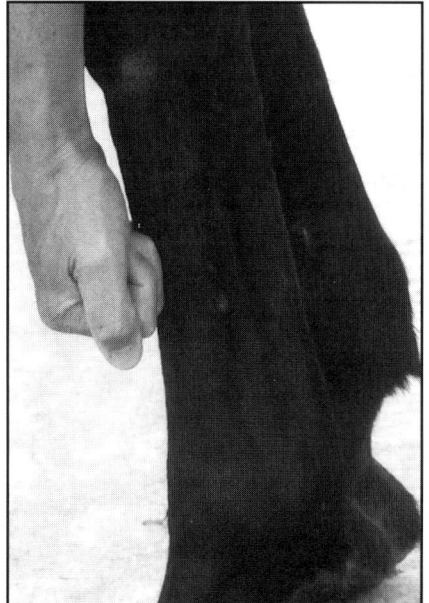
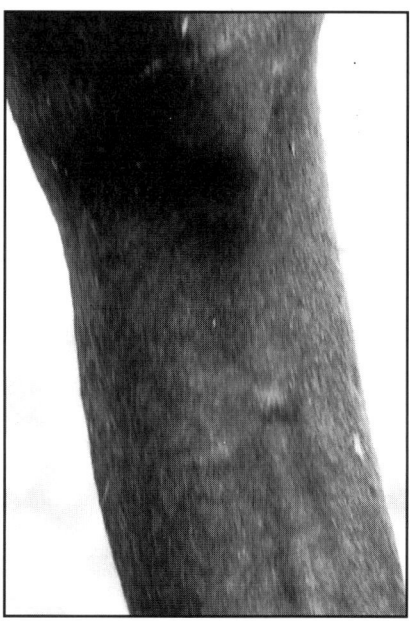

*Test auf empfindliche Röhrbeine (links); ein schnelles festes Abstreichen mit den Knöcheln veranlaßt das betroffene Pferd zum Wegzucken.*
*Unten: Muskelschwund (Atrophie) in der Schultergegend; die Spina scapulae (Schulterblattgräte) ist überdeutlich sichtbar.*

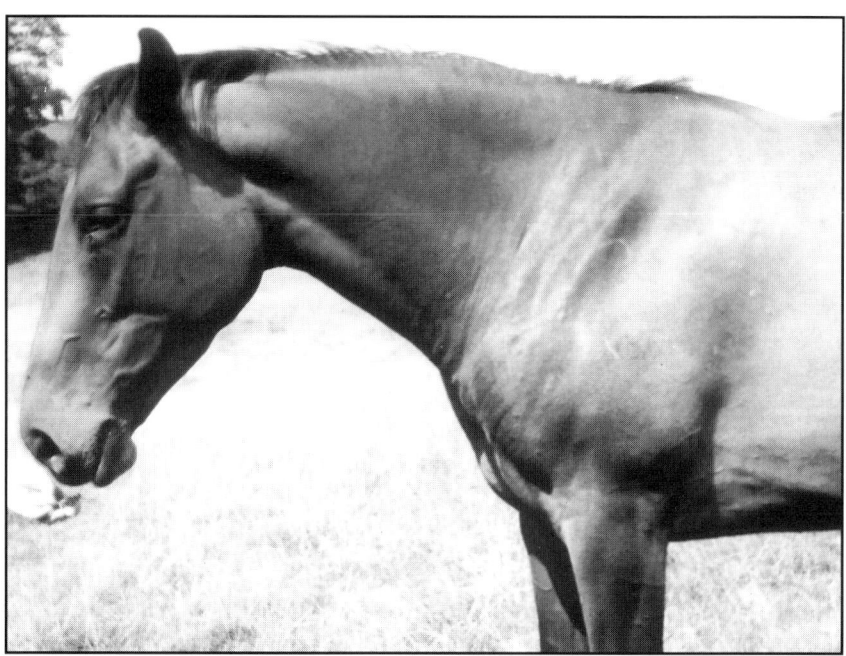

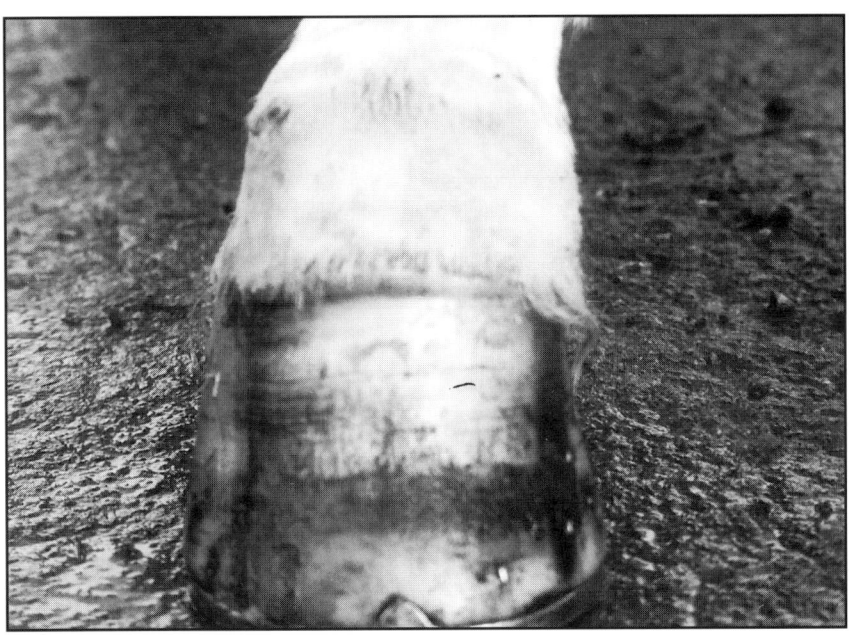

*Die Schale (eine Knochenzubildung) ist auf der Außenseite des Beines ausgeprägter.*

*Die extremen Exostosen (Knochenzubildung: hohe und tiefe Schale) beeinträchtigen das Hufwachstum durch Druck auf den Kronrand.*

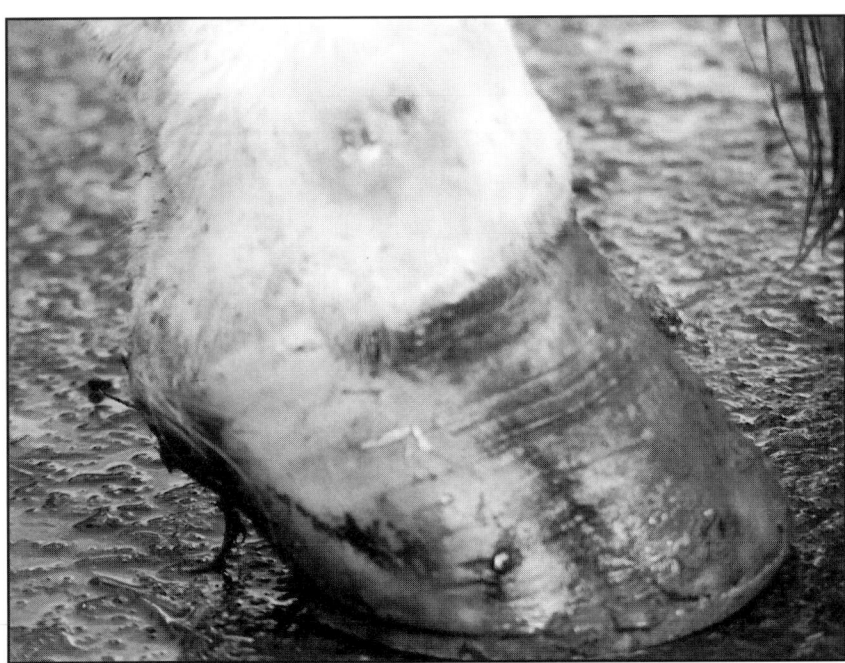

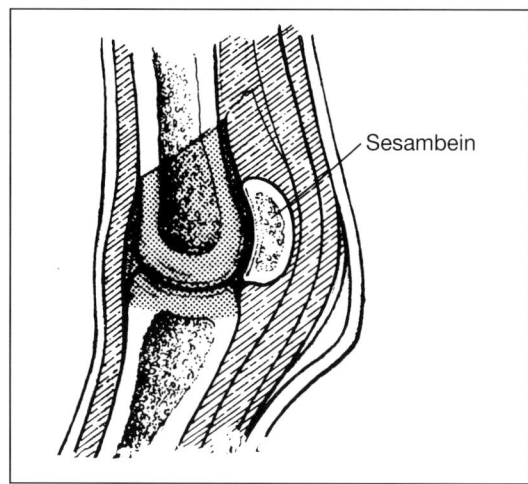

*Schematischer Schnitt durch das Fesselgelenk mit den Gleichbeinen. Der gepunktete Bereich zeigt die normale Ausdehnung der Gelenkkapsel.*

Sesambein

Sind die Gallen jedoch schmerzhaft und warm, ist das ein Zeichen für einen akuten Entzündungsprozeß in den zugrundeliegenden Strukturen und durchaus ernst zu nehmen.

Im hinteren Bereich des Fesselkopfes, über den Gleichbeinen, ist eine erhöhte Temperatur ebenfalls bedeutungsvoll, die man hier leicht bemerkt.

*Schwellung über dem Fesselgelenk mit einer leichten »Wade« in der Röhrbeinmitte (links). Chronische Schwellung der Sehnen unmittelbar über dem Fesselgelenk mit einer angedeuteten Einschnürung durch das Fesselringband (rechts).*

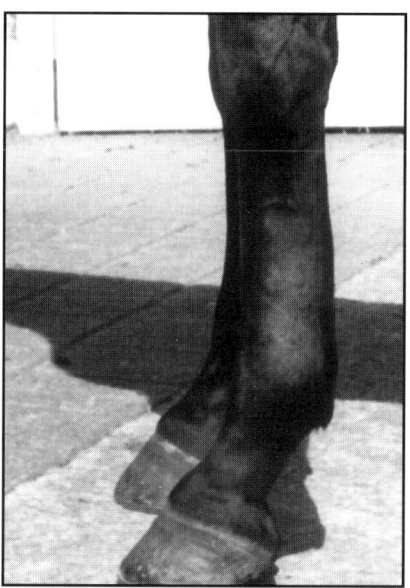
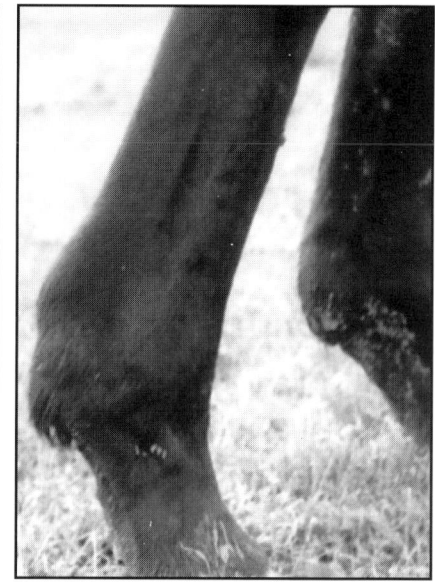

Auch bei einer ausgeprägten Schmerzhaftigkeit, bei der das Pferd in Wendungen deutlich nachgibt, kommt es in dieser Region nicht immer zu Schwellungen. Gleichbeinbrüche oder Verletzungen der Gleichbeinbänder sind eine häufige Ursache bei chronischen Lahmheiten im Fesselgelenk. Liegt eine chronische Entzündung der Gleichbeine vor, haben die Pferde nach einigen Tagen Boxenruhe meist nur noch geringe Probleme, sie gehen nahezu lahmfrei, die Temperatur der Fessel ist fast normal.

Akute Zerrungen und Prellungen des Fesselgelenks führen zu Entzündungen, zu Erwärmung, Schwellungen, Schmerz und hochgradiger Lahmheit.

*Knochenzubildungen* im Fesselbereich entstehen als Langzeitfolge dauernder exzessiver Erschütterung.

Solche Gelenkerkrankungen findet man oft bei jungen Galoppern, die für Zweijährigenrennen vorbereitet werden. Sie beeinträchtigen deren Aussichten auf eine weitere Rennkarriere erheblich.

Man darf diese Knochenzubildungen nicht mit dem Auftreten verbreiterter *Epiphysenfugen* (Wachstumszone des Knochens) am unteren Ende des *Metacarpus* (Röhrbein) bei Fohlen verwechseln. Dieses Problem, *Epiphysitis* genannt, ist nicht so schwerwiegend. Dazu kommt es, wenn Fohlen sehr stark wachsen, aber auch bei sommerlich-hartem Weideboden oder bei Ernährungsimbalancen, bei einem Mißverhältnis der Nährstoffe Kalzium, Phosphor und Vitamin D. Selten erkranken betroffene Jungtiere schwerer, und normalerweise genügt bereits eine strikte Kontrolle von Ernährung und Umwelt, damit sich das Problem komplikationslos wieder auswächst.

## Röhrbein

Lahmheitsursache in diesem Bereich sind meist Beugesehnenverletzungen, aber auch Bänderverletzungen oder Verletzungen des Röhrbeins und der daran anliegenden Griffelbeine.

Die oberflächliche Beugesehne ist häufiger betroffen als die tiefe, und auch das Unterstützungsband, das zwischen der tiefen Beugesehne und dem Ringband des Karpalgelenks verläuft, kann verletzt sein.

Der Fesselträger, der sehnige *Musculus interosseus medius,* bildet einen wichtigen Teil des Fesseltrageapparates. In der Gleichbeingegend oder knapp darüber findet man hier die meisten Verletzungen. Bereits in den frühen Stadien tritt vermehrte Wärme und Schmerzhaftigkeit auf, und bald entwickelt sich auch eine Schwellung, abhängig von der Schwere der Verletzung.

An der vorderen Kontur des Röhrbeins zeigen sich die Symptome von »Schienbeinen«. Aus dieser *Periostitis,* einer sehr schmerzhaften Knochenhautentzündung, entwickelt sich eventuell später eine Knochenzubildung. Die Erkrankung tritt meist bei jungen, schnell gearbeiteten Rennpferden auf.

58

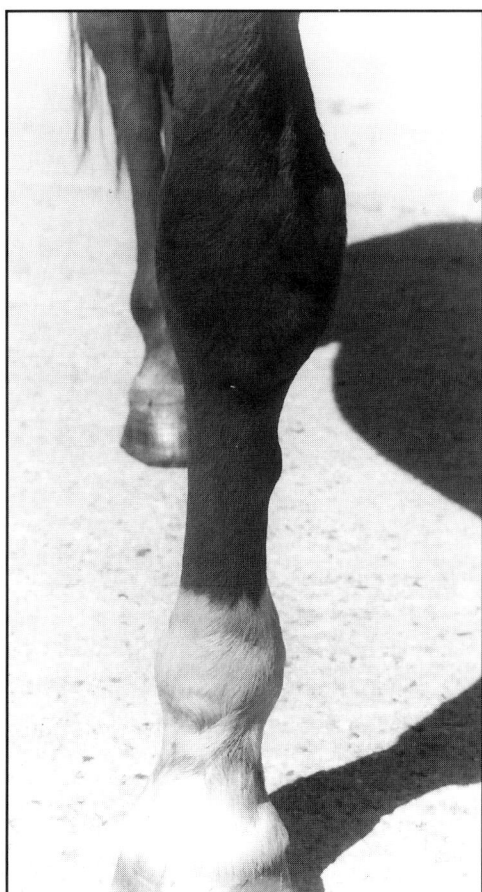

*Überbeine treten am häufigsten an der Innenseite der Vorderbeine auf.*

In der Bandstruktur zwischen der Röhre (Röhrbein) und den daran anliegenden Griffelbeinen oder an den Griffelbeinen selbst bilden sich Überbeine (*Exostosen*). Am häufigsten findet man diese Knochenauftreibungen an der Innenseite der Vorderbeine, etwa in der Mitte der Röhre. Wenn ihr Wachstum abgeschlossen ist, führen sie nur noch selten zu Problemen. Anders in der Entstehungsphase, wenn sie zwar noch klein, aber dafür oft sehr schmerzhaft sind.

## Karpalgelenk (Vorderfußwurzelgelenk)

Hitze oder Umfangsvermehrungen des Karpalgelenks resultieren aus Verletzungen der kleinen Karpalknochen oder der sie verbindenden Bänder. Schwellungen ohne weitere Entzündungssymptome können durch oberflächliche Wunden oder chronische Knochenverletzungen hervorgerufen werden.

Fehlstellungen im Karpalgelenk erlauben Rückschlüsse auf wahrscheinliche Verletzungsursachen. Pferde mit rückbiegiger Stellung sind für Knochenschäden wesentlich anfälliger.

Die Sehnenscheiden des langen Zehenstreckers vorne und die des Beugers des Karpalgelenks hinten verlaufen über dem Gelenk und können vermehrt gefüllt sein. Nach schweren Verletzungen bleiben manchmal Verdickungen der Karpalgelenkbänder zurück, allerdings muß man bei der Bewertung solcher Veränderungen vorsichtig sein, da davon betroffene Pferde durchaus voll einsatzfähig sein können.

Das Karpalgelenk ist sehr komplex zusammengesetzt. Um die genaue Lahmheitsursache herauszufinden, sind daher meist Röntgenaufnahmen notwendig.

## Unterarm und Ellbogen

Im Unterarmbereich kommt es nur selten zu größeren Schäden, obwohl Brüche auch hier möglich sind. Verletzungen führen fast immer zu Veränderungen der Muskulatur, zu Schwellungen oder Muskelschwund. Bei Jungtieren finden wir eine Verdickung der unteren *Epiphysenfuge* (Wachstumszone) des *Radius,* eine *Epiphysitis.* Durch sie entsteht das sogenannte »offene Knie«.

*Knöcherne Zubildung an der Vorderseite des Vorderfußwurzelgelenks eines Ponys.*

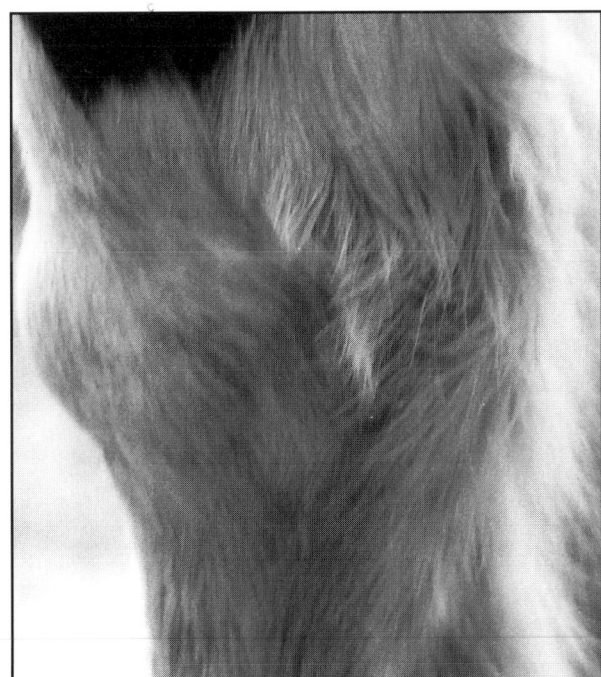

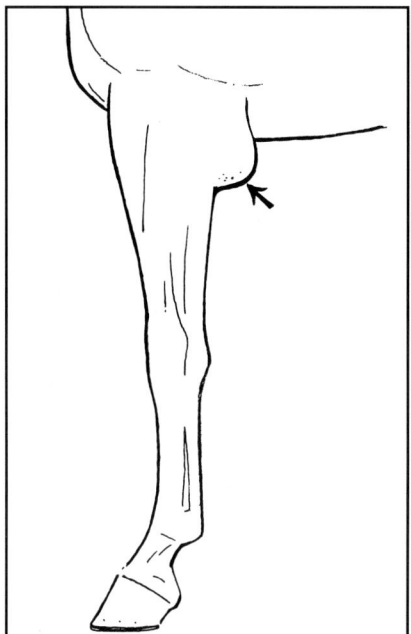

Der Ellbogenhöcker kann durch eine Stollbeule vergrößert sein. Diese bildet sich, wenn der dort liegende Schleimbeutel (*Bursa*) vermehrt mit Flüssigkeit gefüllt ist oder Infektionskeime eingetreten sind. Durch Lockerung der festen Bandverbindung zwischen Elle und Speiche entsteht eine Stützbeinlahmheit, die zwar nicht sehr ausgeprägt sein muß, aber lange nicht ausheilt.

## Schultergegend

Bei erwachsenen Pferden sind Verletzungen des Schultergelenks eher selten, ganz im Gegensatz zu Verletzungen der Schultermuskeln. Meist werden sie erst dann bemerkt, wenn sie bereits chronisch geworden sind, so daß bereits andere Teile bei dem Versuch, die Leistung des ausgefallenen Muskels zu kompensieren, überlastet und geschädigt worden sind. Beim Durchtasten erkennt der Fachmann im Muskel typische Veränderungen der anatomischen Struktur wie Anschwellungen, Verhärtungen und ähnliches. Der normalerweise durchgehend elastische und geschmeidige Muskel wird sich in solchen Fällen manchmal hart und körnig anfühlen, mit einzelnen stark abweichenden Arealen.

Beim Anrennen an Türpfosten oder ähnliches können Knochenverletzungen des Schultergelenks entstehen. An der Gelenkvorderseite findet man

nicht selten die weiche Schwellung einer *Bursitis* (Schleimbeutelentzün-
dung).

Schäden an den vor und zwischen den Vorderbeinen liegenden Brustmuskeln sind ebenfalls recht häufig. Am leichtesten entdeckt man Veränderungen auch hier beim Vergleichen beider Seiten.

## Widerrist

Früher trat in dieser Körperregion, zwischen den Dornfortsätzen der Wirbel und dem Nackenband, nicht selten eine Infektion des Schleimbeutels auf, eine Widerristfistel bildete sich. Überraschenderweise war die Ursache hierfür meist kein mechanischer Reiz, sondern eine Infektion des Pferdes (*Bruzellose*). Seit diese bei Rindern, die in anderer Weise daran erkranken, weltweit energisch bekämpft wird, sind Widerristfisteln auch beim Pferd eher selten geworden.

Die Widerristregion wird durch schlechtsitzende Sättel gequetscht, Druckstellen entstehen, und das Gebiet wird schmerzhaft. Es kann eventuell zu entzündlichen Reaktionen kommen. Schmerzen können aber auch durch Reizungen der Rückenmarksnerven entstehen, die häufig auf minimale Verschiebungen der Wirbel gegeneinander zurückzuführen sind. Brüche der Dornfortsätze, die bei einem Sturz entstehen, erweisen sich unter Betastung meist als außerordentlich schmerzhaft.

## Hals und Rücken

Für Schmerzen in der Halsgegend gibt es zwei Hauptursachen:

Im Training erlittene Muskelverletzungen oder Druck auf die Rückenmarksnerven dort, wo sie in den Zwischenwirbelräumen aus dem Rückenmarkskanal austreten. Oft geht ein Auslöser hierbei direkt Hand in Hand mit dem anderen. Das betroffene Pferd ist im Halsbereich nur mehr eingeschränkt beweglich, es kann den Hals schlechter biegen, sei es einseitig, beidseitig oder vertikal.

Der Rücken ist ebenfalls für Muskelverletzungen während der Bewegung und Probleme an den Rückenwirbeln anfällig. Die Folgen sind diverse unterschiedlich auffällige Gangveränderungen im Schritt und Trab und eventuell auch erkennbare anatomische Veränderungen der Rückenlinie. Diese sollte im Normalfall gleichmäßig und nur leicht geschwungen verlaufen. Es ist allerdings wichtig, nicht alle individuellen Abweichungen von der Idealform gleich als krankhaft einzustufen. Dazu gehören beispielsweise leichtere Formen von Senk- und Karpfenrücken, die man noch als normale Variationen ansehen kann.

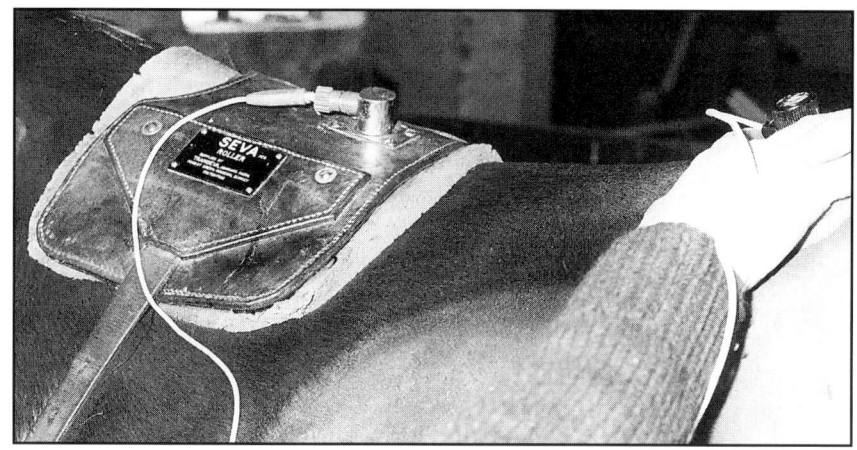

*Reizstromtherapie bei einer Rückenverletzung. Die indifferente Elektrode ist mit einem Gurt fixiert, die aktive Elektrode wird vom Therapeuten auf die zu stimulierende Zone gedrückt.*

Muskelverspannungen führen oft zu Veränderungen der Rückenform, sie können von kleinen mechanischen Verschiebungen der Wirbelausrichtung hervorgerufen werden, auch eine Tendenz zu einer geringfügigen seitlichen Verlagerung der Wirbelsäule kann dabei auftreten. Bei Springpferden kommt

*Dieses Pony hat altersbedingt einen deutlichen Senkrücken.*

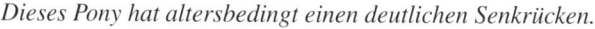

es besonders häufig zu solchen Veränderungen im Bereich des Kreuz-Darm-bein-Gelenks, in chronischen Fällen entsteht dadurch eine Atrophie der Kruppenmuskulatur auf der betroffenen Seite. Wenn man das Pferd von hinten betrachtet, sieht die Beckensilhouette dadurch ungleichmäßig aus.

## Hintergliedmaße

Bis zum Sprunggelenk hinauf ist die Anatomie der Hinterbeine weitgehend identisch mit der der Vorderbeine, und obwohl hinten einige lahmheitsverursachende Faktoren weniger intensiv einwirken, gibt es sie dennoch. Verletzungen der Beugesehnen sind meist weniger schwerwiegend als am Vorderbein, und nur selten kommt es zu Erkrankungen des Hufrollenmechanismus.

## Sprunggelenk

Weiche Schwellungen des Sprunggelenks entstehen durch Ausweitungen der Gelenkkapsel, vorne innen und beidseitig in der Einsenkung vor dem Fersenbeinhöcker. Diese *Sprunggelenksgallen* werden nach ihrem typischen Er-

*Bei Spat findet man die typischen Knochenzubildungen im unteren Innenbereich des Sprunggelenks.*

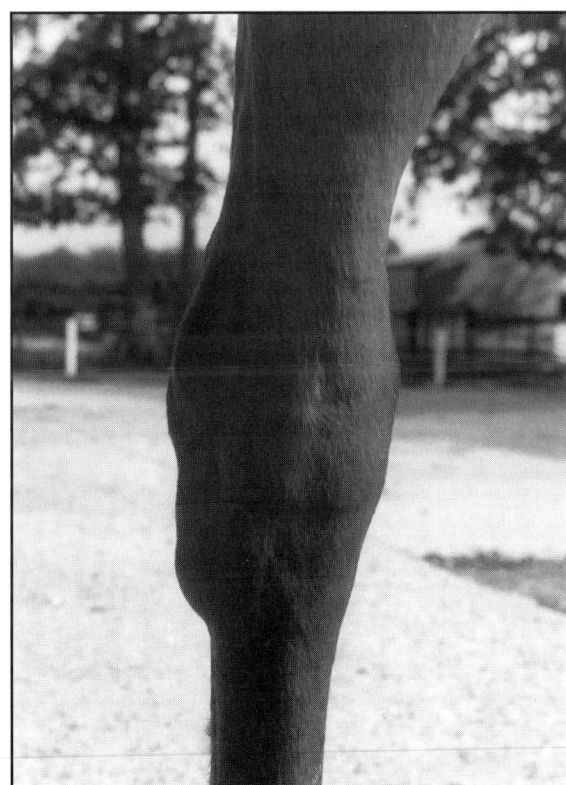

**64**  scheinungsbild an gegenüberliegenden Seiten des Gelenkes auch *Kreuzgallen* genannt.

Knöcherne Zubildungen verschiedenen Ausmaßes, *Knochenspat* genannt, findet man im unteren Bereich des Sprunggelenks an der Innenseite. Die äußerlich sichtbare Verdickung ist ein Zeichen für eine innere Gelenkerkrankung der kleinen Knochen. Im Endstadium kommt es schließlich zu *Ankylosen,* also Verwachsungen der Gelenke.

Eine in dieser Gegend verlaufende Sehnenscheide kann sich entzünden, meist einschließlich des umliegenden Gewebes. Es kommt zu einem Weichteilspat (ohne Knochenbeteiligung).

Über dem Sprunggelenkshöcker bildet sich die sogenannte *Piephacke* als weiche Schwellung unter Beteiligung der Beugesehnenscheide aus. *Hasenhacke* nennt man eine Ausbuchtung der normalerweise geraden hinteren Kontur des Beines über dem oberen Ende des Röhrbeins.

## Unterschenkel

Mit Ausnahme direkt von außen einwirkender Kräfte ist der Unterschenkel nur selten Verletzungen ausgesetzt, genausowenig wie der Unterarm. Durch den Schlag eines anderen Pferdes kann es hier allerdings zu erheblichen Muskelschäden und sogar zu Brüchen kommen.

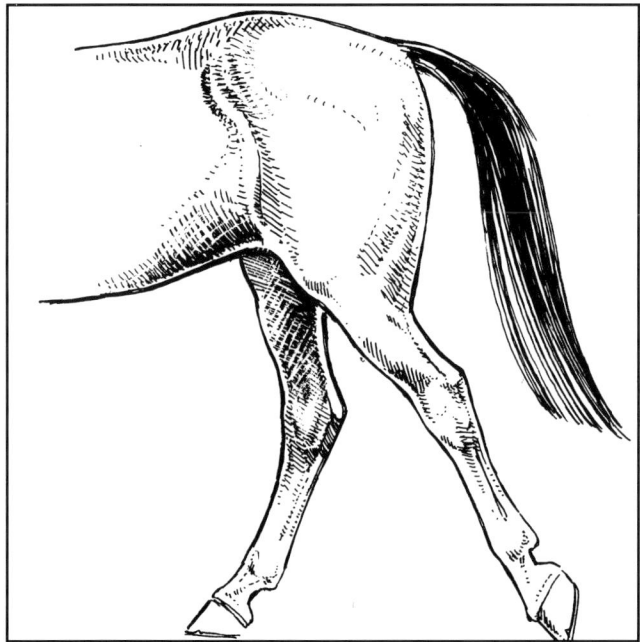

*Bei der Patellaluxation ist das betroffene (linke) Bein in Streckstellung fixiert.*

Das Kniegelenk ist häufig Sitz von Lahmheiten, die mit einer vermehrten Füllung des Gelenks einhergehen. Jede der anatomischen Strukturen des Knies kann beteiligt sein.

Ein besonders dramatisches Bild ergibt sich bei einer Aufwärtsverlagerung der Kniescheibe (Patellafixation). Das innere Kniescheibenband hängt sich dabei über dem mittleren Rollkamm des Oberschenkelknochens ein und blockiert das Bein in gestreckter Stellung, wie bei der bekannten Ruhehaltung des Pferdes. Geschieht das beim Gehen, kommt es zu Verletzungen.

Bei Kreuzbandrissen entstehen schwere Kniegelenkslahmheiten. Sind beide Bänder durchtrennt, erhält das Gelenk eine abnorme Beweglichkeit: Beim stehenden Pferd läßt sich der Unterschenkel dann gegenüber dem Oberschenkel nach vor- und rückwärts verschieben.

## Hüftgelenk

Das Hüftgelenk ist tief in die starke Hinterhandmuskulatur eingebettet und bietet durch seine stabile anatomische Konstruktion selten Grund für Lahmheiten. Entzündliche Wärme im Gelenkbereich kann wegen dessen geschützter Lage durch einfaches Abtasten der Oberfläche kaum festgestellt werden.

Muskelverletzungen treten im Bereich zwischen Hüfte und Kniegelenk genauso häufig auf wie in den weiter hinten vom Becken Richtung Sprunggelenk herabziehenden Muskeln.

# Lahmheitsbeurteilung auf verschiedenem Untergrund

Viele normalerweise kaum bemerkbare Lahmheiten werden erheblich deutlicher und sind leichter zu erkennen, wenn die Pferde auf einer leichten Steigung vorgeführt werden. Der Boden sollte dabei eine ebene Oberfläche haben, damit auf die Hufsohle drückende Steine nicht ihrerseits Schmerzen auslösen, die fehlinterpretiert werden könnten.

Es ist erstaunlich, wieviel ausgeprägter die Symptome beim Gehen bergauf oder bergab in manchen Fällen werden. Die spezifische Reaktion erleichtert dabei die Diagnose: Pferde mit lahmheitsauslösenden Überbeinen oder solche, die an den sogenannten »Schienbeinen« leiden, zeigen oft beim Bergabtraben auf harter Straße eine deutliche Verschlechterung, während andererseits Pferde mit Muskelproblemen und Sehnenschäden Schwierigkeiten haben, eine Böschung mit weicherem Boden zu erklimmen.

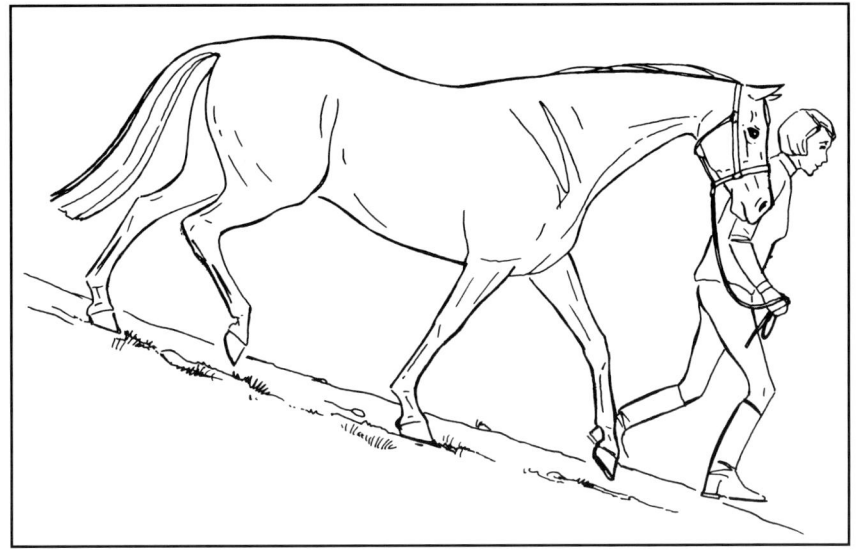

*Vorführen im Trab bergab verstärkt die Lahmheit bei »Schienbeinen« und Überbeinen.*

Viele Muskelverletzungen erschweren auch die Schwimmbewegungen des Pferdes. Berücksichtigt man das nicht, beispielsweise beim Anordnen einer Rehabilitationstherapie in tiefem Wasser, kann das zu Unglücksfällen führen. Pferde mit Rückenproblemen sind häufig nicht mehr fähig zu schwimmen, und es besteht das Risiko, daß sie dabei ertrinken.

# Beugeproben

Die Bewegung verletzter Teile erzeugt Schmerzen, das ist eine fundamentale Tatsache bei Lahmheiten. Wird der schmerzende Körperteil bei der Untersuchung passiv bewegt, versucht das Pferd, den auftretenden Schmerz zu vermeiden, indem es den Fuß wegzieht. Die Bemühungen des Pferdes, sich zu befreien, entsprechen in ihrer Heftigkeit oft direkt der Intensität des Schmerzes, den es bei der Untersuchung empfindet.

Schmerz ist ein wichtiger Schutzmechanismus des Körpers, er sichert, daß die verletzten Teile geschont werden und in Ruhe ausheilen können. So sollte man Schmerzen als nützlich für den Heilungsprozeß ansehen, nicht einfach nur als eine lästige Begleiterscheinung bei einer Verletzung. Unterdrückt man Schmerz durch Medikamente oder andere Maßnahmen, werden die schon geschädigten Strukturen ungehemmt weiter belastet und dadurch oft noch

ernsthafter verletzt. Dessen sollten wir uns beim Einsatz solcher Medikamente stets bewußt sein.

Beugeproben sind **Provokationstests,** sie haben den Sinn, verdeckte
Lahmheiten aufzuspüren. Man belastet dazu die Strukturen einzelner Gelenke vermehrt, indem sie für einige Zeit (zwischen einer halben und zwei Minuten) in starker Beugestellung gehalten werden. Dadurch werden im normalen Gang unauffällige Probleme sichtbar gemacht und undeutliche
Lahmheiten verstärkt. Beugeproben können ebenfalls dabei helfen, das betroffene Gelenk genauer zu lokalisieren. Einschränkend muß dazu gesagt
werden, daß es praktisch kaum möglich ist, ein einzelnes Gelenk zu beugen,
ohne daß andere Gelenke dabei direkt oder indirekt mitbelastet werden. Als
Beispiel soll das Sprunggelenk dienen: Bei der Beugung winkelt man durch
die koppelnde Wirkung der Spannsägenkonstruktion automatisch das Kniegelenk mit an. Die so eventuell provozierte Lahmheit kann ihre Ursache in jedem dieser beiden Gelenke haben. Außerdem belastet das Aufheben eines
Beines für zwei Minuten nicht nur alle Gelenke der gebeugten Extremität,

*Das Ausmaß der verlangten Beugung kann variieren, allerdings darf dadurch
keinesfalls eine Lahmheit an einer an sich gesunden Gliedmaße ausgelöst werden.*

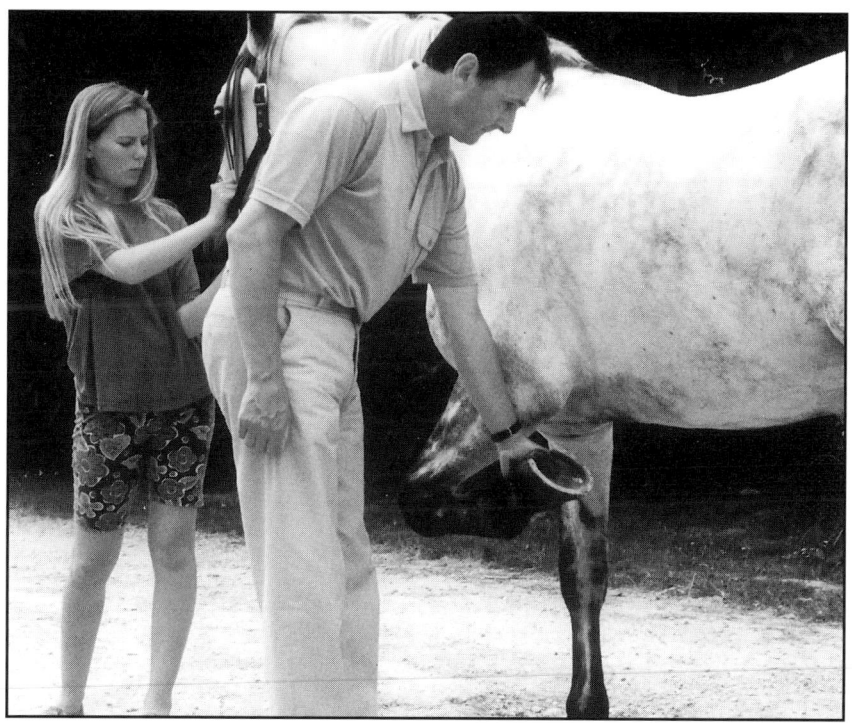

sondern gleichzeitig auch das Standbein vermehrt sowie zusätzlich noch den Rücken und die gesamte Rumpfmuskulatur.

Ein weiterer Einwand gegen die Zuverlässigkeit von Beugeproben ist darin zu sehen, daß durch übertriebenes Beugen auch ein völlig gesundes Pferd kurzzeitig lahm wird, wenn man das gesunde Bein nur lange und fest genug gebeugt hält.

Beachtet man bei der Interpretation der Ergebnisse diese Einschränkungen, ist das Durchführen von Beugeproben für den Tierarzt ein hilfreicher Bestandteil der Routinediagnostik bei Lahmheitsuntersuchungen.

# Diagnostische Anästhesien (Nervenblocks)

Das Anlegen spezieller Nervenblockaden erlaubt es dem Tierarzt, Schmerzen bestimmten anatomischen Strukturen zuordnen zu können. Einzelne Nervenäste werden dabei durch Umspritzen mit einem Lokalanästhetikum betäubt. Die korrekte Ausführung erfordert eine genaue Kenntnis der Anatomie und vor allem der Innervierung des zu testenden Gebietes und gehört keinesfalls in die Hände von Laien. Selbst der Tierarzt wird diese Technik nicht leichtfertig anwenden, sondern nur ganz gezielt zur endgültigen Abklärung, wenn alle klinischen Möglichkeiten der Diagnose ausgeschöpft sind und das verdächtige Gebiet bereits weitgehend eingegrenzt werden konnte.

# Untersuchung der Muskulatur

Wenn im bisher untersuchten Bereich der unteren Gliedmaße keine Ursache für die bestehende Lahmheit gefunden werden konnte, wird als nächstes die Muskulatur genauer betrachtet. Deuten bereits sichtbare Veränderungen bestimmter Muskeln auf eine Schädigung hin, wird man direkt zur Muskeluntersuchung fortschreiten. Aber auch dann, wenn ein anderes Problem, etwa an der Fessel oder an einer Sehne, entdeckt wurde, sollte man das Pferd stets daraufhin untersuchen, ob diese augenscheinliche Verletzung nicht ein Folgeschaden von Problemen in anderen Strukturen sein könnte. Diese sind möglicherweise weit entfernt davon lokalisiert und erscheinen auf den ersten Blick wenig auffällig.

Chronisch wiederkehrende Sehnenschäden stehen häufig mit Schultermuskelverletzungen in Zusammenhang, die bereits lange bestehen. Alle Therapien nützen wenig, solange nicht das zugrundeliegende Muskelproblem

*Die ideale Rückenlinie verläuft in sanften Bögen in ungebrochener Linie und zeigt keine Auffälligkeiten der Bemuskelung.*

erfolgreich behandelt wird. Das gleiche gilt auch für viele andere Verletzungen im unteren Gliedmaßenbereich.

Die Untersuchung der Muskulatur erfolgt zuerst adspektorisch (durch Betrachtung), dann palpatorisch (durch Betastung).

# Manipulationen am Rücken

Die manuelle Therapie, ein Teilgebiet der Chiropraktik, findet bei der Behandlung von Sportpferden zunehmend stärkere Verbreitung, obwohl sie in Fachkreisen teilweise noch mit Mißtrauen betrachtet wird. Man erkennt mehr und mehr, daß sich Schmerzen, Leistungsminderungen und Lahmheiten oft auf Rückenprobleme zurückführen lassen, und daß in vielen dieser Fälle durch gezielte Manipulation eine Behandlung möglich ist.

Zum Identifizieren der Problemzonen werden die fühlbaren Konturen der Wirbelsäule sorgfältig abgetastet. Durch präzise gerichtete, schnelle Handgriffe werden die aufgefundenen leichten Fehlstellungen der Wirbel eingerichtet und damit Muskelblockaden gelöst.

# Lokalisation in der Bewegung

Ist die betroffene Gliedmaße bereits bekannt, und will man nun das erkrankte Gebiet präzise lokalisieren, hilft es, die Bewegungsmuster des Pferdes genau zu analysieren.

## Schulter

Ein Bein, dessen Schulter verletzt ist, wird in der Bewegung weniger weit vorgreifen als ein gesundes. Möglicherweise schleift das Pferd sogar die Zehe über den Boden, beim Vorführen benutzt es zur Unterstützung die Halsmuskulatur stärker als üblich. In Ruhe stellt es unter Umständen den Fuß nur mit der Hufspitze auf den Boden und hält das Bein gebeugt.

## Ellbogen

Bei Erkrankungen des Ellbogengelenks setzt das Pferd beim Gehen die Zehe zuerst auf, während das Karpalgelenk leicht gebeugt bleibt. In Ruhe hängt der Ellbogen tiefer als normal. Solange das Bein kein Gewicht aufnimmt, sind Karpal- und Fesselgelenk leicht gebeugt.

## Vorderfußwurzelgelenk

Bei schweren Lahmheiten aufgrund von Karpalgelenkverletzungen zeigen die Pferde im Stehen eine Beugehaltung, das Gelenk nimmt nur minimal Last auf. Besonders im Trab lahmt das Tier stark.

Bei kleineren *Chipfrakturen* (Knochensplitter im Gelenk) belastet das Pferd das Bein unter Umständen in Ruhe fast normal und zeigt nach einigen Tagen Boxenruhe auch beim Vorführen zuerst nur eine geringgradige Lahmheit.

## Röhrbein

Am häufigsten führen hier Überbeine und sogenannte »Schienbeine« zu Problemen. Manchmal führt das Pferd im Trab das betroffene Bein beim Vorsetzen stärker nach außen als das gesunde, um dadurch die Gewichtsbelastung im schmerzhaften Areal zu vermindern.

Die häufigste Ursache für Lahmheiten im Fesselbereich ist die Bildung von *Exostosen* (Knochenwucherungen) im Gelenkbereich. Die Pferde haben einen verkürzten Schritt und zeigen deutlichen Wendeschmerz. Nach Abschluß des Entzündungsprozesses können solche Tiere wieder lahmheitsfrei gehen, wenn auch mit veränderter Gangmechanik. Auch Brüche findet man hier gelegentlich, das Bein wird dann meist stark entlastet.

## Huf

Hier gibt es verschiedene lahmheitsauslösende Prozesse.

Steingallen: Das Pferd versucht den betroffenen Teil der Sohle zu entlasten, indem es den Trachtenbereich hebt und weniger weit vortritt. Ähnlich verhält es sich bei anderen Problemen im Huf.

Hufrollenentzündung: Die Pferde treten deutlich kürzer, die Lahmheit ist besonders bei einseitigem Vorkommen ausgeprägt. Zu Beginn der Erkrankung gehen sie oft nach einer gewissen Einlaufzeit etwas flüssiger, wie auch nach längeren Weideaufenthalten auf weichem Boden.

## Hüfte

Verkürzte Schritte, bei denen die Hinterzehe zuerst auffußt, sind hierfür typisch. Das Pferd hebt beim Gehen die Hüfte der erkrankten Seite merklich höher an, am deutlichsten sieht man das beim Trab auf dem Zirkel.

## Knie

Kurze Schritte sind in diesem Fall oft mit einer Seitwärtstendenz der Zehenachse kombiniert. In Ruhe wird das Bein gebeugt gehalten, eventuell kommt es an der Gelenkvorderseite zu einer sichtbaren Schwellung.

## Sprunggelenk

Charakteristisch für Spaterkrankungen ist, daß das Bein beim Vortreten nur unvollständig gestreckt wird, beim Vorsetzen schleift oft die Zehe etwas. Das hinterläßt Abnützungsspuren an der unteren vorderen Hufwand.

Auch Wirbelsäulenprobleme können zu ähnlichen Gangveränderungen führen.

# Prellungsbedingte Lahmheiten

In diesem Kapitel werden Lahmheiten behandelt, bei denen Prellungen eine gewisse Auslösefunktion haben, die also durch die wiederholte Einwirkung axialer Kompressionskräfte entstehen.

Diese spielen bei anderen Problemen durchaus auch eine Rolle, allerdings in wesentlich geringerem Ausmaß. Die individuelle Wirkung dieser Einflüsse wird hier detailliert beschrieben, so daß sie zukünftig beim Training leichter beachtet und nach Möglichkeit verringert werden können.

Oberhalb des Karpalgelenks manifestieren sich keine typisch erschütterungsbedingten Probleme – obwohl die Strukturen dort sekundär durch solche Lahmheiten beeinträchtigt werden können –, deshalb dient dieses Gelenk als Ausgangspunkt der Besprechung.

## Karpalgelenkverletzungen

Das Vorderfußwurzelgelenk ist ein zusammengesetztes Gelenk, das aus drei Gelenketagen besteht:

- Das *Radiokarpalgelenk* liegt zwischen dem unteren Ende des Unterarms und der oberen Reihe der Karpalknochen; es kann sich um 90° öffnen.
- Das *Interkarpalgelenk* befindet sich zwischen den zwei Etagen der Karpalknochen und hat einen Öffnungswinkel von 70°.
- Das *Karpometatakarpalgelenk* ist das unterste, wenig bewegliche Gelenk zwischen der unteren Etage und den Oberenden der drei *Metakarpalknochen,* das heißt des Röhrbeins mit den beidseitig anliegenden Griffelbeinen. Dieses Gelenk öffnet sich nicht.

Das Karpalgelenk des Pferdes wird auch Vorderknie oder Vorderfußwurzelgelenk genannt und entspricht anatomisch dem Handgelenk des Menschen. Üblicherweise besteht es aus sieben Karpalknochen, gelegentlich gibt es acht, die in jedem Fall in zwei Reihen übereinander angeordnet sind.

Karpalgelenkverletzungen umfassen Zerstörungen des Gelenkzusammenhalts, Bänderrisse und Zerrungen sowie Schäden an den Knochen.

*Rechte Seite: Die Röntgenaufnahme eines Vorderfußwurzelgelenks in Seitenansicht zeigt eine Bruchstelle (Pfeil) mit beginnender Knochenneubildung.*

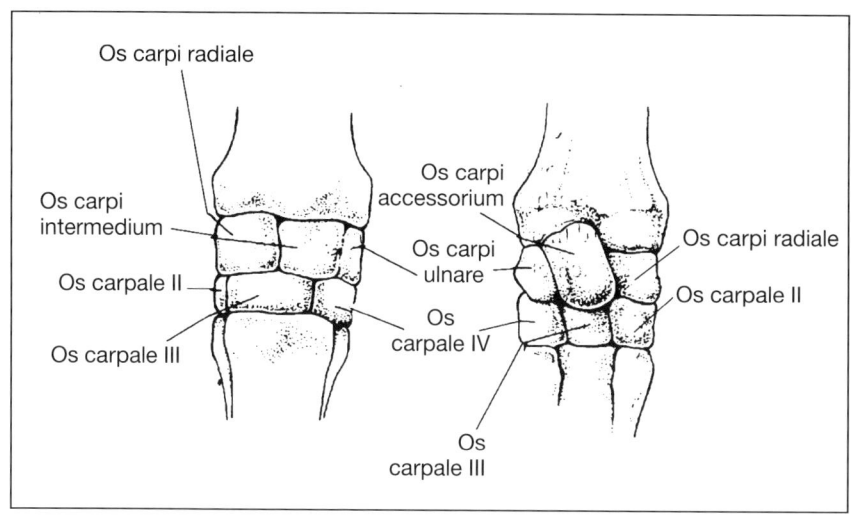

Os carpi radiale

Os carpi
intermedium

Os carpale II

Os carpale III

Os carpi
accessorium

Os carpi
ulnare

Os
carpale IV

Os carpi radiale

Os carpale II

Os
carpale III

*Knochen des Karpalgelenks (oben): Blick von vorne (links) und von hinten (rechts)*

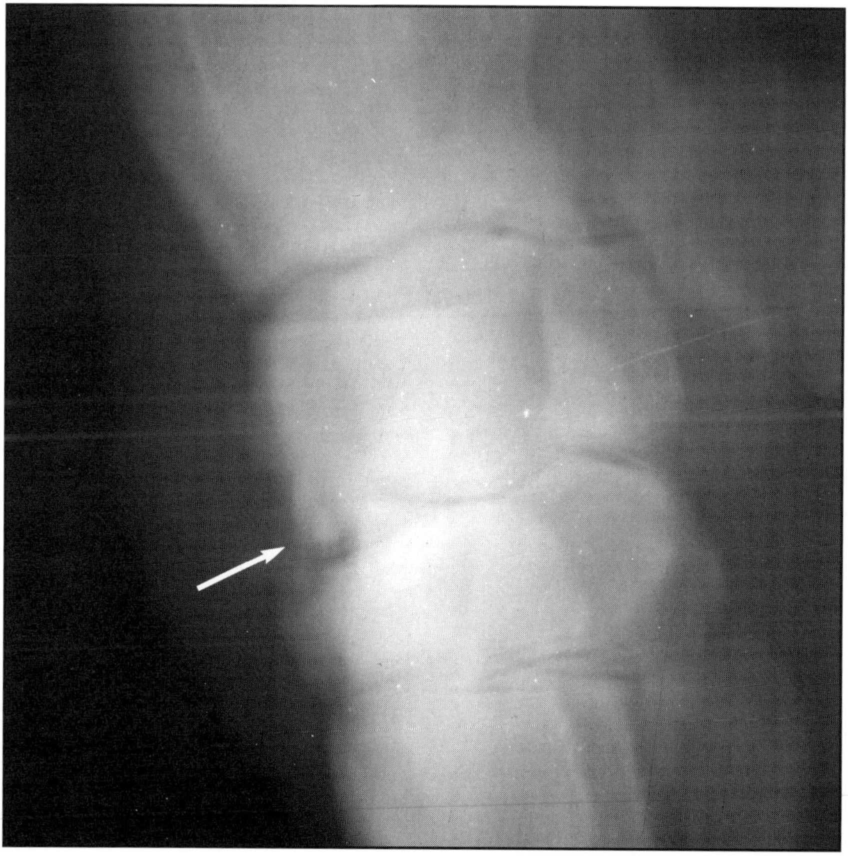

Das Karpalgelenk ist wesentlich an der Absorption der axialen Kräfte beteiligt, die durch den Bodenkontakt, die Geschwindigkeit und die Einwirkung des Körpergewichts entstehen. Die Stellung des Gelenks beeinflußt dessen Fähigkeit, normalen Einflüssen standzuhalten, obwohl auch ein korrekt gebautes Gelenk durch Ermüdung gegen Ende einer ausgedehnten Galoppstrecke oder im Finish eines Rennens unphysiologischen Belastungen ausgesetzt sein kann. Die Elastizität der Bänder, welche die Karpalknochen verbinden, absorbiert einen Teil der Gewichtsbelastung, ein weiterer Teil wird durch Auseinanderfedern der Einzelknochen abgefangen. Die Fähigkeit zu dieser Kräfteumwandlung wird durch Training erst richtig entwickelt, zu forciertes Vorgehen erhöht daher das Verletzungsrisiko. Die Kräfte, die vom Karpalgelenk nicht absorbiert werden, leitet es im Idealfall in gerader Linie nach oben oder unten zu anderen Strukturen weiter.

In der Belastungsphase bilden Röhrbein, Karpalgelenk und Unterarmknochen eine feste gerade Stützeinheit. Dadurch wird unter normalen Umständen keines der beteiligten Gewebe unverhältnismäßig belastet. Bei der vorher bereits erwähnten starken Ermüdung oder bei Stellungsfehlern tritt allerdings eine weniger ideale Situation ein. Die Kräfteeinwirkung belastet in solchen Fällen einzelne Teile des Karpalgelenks besonders stark, wodurch es zu Entzündungen an Knochen und Bändern und schließlich zu *degenerativen* (substanzzerstörenden) Gelenkerkrankungen kommen kann.

*In der Endphase eines Rennens kommt es durch Ermüdung der Muskulatur oft zu einer Rückbiegigkeit des Vorderfußwurzelgelenks. Dadurch steigt das Verletzungsrisiko besonders für die Karpalgelenkknochen.*

Durch die Hufbalance wird das Karpalgelenk ebenfalls beeinflußt. Die Kombination einer langen Zehe mit niedrigen Trachten erzeugt eine veränderte Belastung der normalerweise geraden Vorderbeinachse und vergrößert das Verletzungsrisiko. Kurze Zehen mit hohen Trachten verringern die Fähigkeit des Beines zur federnden Absorption axialer Kräfte und führen statt dessen zu einer vermehrten Erschütterung aller tragenden Anteile des Beins.

## Symptome

Schwellungen der Vorderseite des Karpalgelenks sind nicht selten. Man erfühlt bei der *Palpation* vermehrte Wärme, der Bereich ist druckempfindlich. Meist liegt eine deutliche Lahmheit vor, nur in chronischen Fällen ist sie weniger ausgeprägt. Beim Traben auf unebenem Untergrund knicken die betroffenen Pferde gelegentlich ein. Bei frischen Schäden ist die Umfangsvermehrung, die durch eine Zunahme der Gelenkflüssigkeit entsteht, prallelastisch und eindrückbar und oft wärmer als das gesunde Gelenk. Bei chronischen Veränderungen können bereits Knochenzubildungen vorliegen.

Chronische Anschwellungen im Vorderkniebereich müssen stets geröntgt werden, um Chips oder Brüche als Ursache ausschließen zu können.

## Therapie

Einen raschen Abbau der Entzündungssymptome erreicht man durch entsprechende Medikamente und die wiederholte Anwendung von Laser und Ultraschall. Diese Therapien sind bei frischen Verletzungen besonders effektiv, sie können sogar die Heilung kleiner Knochenabsplitterungen beschleunigen, wenn das Bein entsprechend ruhiggestellt wird. Um gute Behandlungserfolge zu erzielen, sollte die Therapie frühzeitig einsetzen.

Die zusätzliche Anwendung von Natriumhyaluronat oder Glycosaminoglycanen hilft bei der Wiederherstellung der normalen Gelenkschmiere, und solange keine chronischen Knorpel- und Knochenveränderungen oder gar Brüche vorliegen, wird die Funktion dadurch gebessert.

Moderne chirurgische Behandlungsmethoden verwenden ein *Arthroskop* (Gelenkspiegel). Mit diesem können Chips und andere Gewebeveränderungen durch kleinste Schnitte entfernt werden, bei minimaler Schädigung des Gelenks. Das Arthroskop ermöglicht eine genaue Inspektion des Gelenkinneren. Aber auch kleine Eingriffe und Spülungen zur Entfernung von entzündlich veränderten oder infektiösem Material können damit bequem durchgeführt werden.

Überbeine bilden sich besonders häufig zwischen dem vorderen Röhrbein und den ihm seitlich anliegenden, nach unten schmal auslaufenden Griffelbeinen, seltener entstehen sie am Hinterbein.

## Definition

Als Überbein bezeichnet man eine Knochenauftreibung. Diese entsteht zwischen Röhrbein und Griffelbein, oft sind auch Teile des Griffelbeins selbst davon betroffen. Sie können überall an der Innen- und Außenseite aller vier Beine auftreten, am häufigsten findet man sie allerdings an der Innenseite der Vorderbeine, etwa in der Mitte des Röhrbeins. Die Griffelbeine sind durch

*Die Röntgenaufnahme eines Röhrbeins zeigt ein Überbein, das sich über einem Griffelbeinbruch ausgebildet hat (Pfeil).*

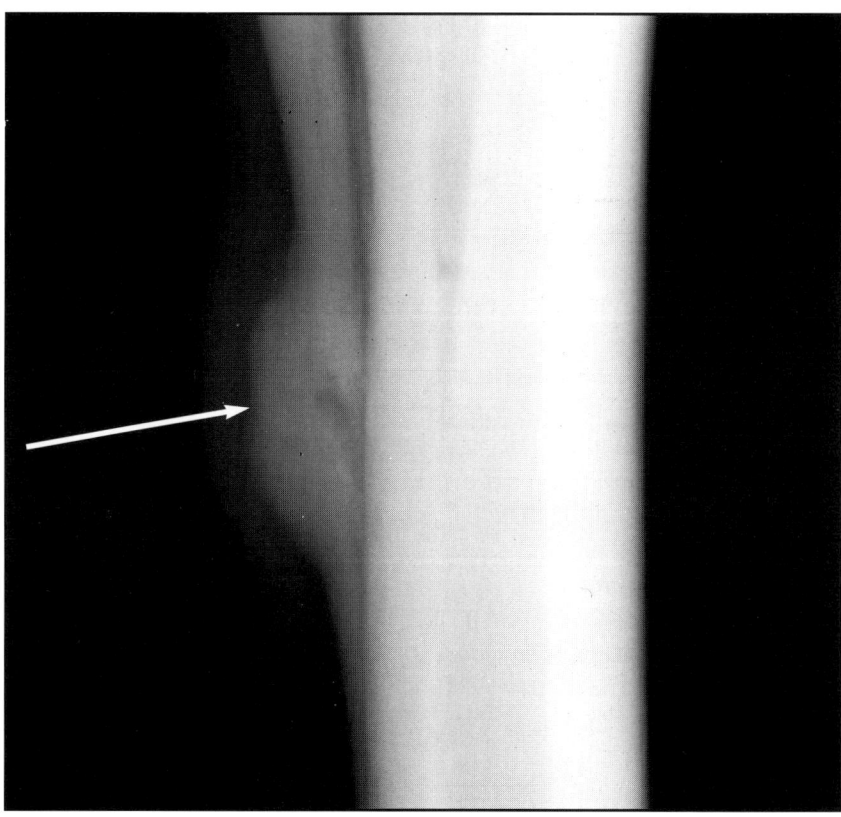

Bänder mit dem Röhrbein verbunden, die in späteren Jahren verknöchern.
Trotzdem können auch bei älteren Tieren noch Überbeine entstehen.

Durch Störungen im Bandbereich kommt es zu Reizungen der Knochenhaut und zu Knochenzubildungen. Bei Röntgenaufnahmen dieses Bereichs läßt sich nicht selten ein Griffelbeinbruch als Ursache des Überbeins identifizieren.

## Ursachen

In bestimmten Situationen kommt es zur Bildung von Überbeinen:
- Bei Jungtieren in der Entwicklung, speziell dann, wenn Jährlinge für Auktionen stark aufgefüttert werden.
- Beim zu schnellen Antrainieren jüngerer Tiere; hier spielt auch ein nicht idealer Körperbau eine Rolle.
- Bei älteren Pferden, deren Beinstellung sich infolge veränderten Beschlags oder anderer Vorkommnisse verändert hat.
- Bei Pferden jeden Alters mit Stellungsfehlern.

Zu einem hohen Prozentsatz lassen sich Überbeine auf Stellungsprobleme zurückführen. Es ist wahrscheinlich, daß sie in solchen Fällen aufgrund ungleich einwirkender Achsenkräfte entstehen. Ihre Auswirkungen und sogar ihre Größe lassen sich oft noch reduzieren, wenn nachträglich ein geeigneter Korrekturbeschlag angebracht wird.

Jede Abweichung der Gliedmaßenachse, die zu einer einseitigen Belastung eines Griffelbeins führt, kann zur Bildung eines Überbeins Anlaß geben. Als einfachste Ursache kommt hierfür eine Verletzung in Frage, weiter ein schlechter Beschlag, Fehler beim Ausschneiden mit Verlust der Hufbalance und jede andere Veränderung, die zu einer verstärkten Druckbelastung unterhalb des Karpalgelenks führt.

Nicht nur der Körperbau, sondern auch die Ernährung hat einen Einfluß; besonders gilt das bei Jungtieren. Probleme entstehen durch Imbalancen der für das Knochenwachstum wichtigen Nährstoffe, der Vitamine A, D und E sowie der Mineralstoffe Kalzium, Magnesium und Phosphor.

## Symptome

Überbeine erkennt man als harte, knöcherne Schwellungen zwischen Röhrbein und Griffelbein, sie können einzeln oder zu mehreren auftreten, klein oder groß sein. Für ihre Schadwirkung ist die Lage entscheidend, also inwieweit sie auf andere Strukturen drücken. Beeinträchtigungen des Karpalgelenks oder des Fesselträgers sind besonders gefürchtete Komplikationen.

Die ersten Anzeichen einer Überbeinbildung sind vermehrte Wärme und

Druckschmerz des Bereichs, in dem das Überbein entsteht. Schwellungen treten in diesem Stadium eher selten auf, wohl aber kommt es zu Stützbeinlahmheiten, die vor allem im Trab sichtbar werden.

Große Überbeine, deren Entstehen bereits abgeschlossen ist, fühlen sich hart und normal temperiert an, sie sind nicht mehr druckempfindlich und viele Tiere gehen wieder lahmfrei. Manche Pferde haben eine besondere Neigung zur Bildung von Überbeinen. Das wiederholte Auftreten von Lahmheiten kann durch passende Korrekturbeschläge weitgehend verhindert werden.

Lahmheiten aufgrund von Überbeinen werden beim Traben auf unebenem Boden oder bergab verstärkt sichtbar. Gelegentlich bemerkt man, daß die betroffene Gliedmaße beim Vorführen etwas nach außen abgespreizt wird. Ein kleines Überbein kann man am leichtesten am aufgehobenen Bein ertasten, im Bereich des Griffelbeins, vor dem Fesselträger. Da Pferde unterschiedlich auf das Fußaufheben reagieren, muß man beim Durchtasten stets sorgfältig versuchen, echte Schmerzäußerungen auf den Palpationsdruck hin von unspezifischen Abwehrmaßnahmen zu unterscheiden, um nicht zu falschen Schlüssen bezüglich der Schmerzhaftigkeit eines Prozesses zu kommen.

Die Größe eines Überbeins steht in keiner Beziehung zur dadurch ausgelösten Lahmheit. Große, plötzlich entstandene Überbeine bei jungen Pferden müssen nicht schmerzhaft sein, während ganz kleine, unauffällige dies sein können.

Röntgenaufnahmen erleichtern die Diagnose und helfen dabei, Brüche als Ursache auszuschließen.

## Therapie

Bei jüngeren Tieren genügt es oft, ihnen bis zum Aushärten des Prozesses Ruhe zu gönnen. Zusätzlich muß die Hufbalance verbessert und das Nährstoffverhältnis der Fütterung beachtet werden.

Die Gabe entzündungshemmender Medikamente ist bei diesem Problem meist überflüssig, zumal wenn die Ursache bereits herausgefunden und eliminiert werden konnte. Bei ernährungsbedingten Problemen wird die Lahmheit meist ausheilen, nachdem die Fütterung korrigiert wurde, ein bereits gebildetes Überbein wird allerdings häufig für immer bestehen bleiben. Liegt die Ursache in einer Fehlstellung begründet, kann eine Beschlagkorrektur zu einer schnellen Rückbildung führen.

Früher war es üblich, Überbeine durch Brennen und Blistern zu behandeln, es gibt aber keinerlei Beweis für die Wirksamkeit dieser altertümlichen und sehr schmerzhaften Therapie. Richtiger Beschlag trägt am besten zur schnellen Ausheilung der Prozesse bei.

Die Sesambeine im Fesselgelenkbereich oder ihre zahlreichen Bänder sind hier betroffen.

## Definition

Die Gleichbeine liegen hinten paarweise als Sesambeine dem Fesselkopf auf, dabei bilden sie mit dem unteren Ende des Mittelfußknochens (Röhrbein) eine gelenkige Verbindung. Jedes Gleichbein ähnelt von der Form her einer dreiseitigen Pyramide, die auf einer Seite eingedellt ist.

Die hinteren Flächen formen mit den darüberziehenden Bändern eine glatte Delle, über die die Beugesehnen gleiten. In diesem Bereich umfaßt die oberflächliche Beugesehne manschettenartig die tiefe, beide werden durch das Ringband des Fesselgelenks zusätzlich stabilisiert. Die beiden Gleichbeine des Fesselgelenks bilden ein Gleitlager für die tiefe Beugesehne. Eine Anzahl fester Bänder sorgt für ihre Befestigung und bildet den Übergang zum elastischen Fesseltrageapparat. Der gesamte Mechanismus vergrößert die ab-

*Auf der Röntgenaufnahme ist eine Gleichbeinfraktur zu sehen (Pfeil).*

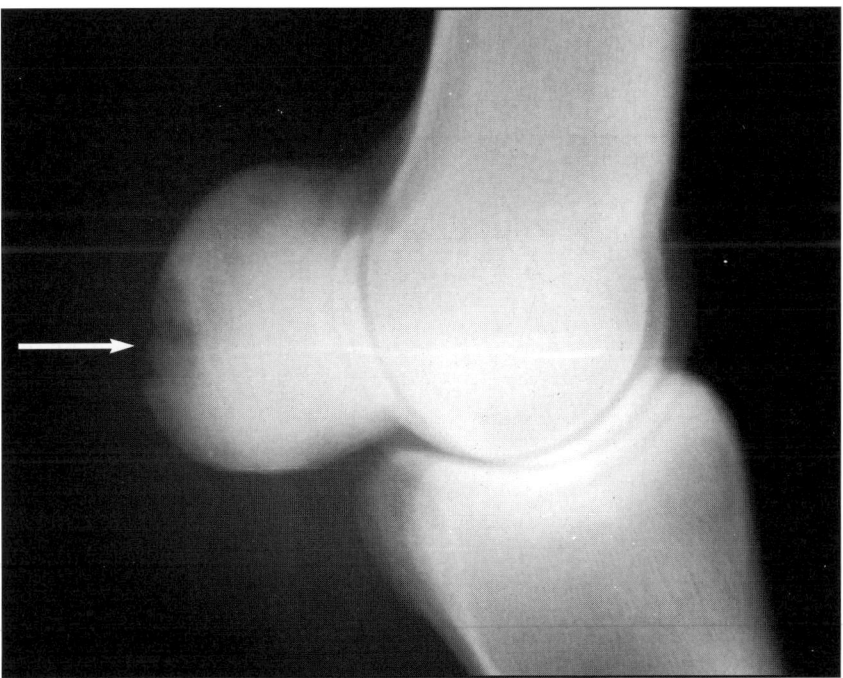

sorbierende Oberfläche des Gelenks und hilft beim Abfangen der Kompressionskräfte, die von oben und unten auf die Fessel einwirken.

Bei manchen Bewegungen werden die Gleichbeine in besonders hohem Maß beansprucht, dabei können sie selbst oder ihre Befestigungsbänder verletzt werden.

## Ursachen

Die Gleichbeine werden durch direkte Verletzungen oder die Einwirkung axialer Kräfte verletzt und können sogar durchtrennt werden. Dadurch entstehen teilweise erhebliche Schwellungen, die die Beweglichkeit des Gelenks zusätzlich beeinträchtigen.

Zerreißen die Gleichbeinbänder (besonders anfällig dafür sind ihre Ansätze), reißen leicht Knochenstücke mit ab. Da die ständige Belastung des Gelenks die Teile auch im Stehen noch auseinanderzieht, können sie spontan kaum wieder zusammenheilen, die Lahmheit wird chronisch. Die Behandlung ist dann erfolgversprechend, wenn es gelingt, diesem Zugeffekt entgegenzuwirken.

Als mögliche Ursache von Gleichbeinverletzungen nimmt man eine Überstreckung an, bei der die Bänder von den Gleichbeinen weggezogen werden. Verstärkt wird dieser Effekt durch Stellungsfehler oder Erschöpfung.

## Symptome

Jede Verletzung im Bereich der Gleichbeine führt zu einer Lahmheit. Es kommt zu Schwellungen und zur Erwärmung des betroffenen Gebietes, nach einiger Zeit verringern sich diese Entzündungssymptome wieder.

Beim Durchtasten und Bewegen des Gelenks läßt sich nicht immer eine genau lokalisierte Schmerzreaktion feststellen. Geht man dabei zu forciert vor, kann das Gelenk durch die Untersuchung noch stärker geschädigt werden.

Ein sicherer Hinweis auf Gleichbeinverletzungen ist vermehrte Wärme seitlich und hinten am Fesselkopf, die bestehen bleibt, auch wenn die Schwellung bereits reduziert ist. Der Auslöser ist meist eine Zerrung oder Verstauchung des Fesselgelenks, wie sie typischerweise zustandekommt, wenn das Pferd mit dem Fuß in ein Loch tritt. Eine gleichzeitige Verletzung des Fesselträgers kompliziert das Krankheitsbild weiter. Röntgenaufnahmen sind in dieser Region für eine exakte Diagnose unverzichtbar.

Bei akuter Lahmheit wird das Gelenk mittels eines festen, gepolsterten Stütz-
verbandes entlastet und ruhiggestellt. Ein zeitweise angelegter Korrekturbeschlag mit erhöhten Trachten verringert in chronischen Fällen den Zug an den
Gleichbeinbändern. Diese Unterstützungsmaßnahmen sind für einige Wochen notwendig, gleichzeitig kann eine Laser- oder Ultraschalltherapie zum
Abbau der Entzündung und zur völligen Ausheilung beitragen.

Selbst Gleichbeinfrakturen können auf ähnliche Weise erfolgreich behandelt werden, zusätzlich wird das betroffene Bein einer Unterwasserbehand-
lung mit Ultraschall unterzogen. Das Wasser dient als Übertragungsmedium,
so daß die Schallwellen das gesamte verletzte Gebiet erreichen.

## *Synovialitis* (vermehrte Gelenkfüllung)

Diese nicht sehr schwerwiegende Erkrankung tritt im Karpal- und Fesselgelenk auf. Ein Verdacht darauf liegt vor, wenn das Gelenk vermehrt gefüllt
ist. Diese Füllung besteht aus Gelenkflüssigkeit (*Synovia*), die Innenseite der
Gelenkkapsel weist in diesen Fällen oft vergrößerte Gelenkzotten und bindegewebige Knötchen auf.

## Schale

Mit diesem Ausdruck bezeichnet man zwei Erscheinungen, die als *Exostosen*
(Knochenzubildungen) zwar gleichartig sind, aber zwei unterschiedliche
Gelenke betreffen. Schale tritt als *tiefe Schale* im Hufgelenkbereich auf, die
hohe Form manifestiert sich im Krongelenk.

### Anatomie der Fessel

Als Fessel bezeichnen wir die Gegend zwischen dem Kronrand und dem Fesselkopf. Die Knochen der Fessel sind Fesselbein und Kronbein. Das Fesselbein gehört zu den langen Knochen, die alle einen Markraum im Inneren um-
schließen und liegt zwischen dem unteren Ende des Röhrbeins und dem
oberen des kurzen Kronbeins. Letzteres enthält keinen Markraum, sondern ist
massiv. Es liegt teilweise noch unterhalb des Kronrandes und ist der erste

Knochen, der nach dem Hufbein und Strahlbein die Erschütterungen aufzufangen hat, wenn der Huf den Boden berührt.

Das Krongelenk ist das am wenigsten bewegliche Zehengelenk, im Stand befindet es sich in Streckstellung. Extreme Beugung und Streckung werden durch Bänder verhindert. Besonders die Fesselsehnenplatte an der Rückseite der Fesselknochen und weitere dort liegende Bänder sind für die tragende Funktion der Fessel entscheidend und stabilisieren das Krongelenk.

## Definition

Die Schale ist eine knöcherne Zubildung, eine *Exostose,* im Bereich der Fesselknochen und ihrer Bandverbindungen. Je nach ihrem Sitz, in der Mitte der Fessel oder knapp über dem Kronrand, bezeichnet man sie als hohe oder tiefe Schale. Die sichtbare Umfangsvermehrung entsteht durch eine Schädigung der Knochenhaut oder der hier ansetzenden Bänder, was zu Verknöcherungen führt. Wenn die Zubildungen die betreffenden Gelenke beeinträchtigen oder sich bis unter die dort verlaufenden Sehnen erstrecken, lahmt das Pferd deutlicher.

An Schale erkrankte Pferde findet man nicht mehr so oft wie früher, aber immer noch häufig genug. Die Zubildung kann an Vorder- oder Hinterbeinen auftreten und in schweren Fällen eine weitere Verwendung unmöglich machen.

## Ursachen

Der Einsatz eines Pferdes im schweren Zug oder im Sport prädisponiert es für das Auftreten von Schale. Heutzutage ist der häufigste direkte Auslöser eine Verletzung der Fessel, etwa eine Zerrung oder eine Verrenkung. Früher fand man bei Wagenpferden im schweren Zug Schalenbildung an den Vorderbeinen, besonders bei älteren Tieren, diese wurde durch Prellungen und wohl auch durch übergangene Verletzungen ausgelöst.

## Symptome

Bei Verletzungen im Training oder im Wettkampf zeigt sich zuerst eine akute Entzündungsreaktion mit vermehrter Wärme und Schwellungen. In solchen Fällen muß stets durch Röntgenaufnahmen abgeklärt werden, ob nicht etwa ein Bruch vorliegt. Bei chronischem Verlauf weist das Pferd einen verkürzten Gang auf, die Lahmheit wird auf unebenem Untergrund oder in engen Wendungen ausgeprägter.

Hohe und tiefe Schale unterscheiden sich eindeutig durch die Lage der

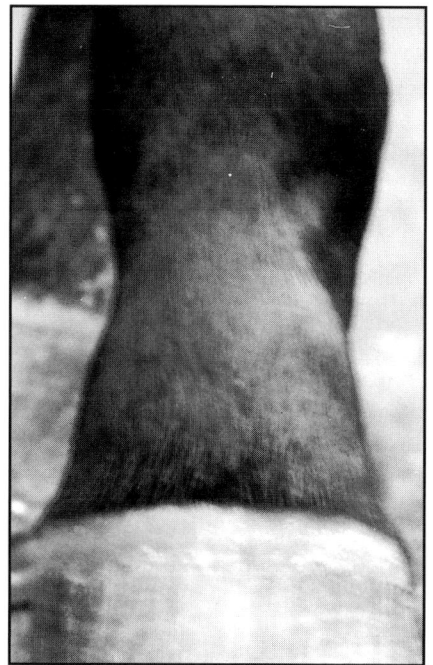 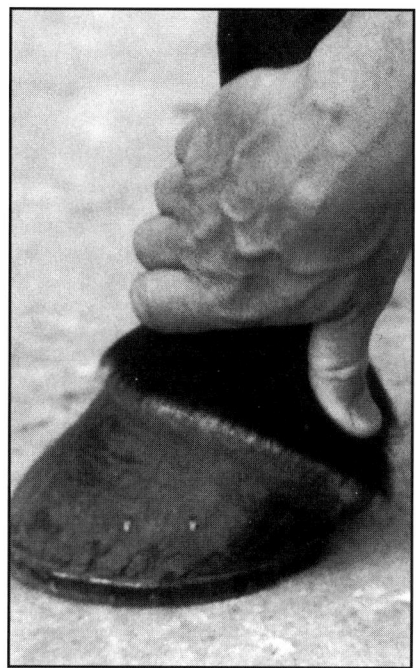

*Frühstadium einer hohen Schale (links) am Krongelenk; Untersuchung auf die für Entzündungen charakteristische Temperaturerhöhung im Gelenkbereich (rechts).*

Umfangsvermehrung. Beim *hohen Ringbein,* der Krongelenkschale, ist die Umgebung dieses Gelenks mit den entsprechenden Knochen und Bändern beteiligt. Um eine Prognose erstellen zu können, ist es wichtig herauszufinden, ob das Gelenk selbst durch die Exostose beeinträchtigt wird oder vielleicht doch nur eine Verrenkung vorliegt.

Das *tiefe Ringbein,* die Hufgelenkschale, findet sich als eher gleichmäßige Auftreibung im Bereich des Kronrandes. Auch hier besteht die Gefahr einer Gelenkbeteiligung.

## Therapie

In weniger schweren Fällen trägt bereits eine längere Ruhepause zur Besserung der Symptome bei. Pferde mit größeren Veränderungen, besonders wenn das Gelenk mitbetroffen ist, sind selten wieder voll einsatzfähig zu bekommen. In einigen Fällen gelingt es durch operative Versteifung des Gelenks, das Tier schmerzfrei zu machen. Andere Patienten werden durch den wiederholten Einsatz entzündungshemmender, schmerzlindernder Medikamente arbeitsfähig erhalten.

Moderne Behandlungsverfahren wie Laser-, Ultraschall- und Magnetfeldtherapie können eine unkomplizierte Heilung akuter Knochen- und Bänderverletzungen fördern, wenn sie früh und lange genug zum Einsatz kommen. Der Besitzer muß in jedem Fall abwägen, ob der doch erhebliche Aufwand angemessen erscheint, da selbst bei geeigneter Behandlung nicht alle Pferde wieder voll belastbar werden.

Kommt es durch chirurgische Maßnahmen oder durch Fortschreiten des Verknöcherungsprozesses zu einer Verwachsung der gelenkbildenden Knochen, ohne daß dabei die Sehnen beeinträchtigt werden, kann das Pferd unter Umständen wieder schmerzfrei gehen, obwohl der Ausfall der Gelenkfunktion zu einem etwas steiferen Gangbild führen wird.

# Hufrollenentzündung

Erkrankungen der Hufrolle finden in Reiterkreisen und unter Tierärzten starke Beachtung. Es ist noch nicht völlig geklärt, wie die Veränderungen genau entstehen und wann sie zu Lahmheiten führen.

## Definition

Die sogenannte Hufrolle besteht aus Knochen, Bändern, einer Sehne und einem Schleimbeutel. Das Strahlbein ist ein schmaler, weberschiffchenartiger Knochen, der als Umlenkrolle für die tiefe Beugesehne dient, die darüber hinwegläuft, bevor sie schließlich an der Unterseite des Hufbeins ansetzt. Das Strahlbein ist beidseitig mit Bändern an den Hufbeinästen befestigt, und auch oberhalb bestehen Bandverbindungen. Zwischen Strahlbein und tiefer Beugesehne liegt eine *Bursa*, ein mit Gelenkschmiere gefüllter Schleimbeutel, welcher der Sehne das Gleiten über den Knochen erleichtert.

Veränderungen des Strahlbeins können sich auch auf dieses Gebilde ausdehnen, schließlich ist sogar die Beugesehne betroffen.

Beim Fortschreiten der Erkrankung kommt es zwischen Sehne und Knochen zu Verwachsungen, und der Knochen wird zunehmend demineralisiert.

## Ursachen

Erschütterungen beim Arbeiten und erbliche Veranlagungen spielen als Auslöser dieser Erkrankung eine Rolle. Ein schlecht entwickelter Strahlbereich, der durch unpassenden Beschlag entstehen kann, beeinträchtigt den normalen Hufmechanismus und damit die Durchblutung des Hufinneren, lange Ze-

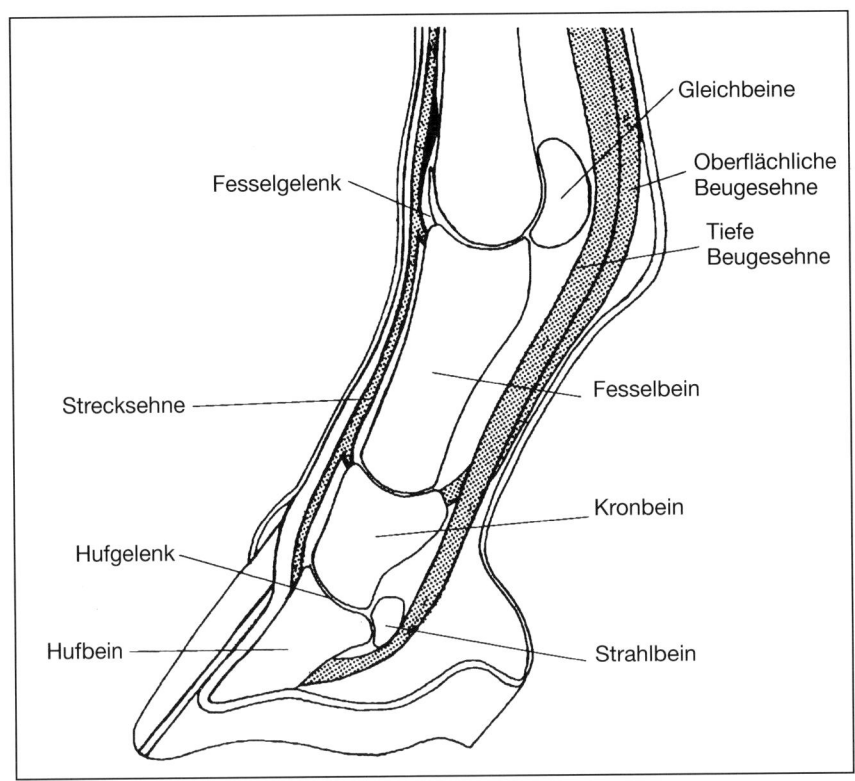

Gleichbeine

Oberflächliche
Beugesehne

Tiefe
Beugesehne

Fesselgelenk

Strecksehne

Fesselbein

Kronbein

Hufgelenk

Hufbein

Strahlbein

*Wichtige Strukturen der unteren Gliedmaße im schematischen Längsschnitt*

hen belasten den Beugesehnenansatz überdurchschnittlich. Chronisch gewordene Hufinfektionen können ebenfalls einen nachteiligen Einfluß ausüben.

Über die Entstehung einer Hufrollenerkrankung gibt es die verschiedensten Theorien, derzeit überwiegt die Ansicht, daß ein Hauptgrund dafür in schlechter Hufstellung zu suchen ist und seltener ein schlechter, meist zu enger Huf erst aufgrund der Beeinträchtigung des Hufrollenmechanismus entsteht.

## Symptome

Bei jeder Lahmheit vorne muß man zuerst an eine Hufrollenerkrankung denken. Die endgültige Bestätigung erhält man durch eine Röntgenaufnahme mit spezieller Technik. Die Deutung der Aufnahmen ist nicht ganz einfach, oft kommt es zu falschen Diagnosen, denn auch bereits sichtbare Veränderungen führen nicht in allen Fällen zu Lahmheiten.

Der Verdacht auf eine Hufrollenerkrankung kommt auf, wenn der Vorbericht wiederholt auftretende Lahmheiten im Fußbereich erwähnt. Oft sind

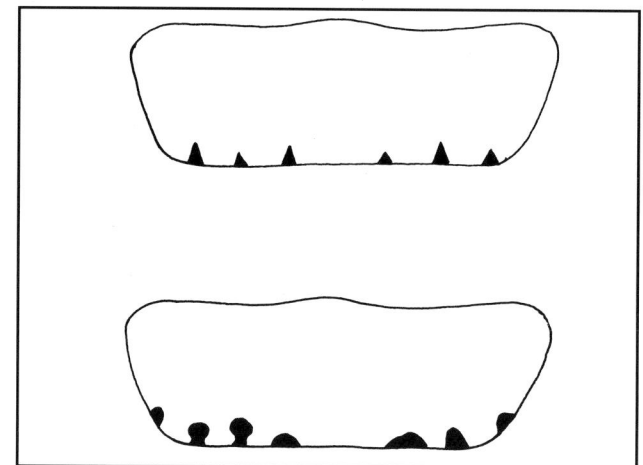

*Schema der häufig auftretenden Strahlbeinveränderungen, die man auf Röntgenaufnahmen erkennen kann. Nicht in allen Fällen gehen die Pferde dabei lahm.*

beide Vorderbeine betroffen, daraus resultiert eine Bewegungsstörung, der Gang wird kurz und abgehackt. In Ruhe stellt das Pferd oft den betroffenen Vorderfuß oder abwechselnd beide Füße vor, um die Spannung über den schmerzenden Teilen zu verringern. In den Anfangsstadien läuft sich das Tier nach einiger Zeit ein, die Symptome werden geringer und sind nur mehr in Wendungen auffällig. Ebenso lahmen die Tiere nach längeren Ruhepausen weniger. Die Eisen von Pferden mit Strahlbeinproblemen werden im Zehenbereich stärker abgenutzt.

Die Erkrankung kann leicht mit anderen Lahmheiten des unteren Gliedmaßenbereichs verwechselt werden, mit Gleichbeinverletzungen oder anderen Problemen im Fesselgelenk. Auch Verletzungen der Schultermuskulatur führen zu ähnlichen Veränderungen des Ganges. Der Fuß wird zuerst mit der Zehe aufgesetzt, um Druck auf den geschädigten Strahlbereich zu verringern. Beim Longieren wird die Lahmheit deutlicher, wenn der schmerzende Fuß innen ist.

Therapie

Es gibt viele Behandlungsversuche. Als Medikation haben sich Warfarin (Blutgerinnungshemmer) und Isoxuprine (Durchblutungsförderer) in manchen Fällen bewährt. Die länger dauernde Anwendung von Warfarin bringt allerdings das Risiko von unkontrollierten Blutungen und einen höheren Aufwand durch die notwendige Überwachung der Gerinnungszeiten mit sich.

Die entzündungshemmende und schmerzlindernde Wirkung von Laser und Ultraschall kann eingesetzt werden, um die Pferde noch einige Zeit einsatzfähig zu erhalten.

Ein Korrekturbeschlag erhöht die Trachten, und eine Zehenrichtung er- **87**
leichtert dem Pferd das Abrollen. Kurzhalten der Zehe paßt die Hufbalance
den veränderten Verhältnissen an und verbessert die Erweiterung des Hufes
im Trachtenbereich. Die Verwendung geeigneter Einlagen soll Erschütterungen dämpfen.

Medikamente (*nicht-steroidale Antiphlogistika*) tragen zwar nicht zur Heilung bei, erleichtern aber durch ihre schmerzstillende Wirkung betroffenen
Pferden die Arbeit, besonders in Verbindung mit einem guten Beschlag. Chirurgische Eingriffe sind verschiedentlich versucht worden. Als letzte Möglichkeit bleibt die Durchtrennung der sensiblen Nerven, die *Neurektomie*
(Nervenschnitt), obwohl dadurch das Risiko von Komplikationen ansteigt.

Generell ist zu überdenken, ob die Ausschaltung der Schmerz- und Tast-
gefühlsleitung langfristig im Interesse des Pferdes und damit zu rechtfertigen
ist.

# Entzündung des Hufbeins

Eine Entzündung des Knochens bezeichnet man als *Ostitis,* in diesem Fall ist
der unterste Zehenknochen, das Hufbein, betroffen.

## Definition

Das Problem entsteht oft durch Hufprellungen auf hartem Boden, es kommt
zur *Demineralisierung* (Auslagerung von Kalzium und anderen Mineralstof-
fen) des Knochens und zur Spornbildung, einer *Exostose.*

Die Erkrankung entwickelt sich schleichend, und oft sind röntgenologisch
bereits erste Anzeichen sichtbar, bevor das Pferd überhaupt zu lahmen
beginnt.

## Ursachen

Erschütterungen und Hufprellungen sind die häufigsten Ursachen, eine Ostitis des Hufbeins kann sich aber auch als Folgeerscheinung von Steingallen,
Hufrehe oder Sohlenverletzungen entwickeln. Bei älteren Pferden, deren
Hufe leicht Schwächen in ihrer Form und Textur aufweisen, tritt das Problem
eher auf, speziell eine abgeflachte Hufsohle verstärkt die Prellungen des Knochens. Während der beiden Weltkriege war der häufigste Grund für das Aus-
scheiden der Militärpferde aus dem Dienst ein erschütterungsbedingter Kno-
chenabbau, eine *Hufbeinostitis.*

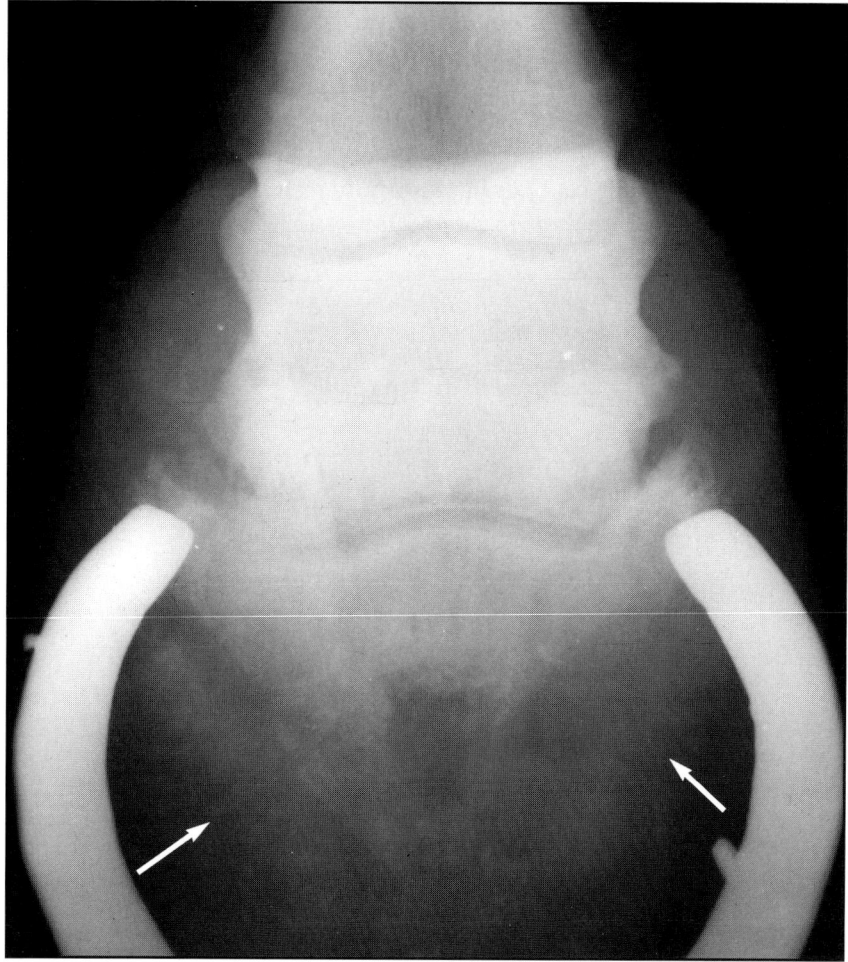

*Auf dieser Röntgenaufnahme ist die Struktur des Hufbeins wolkig aufgehellt, die demineralisierten Areale lassen auf eine Knochenentzündung schließen.*

## Symptome

Ein Druck auf die Sohle kann schmerzhaft sein. Meist sind beide Vorderfüße betroffen, dadurch zeigt das Pferd statt einer eindeutigen einseitigen Lahmheit eher einen veränderten Gang, bei dem es sich mit kurzen Schritten schlurfend fortbewegt. Auf weichem Boden mildern sich die Symptome.

Auf Röntgenaufnahmen erkennt man eine deutliche Demineralisierung des Knochens. Die Diagnose erfordert Erfahrung, da die Dichte des Hufbeines auch bei gesunden Pferden variiert. Im frühen Stadium lahmen die Pferde noch nicht auffällig, die Lahmheit verstärkt sich dann allerdings mit dem Fortschreiten des Prozesses.

<u>Therapie</u>

Die Demineralisierung des Knochens ist kaum mehr rückgängig zu machen, denn die anatomischen Veränderungen, welche die auftreffenden Erschütterungen verstärken, bleiben weiterhin bestehen und damit auch der schädigende Reiz. Ultraschall- oder Lasertherapie hilft beim Abbau der Entzündungserscheinungen, so daß die Pferde trotz ihrer Erkrankung gearbeitet werden können. Röntgenkontrollen zeigen, daß die Reduktion der Entzündung den Demineralisationsprozeß zum Stehen bringen kann, in einigen Fällen kommt es sogar zu einer Remineralisierung. Die Ultraschallanwendung erfolgt auch in diesem Fall als Unterwassertherapie. Die Symptome bessern sich, wenn auf sorgfältige Hufpflege geachtet wird. Eine korrekte Hufbalance, Eisen, die keinesfalls auf die sensible Sohle drücken, und erschütterungsdämpfende elastische Einlagen aus Leder oder Plastik sind oft hilfreich. Ebenso kann ein Versuch mit Plastikbeschlag gemacht werden, dieser bewirkt häufig eine unmittelbare Besserung.

# Hufknorpelverknöcherung

Die normalerweise knorpeligen, elastischen Hufknorpel verkalken teilweise oder ganz.

<u>Definition</u>

Die Hufknorpel setzen beidseitig an den Hufbeinästen an. Sie bilden einen Teil des stoßdämpfenden Systems des Hufes. Wenn sie infolge unphysiologischer Erschütterungen oder nach Verletzungen verknöchern, geht diese wichtige Funktion verloren. Schwere Pferderassen leiden besonders häufig unter diesem Problem.

<u>Ursachen</u>

Hufknorpelverknöcherungen entstehen zumeist durch Erschütterungen. Früher kannte man die Erkrankung vor allem bei Arbeitspferden im schweren Zug auf gepflasterten Straßen. Bei diesen waren außerdem Kronrandverletzungen sehr häufig, die sie sich selbst zufügten oder beim Mehrspänner durch das Nachbarpferd erlitten, wenn ein mit Griffen beschlagener Fuß die Krone des anderen streifte.

Bei jungen Pferden kommt es gelegentlich auch durch Entwicklungsstörungen zu Hufknorpelverkalkungen.

## Symptome

Nur im Anfangsstadium der Krankheit gehen die betroffenen Tiere lahm. Kommt es in einzelnen Fällen bei voll ausgebildeten Verknöcherungen doch zu bleibenden Lahmheiten, liegt das daran, daß die Veränderungen Druck auf innere Strukturen des Hufes ausüben.

Man ertastet die verhärteten Hufknorpel im hinteren seitlichen Bereich des Kronrandes. Röntgenaufnahmen können die palpatorische Diagnose bestätigen.

## Therapie

Solange keine Probleme auftreten, kann auf jede Behandlung verzichtet werden. Nach Abschluß des Verknöcherungsprozesses sind Lahmheiten glücklicherweise selten.

Ein korrekt ausbalancierter Beschlag sichert ein planes Auffußen und verringert die Belastung. Lahmt ein Pferd dennoch, wird man versuchen, durch Anlegen von Rinnen in der Trachtenwand eine Druckentlastung zu schaffen.

# Spat (Knochenspat)

Mit diesem Begriff beschreibt man bestimmte Erkrankungen der straffen Anteile des Sprunggelenks.

## Anatomie des Sprunggelenks

Das Sprunggelenk setzt sich komplex aus sechs kleineren Knochen zusammen, die in mehreren Etagen angeordnet sind. Oben schließen sie an den Unterschenkel an und unten an das Röhrbein mit den beiden Griffelbeinen.

Der auffälligste Knochen des Sprunggelenks ist der *Calcaneus*. Er bildet den Fersenhöcker.

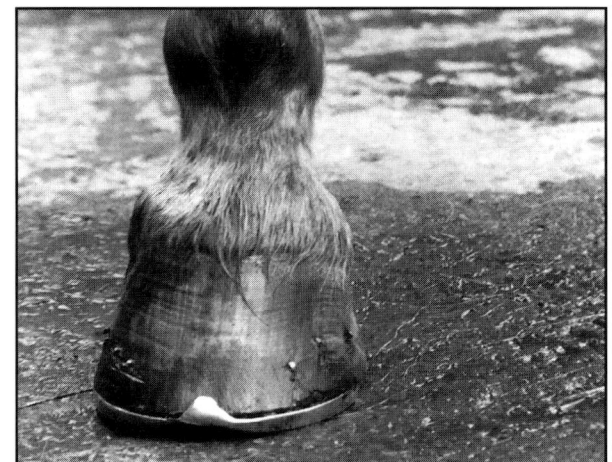

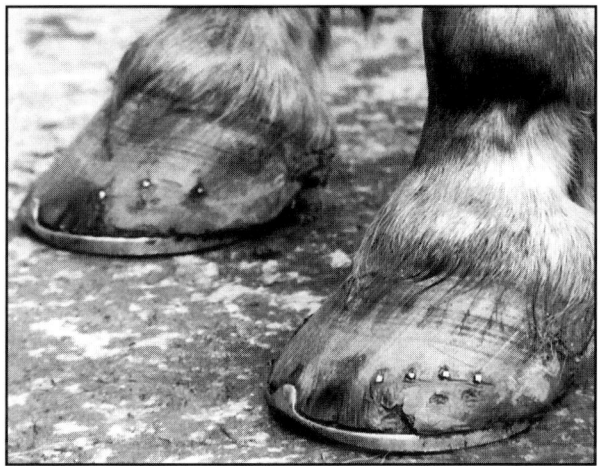

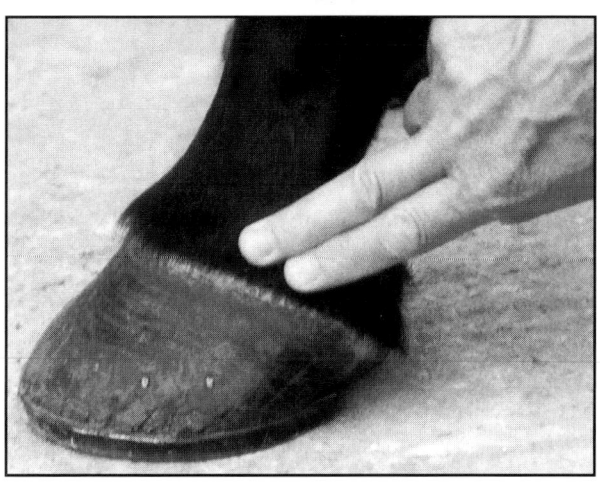

*Die Aufwölbung des Kronrands wird durch eine Hufknorpelverknöcherung hervorgerufen (oben). Besonders deutlich wird das in der Seitenansicht (Mitte); die Finger zeigen die Lage des Hufknorpels (unten).*

Als Knochenspat bezeichnet man sichtbare knöcherne Zubildungen auf der Innenseite des Sprunggelenks, die als Folge von Entzündungen in den Gelenken, Knochen und Bändern der mittleren und unteren Gelenketage entstehen. Weitere Knochen des Sprunggelenks und das obere Ende des Röhrbeins können mitbetroffen sein. Bei dieser Gelenkerkrankung kommt es im späteren Stadium zu einer Verwachsung der beteiligten Knochen, die Gelenke werden unbeweglich. Betroffen sind nur die straffen Gelenkanteile.

## Verschiedene Formen der Spaterkrankung

*Echter Spat* ist eine Erkrankung mit den typischen *Exostosen* (Knochenzubildungen).

Bei *unsichtbarem Spat* zeigt das Pferd ähnliche klinische Symptome, ohne daß sich bereits Knochenveränderungen nachweisen lassen. Hier liegen einstweilen als Zeichen der Gelenkerkrankung nur erste Schäden an den Gelenkknorpeln vor. Auch Sehnen und Sehnenscheiden im Sprunggelenksbereich können eine Spatsymptomatik auslösen, man spricht hier von *Weichteilspat*. *Hohen Spat* nennt man weiter beinaufwärts liegende Spatzubildungen. Den im Englischen sogenannten *»bog spavin«* bezeichnet man im Deutschen als *Kreuzgalle*. Hier ist die Gelenkkapsel des Sprunggelenks vermehrt gefüllt und wölbt sich an einigen Stellen vor.

## Ursachen

Die Erkrankung steht meist mit Fehlstellungen des Gelenks in Verbindung, die eine vermehrte Belastung hervorrufen. In frühen Stadien sind die Knochenzubildungen an der Innenseite nur wenig ausgeprägt, später aber deutlicher zu erkennen.

Pferden mit Säbelbeinen oder kuhhessiger Stellung sagt man eine besondere Neigung zur Spatbildung nach. Auch hier bilden die stellungsbedingt stärker absorbierten Erschütterungen den auslösenden Reiz.

## Symptome

Spatlahme Pferde zeigen die typischen Symptome beim Herausführen aus dem Stall und beim Antraben vom Stand weg am deutlichsten. Oft heben sie

*Rechte Seite: Die Beugeprobe bei Spatverdacht: Die obere Aufnahme zeigt das Aufhalten ohne Beteiligung des Fesselgelenks, auf der unteren sehen wir die gleichzeitige Beugung aller Gelenke.*

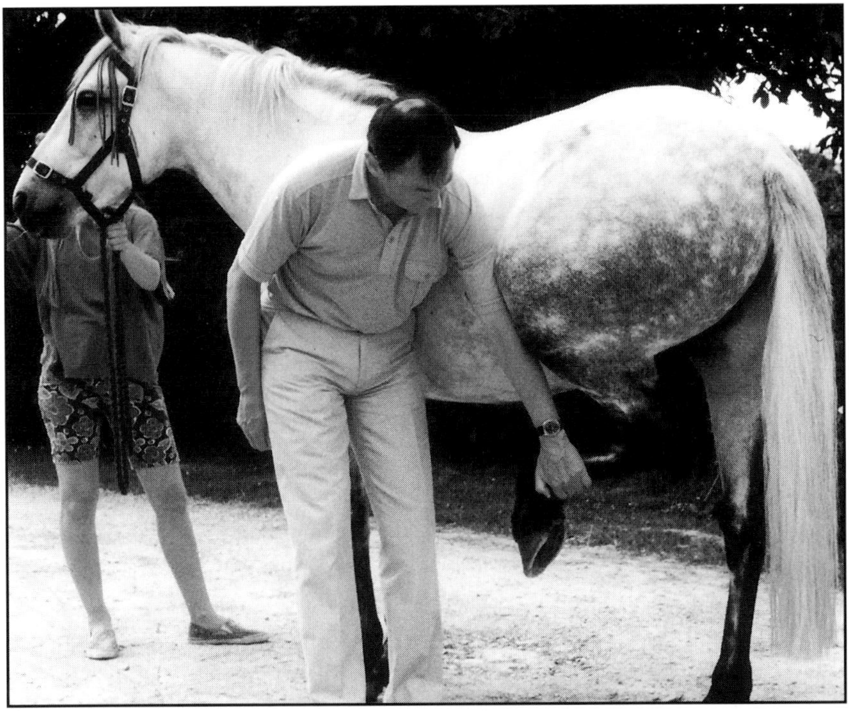

**94**  das erkrankte Bein stärker an. Bei längerer Bewegung laufen sie sich ein. Bei ersten Anzeichen eines beginnenden Spatprozesses lahmt das Pferd, wenn es nach scharfer Arbeit eine längere Ruhepause erhält und dann wieder geritten wird. Zu diesem Zeitpunkt sind die typischen Schwellungen noch nicht zu sehen. Die Aktion der betroffenen Gliedmaße ist meist verändert, das Eisen wird dadurch an der Außenseite stärker abgeschliffen. Weniger eindeutig ist eine vermehrte Abnutzung des Eisens im Zehenbereich, da sie auch bei anderen Problemen auftritt.

Auch ohne sichtbare Veränderungen läßt eine entzündlich erhöhte Temperatur der Region den Verdacht auf eine Spaterkrankung aufkommen.

Bei Beugeproben (*Spatprobe*) erscheint das Gelenk oft bereits weniger beweglich, und das Pferd tritt danach einige Schritte kürzer. Die Beugeprobe über mindestens 30 Sekunden gilt zwar als typische Diagnosehilfe bei Spat, man sollte aber daran denken, daß dabei automatisch das Kniegelenk und teilweise auch das Fesselgelenk und die anderen unteren Gelenke mitbewegt werden. Daher ist dieser Test alles andere als spezifisch. Auch Lahmheiten anderer Herkunft zeigen sich beim anschließenden Vortraben deutlich verstärkt. Die Verdachtsdiagnose kann durch Röntgenaufnahmen bestätigt werden. Spatlahmheiten entwickeln sich meist zuerst einseitig, seltener kommt es zum gleichzeitigen Auftreten von Spatveränderungen an beiden Hinterextremitäten.

## Therapie

Da sich die Erkrankung kontinuierlich verschlimmert, reagiert sie nicht allzu gut auf Behandlungsversuche. Ruhe und entzündungsreduzierende Therapien bringen nur kurzfristige Erleichterung, da die Pferde anschließend bei voller Belastung erneut zu lahmen beginnen. Ist der Verwachsungsprozeß abgeschlossen, bleibt die Reizung durch die Bewegung der veränderten Knochen gegeneinander aus. Oft geht das Pferd dann wieder lahmfrei.

Dieser Prozeß läßt sich manchmal beschleunigen, indem das Tier unter schmerzstillenden Medikamenten weitergearbeitet wird (**nur** nach Untersuchung durch den Tierarzt!). Nach einer sechs bis zwölf Monate dauernden Heilungsphase werden 60% der so behandelten Pferde wieder voll einsatzfähig. Durch die Operation soll die Verschmelzung der betroffenen Gelenke gefördert und der Schmerz ausgeschaltet werden. Durch den Spatbeschlag wird die Fußbalance verbessert, die Versetzung der Abrollrichtung durch Anlegen einer Zehenrichtung oder einen sogenannten Trailer, eine Fortsetzung des äußeren Eisenschenkels nach hinten, kann die Schmerzfreiheit fördern.

Bei manchen Pferden bleibt eine Gangunregelmäßigkeit zurück, sie können aber in einigen Fällen trotzdem gearbeitet werden.

Der Fachausdruck *subchondral* bedeutet »unter dem Knorpel liegend«. Hierbei ist der Gelenkknorpel gemeint, der die Gleitschicht der Knochenenden bildet.

## Definition

Subchondrale Knochenzysten sind kleine Hohlräume im Knochen, die sich gelenknah in den Enden der langen Röhrenknochen bilden, oft in Zonen, die in der Bewegung einer maximalen Gewichtsbelastung ausgesetzt sind. Sie können in sich abgeschlossen sein oder aber in Verbindung mit dem Gelenkinneren stehen und Gelenkflüssigkeit enthalten. Diese Zysten treten an verschiedenen Knochenenden auf, am häufigsten am Unterende des Oberschenkelknochens (*Femur*). Man findet sie bei Pferden aller Altersstufen.

## Ursachen

Die Lokalisation der Knochenveränderungen spricht dafür, daß bei ihrer Entstehung axiale Kräfte eine Rolle spielen. Auch Ernährungseinflüsse können beteiligt sein.

## Symptome

Die Lahmheit kann bei diesem Problem sehr unterschiedlich ausgeprägt sein, abhängig davon, ob die Zyste bereits zum Gelenk hin geöffnet ist. In diesem Fall kommt es meist zu einer akuten Lahmheit, die bestehen bleibt. Äußerlich sichtbare Anzeichen findet man eher selten.

Die Diagnose erfordert eine genaue Untersuchung des gesamten Beines, bei der alle anderen Ursachen für eine Lahmheit ausgeschlossen werden sollten. Die Größe und exakte Lokalisation der Zyste erkennt man anhand von Röntgenaufnahmen.

## Therapie

In seltenen Fällen kann eine Ruheperiode zur bleibenden Besserung der Lahmheit führen. Besteht eine Verbindung zum Gelenk, hilft zumeist nur eine Operation, bei der die Zyste ausgeschabt wird und regenerationsfördernde Maßnahmen getroffen werden können. Die Heilung benötigt auch bei günstigem Verlauf einige Zeit.

# Der Huf

Man sagt immer wieder, daß der überwiegende Teil der Lahmheiten heutzutage im Hufbereich zu finden sei – ohne Huf kein Pferd. Nimmt man aber einmal Infektionen oder Sohlenquetschungen als Ursache aus, die doch meistens nur die Folge eines schlechten Beschlags sind, kommen hufbedingte Lahmheiten durchaus nicht häufiger vor als solche des Fessel- oder Karpalgelenks.

Bei Sportpferden, deren Beschlag im allgemeinen optimal überwacht wird, oft besser als bei Freizeitpferden, sind Hufprobleme wesentlich seltener zu finden als Muskelverletzungen oder Wirbelsäulenerkrankungen. Immerhin sind Hufprobleme genügend verbreitet, um ihnen ein eigenes Kapitel zu widmen. Jede methodisch korrekt durchgeführte Lahmheitsuntersuchung beginnt mit einer umfassenden Untersuchung des Hufes.

## Anatomie des Hufs

Den Huf unterteilt man in folgende Anteile:
- Hornschuh und andere äußere Strukturen sind der unsensible Teil des Hufes; sie bestehen aus verhornter Oberhaut.
- Der sensible Teil, zwischen Horn und Knochen liegend, stammt aus der Unterhaut.
- Hufbein, Strahlbein und die beiden Hufknorpel.
- Das Kronbein, das zum Teil in den Hornschuh hineinreicht.

### Äußerer Huf

Der Hornschuh des Hufes besteht aus modifizierter Oberhaut, ähnlich den Hörnern und Klauen anderer Huftiere, seine einzelnen Teile werden hier genauer besprochen.

### Hufwand

Dies ist der Teil des Hufs, den man sehen kann, während das Pferd steht. Die Wand besteht aus festem Horn, mit einem Wassergehalt von etwa 25 %. Innen

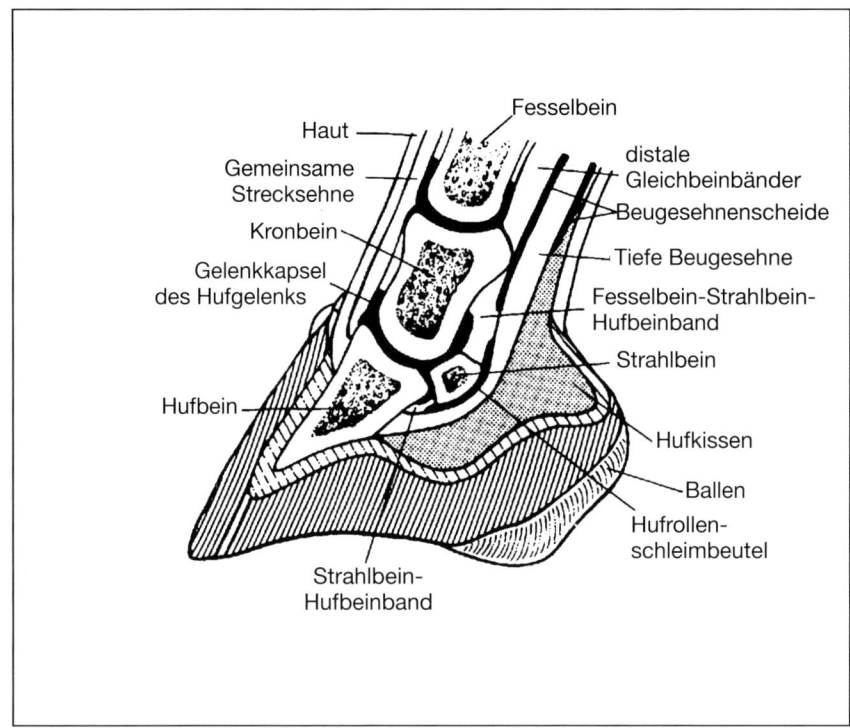

*Längsschnitt durch den Fuß*

weist sie dicht an dicht liegende Hornlamellen auf. Sie wird weiter in Zehenwand, Trachten und Ballen unterteilt.

Die Hufwand wächst aus den Zellen der Kronlederhaut – modifizierten Oberhautzellen – herab, die ein leicht gewölbtes Polster um den gesamten Kronrand bilden. Aus dem darüberliegenden, viel schmaleren Polster der Saumlederhaut entsteht die wasserabweisende Glasurschicht des Hufes, die Feuchtigkeitsverluste begrenzt, solange sie intakt ist, und die so den Huf elastisch erhält. Bei normalem Hufwachstum dauert es acht bis zehn Monate, bis die Hufwand von oben herab komplett erneuert ist. Wächst das Hufhorn unregelmäßig nach, bedingt durch Ernährungsumstellungen, Erkrankungen, Stoffwechselprobleme und ähnliches, entstehen zirkulär um den Huf verlaufende Ringe und Eindellungen.

Bei der Umstellung auf Weidehaltung im Frühjahr erhält das Horn einen Wachstumsschub, es bilden sich breitere »Grasringe«, die von außen erkennbar sind. Bei karger Winterfütterung können Einsenkungen auftreten. Tiefere, unregelmäßig breite Rinnen sind ein Zeichen dafür, daß das Pferd einen Hufreheschub erlitten hat.

Die Sohle bedeckt den vorderen halbmondförmigen Teil der Hufunterfläche. Ihr Horn weist einen Wassergehalt von 33% auf. Die Sohle ist gegenüber dem Boden leicht aufgewölbt und hat eine Stoßdämpferfunktion.

Am unbeschlagenen, frisch ausgeschnittenen Huf sieht man den Übergang zwischen Wand- und Sohlenhorn deutlich: die weiße Linie. Diese biegt hinten seitlich mit den Eckstreben nach vorne um und bildet eine zur Spitze hin flach auslaufende Umrahmung für den Strahl. Beim Aufnageln der Eisen muß darauf geachtet werden, daß die Nägel nicht etwa in den weichen Übergangsbereich zwischen hornigen und sensiblen Anteilen eindringen oder auf ihn drücken, da es sonst zu einem Nageldruck oder gar zu einer Infektion kommen kann. Löst sich das Wandhorn im Bereich der weißen Linie von der Sohle, entsteht eine sogenannte hohle Wand.

## Strahl

Der Strahl liegt als keilförmiges Gebilde zwischen den Eckstreben und besteht aus schwammig-weichem Horn mit einem Wassergehalt von etwa 50%. Er dient zur Absorption von Erschütterungen und fördert durch seine elastischen Bewegungen mechanisch die Fußdurchblutung. Ein gesunder Strahl überragt die aufgewölbte Sohlenfläche deutlich und hat beim normalen Auffußen leichten Bodenkontakt.

Beim korrekt beschlagenen Huf verteilt sich in der Bewegung die Last des Körpergewichts auf die Hufwand, die deshalb auch Tragrand genannt wird, auf die Eckstreben und den Strahl.

Liegt das Gewicht überwiegend auf der Wand, geht der Stoßdämpfereffekt des auf dem Strahl lokalisierten Strahlpolsters verloren. Dadurch werden die darüberliegenden erschütterungsabsorbierenden Strukturen des Beines stärker belastet, vor allem Fesseln, Röhrbeine und Sehnen. Der physiologische Hufmechanismus hat keinen Effekt mehr, und damit verschlechtert sich gleichzeitig auch die Hufdurchblutung.

## Eckstreben

Seitlich außerhalb der Ballen biegen sich die Trachtenwände beider Seiten nach vorwärts-einwärts, um in der Sohle an der Spitze des Strahls dreiecksförmig zusammenzulaufen. Der innere Teil bildet, mit der außenliegenden Trachtenwand verbunden, eine stabile, elastische Konstruktion, die Eckstrebe.

Deren Zweck besteht darin, den hinteren Bereich des Hufes zum Tragen heranzuziehen. Außer im ruhigen Schritt, in dem die meisten Pferde nahezu plan auffußen, trifft der Huf bei der Landung stets zuerst mit den Trachten auf dem Boden auf, rollt über den Strahl ab und läßt schließlich das Gewicht auf den Zehenbereich übergehen, während der Körper darüber nach vorne verlagert wird. Jedesmal, wenn der Strahl das Gewicht aufnimmt, drückt er die Eckstreben auseinander. Dieser Vorgang hat eine Pumpwirkung auf die Blutversorgung und verhindert gleichzeitig, daß der Strahl schrumpft und kontrahiert wird.

Das sensible, unverhornte *Innere des Hufs* besteht aus der Lederhaut, der Unterhaut von Kronrand und Saumband sowie der Lamellenschicht und der Sohle.

## Kronlederhaut

Diese umzieht unter dem Kronrand am Übergang zur Hornwand kreisförmig den Huf zwischen den zwei Ballen. Sie produziert das Wandhorn des Hornschuhs. Verletzungen der Kronlederhaut können die Hornbildung am gesamten Huf empfindlich beeinträchtigen und zur Bildung von Krüppelhorn führen. Als Lederhaut oder *Corium* bezeichnet man die bindegewebig-faserige innere Hautschicht unmittelbar unter der verhornenden Oberhaut.

## *Corium* (Lederhaut)

Die feinen Blättchen der Wandlederhaut überziehen in senkrechtem Verlauf die äußere Seite des Hufbeins. Etwa 600 dünne und sensible Lamellen sind dicht an dicht verzahnt mit den hier entstehenden Hornlamellen des unsensiblen Hornschuhs, dadurch wird das Hufbein in seiner Position fixiert. Die Unterseite des Hufbeins, die Sohle, ist von der ebenfalls sensiblen Sohlenlederhaut überzogen, unter dem Strahl liegt entsprechend die Strahllederhaut, beide produzieren röhrchenförmiges Horn. Die einzelnen Coriumteile gehen direkt ineinander über, sie sind stark durchblutet und enthalten zahlreiche sensible Nervenendigungen. Sie sorgen für den Nährstoffnachschub und bilden die Vorlage für das Wachstum der hornigen Teile im Wand-, Sohlen- und Strahlbereich.

In der Mitte zwischen den zwei Hufknorpeln, eingefügt zwischen dem Hornstrahl und dem knöchernen Hufbein, befindet sich das bindegewebig-elastische Hufkissen. Es ist schlecht mit Blutgefäßen versorgt und wenig empfindlich. Dieses Polster schmiegt sich genau passend der gefurchten inneren Oberfläche des Hornstrahls an und wirkt beim Auffußen als Stoßdämpfer. Im hinteren Bereich erstreckt es sich bis in die weichen Ballen und zieht sich seitlich bis zu den in der Seiten- und Trachtenwand liegenden Hufknorpeln.

Oberhalb der wulstigen Kronlederhaut liegt am Übergang zum behaarten Kronrand das Saumband mit der darunterliegenden Saumlederhaut. Hier wird die dünne Glasurschicht gebildet, die als äußerste Schicht das Wandhorn überzieht und vor Austrocknung schützt. Wird diese Schutzschicht verletzt, kommt es zum Schrumpfen des nun austrocknenden Hufes und zu Sprüngen und Rissen in der unelastisch werdenden Hornkapsel.

## Knochen- und Knorpelanteile des Hufes

Die knöchernen Elemente des Hufes sind das Hufbein und das Strahlbein, zusätzlich reichen auch Teile des Kronbeins bis in den Huf hinein.

## Hufbein

Dieses dritte Zehenglied ist der unterste Knochen des Beines und ähnelt in der Form dem ihm aufliegenden Hornschuh. Er ist allerdings bedeutend kleiner und füllt nur einen Teil des Hufinneren aus. An seiner Unterseite setzt die tiefe Beugesehne an. Zwischen ihr und der oberen Gelenkfläche liegt das Strahlbein, zwischen Sehne und Strahlbein befindet sich als schützendes Polster die *Bursa podotrochlearis,* der Hufrollenschleimbeutel.

Das etwa keilförmige Hufbein hat seine höchste Stelle vorne, unter dem Ansatz der Strecksehne. Das Anspannen des zur Strecksehne gehörenden Muskels führt den Fuß vor und streckt Fessel und Karpalgelenk. Die Wölbungen der Gelenkflächen von Hufbeinober- und Kronbeinunterseite passen zueinander, die hintere Facette des Hufbeins dient dem Strahlbein als Auflage.

## Hufknorpel

Die seitlichen Hufbeinäste tragen die elastischen Hufknorpel. Deren Innenseite hat Kontakt zum Hufkissen, sie schützen das Strahlbein, mit dem sie auch durch Bänder verbunden sind. Der Oberrand dieser Knorpelplatten ist besonders zart und biegsam, man ertastet ihn im hinteren Bereich der Krone als elastisch nachgiebige Struktur. Bei jedem Schritt federn sie nach außen, wenn der hintere Hufteil das Gewicht aufnimmt. Von den Hufknorpeln ziehen verschiedene Bänder zu den knöchernen Anteilen des Hufes. Beim jungen Pferd ist der Knorpel noch durchscheinend und biegsam, mit fortschreitendem Alter findet zuerst eine Umwandlung in Faserknorpel und später eine Verknöcherung statt.

Das Hufgelenk verbindet das Hufbein mit dem Kronbein und liegt teilweise noch innerhalb des Hornschuhs. Das Strahlbein nimmt mit eigenen Gelenkflächen Verbindung zu beiden Knochen auf. Das Hufgelenk ist recht beweglich, in Normalstellung ist es gestreckt. Eine Überstreckung, in der Fachsprache *Hyperextension* genannt, wird durch verschiedene, starke Bänder verhindert, zusätzlich dient die tiefe Beugesehne dem Hufgelenk als Stütze.

# Erkrankungen im Hufbereich

Die hier besprochenen Probleme ergänzen die Auflistung im vorigen Kapitel, in dem erschütterungsbedingte Lahmheiten beschrieben wurden. Stoffwechselprobleme, etwa die Hufrehe, werden später noch separat behandelt.

## Trachtenzwanghuf

Für die optimale Funktionsfähigkeit des Hufes ist es wichtig, daß alle Strukturen richtig ausgebildet sind und der Hufmechanismus intakt ist, der Huf also bei jedem Schritt breit auseinanderfedert. Abweichungen vom Idealfall kommen zwar vor, führen aber nur allzuleicht zu Problemen. In anderen Fällen können Veränderungen auch erst die Folge von Erkrankungen sein.

### Definition

Der Zwanghuf ist meist nur einseitig ausgebildet. Der betroffene Huf ist merklich schmaler als der gesunde. Er wirkt zusammengezogen, die Wände stehen steiler, die Hufform weist oft eine Tendenz zum Bockhuf auf. Auch wenn der Zwanghuf beidseitig auftritt, ist er an diesen typischen Anzeichen leicht zu erkennen. Die steilere Seitenwand, der reduzierte Strahlbereich und die mangelnde Aufweitung des Hufs beim Auffußen sind dafür charakteristisch. Ein Zwanghuf kann sich an jedem Huf bilden, häufiger geschieht das an den Vorderbeinen.

### Ursachen

Die Trachten rücken enger zusammen, wenn zwischen ihnen der Druck des Strahls zu gering ist. Das kann durch fehlerhaften Beschlag ausgelöst werden,

**102** *Sohle eines Trachtenzwanghufs mit unterentwickeltem Strahl (oben); normaler Vorderhuf mit gut entwickeltem Strahl, Aufpassen eines Eisens (unten links); degenerierter Strahl (unten rechts).*

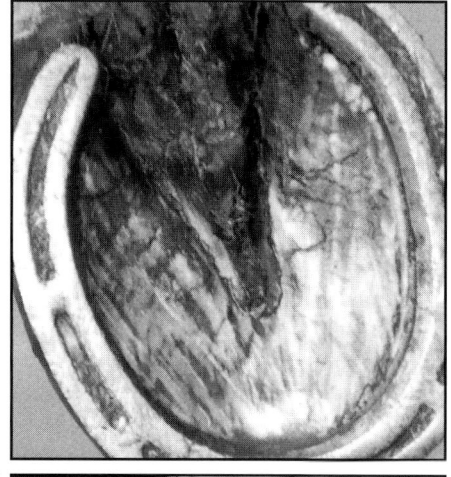

bei dem die Trachten zu lang belassen werden, oder wenn der Eckstrebenbereich zerstört wird. Bei chronischen Lahmheiten, bei denen das Pferd den Ballenbereich längere Zeit entlastet, kommt es ebenfalls zu einer Kontraktion. Zuerst zeigt sich eine deutliche Verengung des Strahls, später folgt ihr dann oft eine Einengung des Hufs im Bereich der Trachten und der Seitenwände. Bei starken Veränderungen dauert es auch mit optimaler Behandlung längere Zeit, bis die Fehlbildung wieder korrigiert ist.

## Symptome

Bei der Untersuchung findet man einen hohen, schmalen Strahl, er sieht aus wie eingeschrumpft. Tritt die Veränderung nur einseitig auf, wird der Unter-

schied im Vergleich besonders deutlich, der betroffene Huf erscheint enger.
Er kann eine Tendenz zum Bockhuf aufweisen, seine Wände sind steiler, eventuelle Einschnürungen des Saumbandes führen zum Austrocknen des Wandhorns.

Die Veränderungen sind unterschiedlich gravierend, je nachdem, wie lange die Kondition bereits besteht. Fohlen haben zuerst oft einen sehr engen Huf, was sich bei sorgfältiger Hufpflege aber unproblematisch auswächst.

## Therapie

Das Ziel der Behandlung ist es, den Druck des Strahles auf die Trachten wiederherzustellen. Durch Kürzen der Trachten versucht man den Strahl wieder in besseren Kontakt mit dem Boden zu bringen. Um Druck auf den verengten Strahl auszuüben, werden teilweise spezielle Eisen mit Einlagen oder Stegen verwendet. Als erstes muß beim Ausschneiden in jedem Fall eine korrekte Hufbalance hergestellt und überlange Zehen gekürzt werden.

# Steingallen

Diese entstehen durch indirekten Druck auf die sensible Lederhaut, es kommt hier zu Blutungen.

## Definition

Steingallen sind Sohlenquetschungen im Bereich der Eckstreben. Die Vorderhufe sind häufiger davon betroffen als die Hinterhufe. Die Veränderungen können in jedem Eckstrebenwinkel auftreten.

## Ursachen

Der häufigste Auslöser für eine Steingalle ist Druck durch das Hufeisen. Sei es, daß das Eisen zu lange am weiterwachsenden Huf belassen wurde oder daß es sich nach innen über den Eckstrebenbereich verschoben hat. Auch ein zwischen Eisen und Huf eingeklemmtes Steinchen führt zum gleichen Problem. Seltener stammt der Druck aus dem Inneren des Hufes. Dazu kommt es durch Spornbildungen (*Exostosen*) am Hufbein. Diese entstehen als Folge ständiger Erschütterungen und führen dann immer wieder zu Problemen.

Pferde sind für Steingallen unterschiedlich anfällig, je nach ihrer Hufform und der Beschaffenheit des Hufhorns. Flachhufe mit wenig gewölbter, eventuell auch weicher Sohle sind naturgemäß besonders für solche Erkrankungen prädisponiert. Manchmal tolerieren solche Pferde überhaupt keine normalen Eisen, sondern benötigen stets Spezialbeschläge.

## Symptome

Eine frische Sohlenquetschung sieht man unter Umständen bereits als blutig-unterlaufene Stelle auf der frisch ausgeschnittenen Sohlenfläche. Die Druckstelle verfärbt sich später gelblich, hier wächst degeneriertes Horn von der gequetschten Lederhaut zur Sohlenoberfläche nach. Der Eckstrebenbereich hat gelegentlich eine erhöhte Temperatur, die Blutgefäße der erkrankten Seite sind vermehrt gefüllt und pulsieren stärker.

Wie stark ein betroffenes Pferd lahmt, ist sehr von der jeweiligen Bodenbeschaffenheit abhängig. Meist versucht das Pferd, den entsprechenden Teil des Hufs zu entlasten, es trabt auf weichem Grund wesentlich gerader. Wird die Druckstelle eitrig, lahmt es stark.

Wenn ein Pferd beim Abdrücken des Eckstrebenbereichs auffällig reagiert, wird zur weiteren Diagnosestellung und Behandlung das Eisen entfernt. Man erkennt die betroffene Stelle dann meist deutlich an ihrer veränderten Farbe und Beschaffenheit.

## Therapie

Das geschädigte Horn wird ausgeschnitten. Wenn eine Infektion der Lederhaut eingetreten ist, muß eine Drainage gelegt werden. Heiße Auflagen und desinfizierende Bäder helfen mit, die Stelle zu säubern. In langwierigen Fällen sind unter Umständen Antibiotikagaben notwendig.

Ein Spezialbeschlag wird angepaßt, der den entzündeten Bereich frei läßt. Gelegentlich benötigt man ein Dreivierteleisen, bis das verletzte Gewebe wieder nachgewachsen ist. Später sollte der Beschlag dieses Pferdes immer

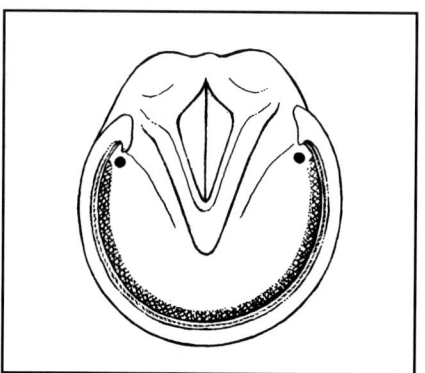

*Gepunktetes Areal: Hier kommt es zu Sohlenquetschungen. Punkte: Lokalisation von Steingallen*

besonders sorgfältig angepaßt werden, um eine wiederholte Quetschung zu vermeiden.

Eine *Tetanusprophylaxe* (Wundstarrkrampf) ist bei allen Infektionen im Huf angebracht.

# Sohlenquetschungen

Bei beschlagenen Pferden sind Quetschungen der Hufsohle ein häufiges Problem, bei Weidepferden treten sie seltener auf.

## Definition

Nach dem Ausschneiden der oberflächlichen Hornschichten werden blutig unterlaufene Stellen im nachwachsenden Sohlenhorn sichtbar. Sie entstehen durch Druck von außen auf die sensible, reich mit Blutgefäßen versorgte Lederhaut des Hufes.

## Ursachen

Wenn ein Pferd auf scharfkantige Steine oder andere harte Fremdkörper tritt, wird die Sohle gequetscht, auch der Hufbeschlag kann einen unphysiologischen Druck ausüben. Dazu kommt es besonders leicht, wenn die Sohle nicht normal gewölbt, sondern abgesenkt ist, es wird dann für den Schmied schwierig, das Eisen nur auf dem Tragrand zu plazieren. Nachlässige Hufpflege, zu später Neubeschlag bei lose gewordenen und verschobenen Eisen oder wenn das Beschlagsintervall generell zu lange ausgedehnt wird, sind ebenfalls häufige Ursachen.

## Symptome

Bei Verdacht auf eine Lederhautquetschung wird der in Frage kommende Bereich der Sohle mit dem Hufmesser nachgeschnitten. Man erkennt dann Blutspuren, meist unter der Auflagefläche des Eisens. Die Pferde gehen deutlich lahm. Druck auf die entsprechende Stelle löst Schmerzreaktionen aus, manchmal genügt dazu bereits ein fester Fingerdruck.

## Therapie

Solange dabei jeder Druck auf die gequetschte Stelle vermieden wird, kann das Pferd wieder beschlagen werden. Ist das nicht möglich, muß man ihm eine Ruhepause gönnen, bis das verletzte Gewebe wieder gesund nachgewachsen ist.

Bei schweren Sohlenquetschungen wird sogar das Hufbein in Mitleidenschaft gezogen; Röntgenaufnahmen können das abklären.

Physiotherapeutische Maßnahmen beschleunigen den Heilungsprozeß: Durch Ultraschall- oder Lasertherapie werden die Entzündungssymptome wirkungsvoll abgebaut, und die Pferde gehen schneller wieder lahmfrei.

## Flachhufbildung

Mit zunehmendem Alter kommt es nicht selten zu Veränderungen der Hufform. Wenn diese die natürliche Sohlenwölbung betreffen, sind sie besonders ernst zu nehmen.

### Definition

Beim Absinken des Sohlengewölbes nähert sich die empfindliche Huflederhaut stärker dem Boden und ist dann Druckschäden viel stärker ausgesetzt. Manche Pferderassen neigen besonders zu dieser Fehlbildung.

### Ursachen

Durch eine Hufrehe entsteht gelegentlich eine Hufbeinsenkung, danach kommt es dann häufig zu Sohlenquetschungen im vorderen Sohlenabschnitt. Bei manchen Pferden kommt es ohne spezielle Erkrankungen im höheren Alter zu einer generellen Abflachung der Sohle. Ein zu starkes Ausschneiden vermindert die Tragfähigkeit der Sohle und kann ebenfalls dazu führen, daß der Zusammenhalt zwischen Wandhorn und Sohle verlorengeht und die Sohle in der Folge absinkt. In Einzelfällen kommt es durch eine unkorrekte Hufstellung zum einseitigen Kollaps des Sohlengewölbes, bei nicht gelungenen Korrekturen sinkt oft auch die zweite Seite noch ab.

### Symptome

Die Sohlenform verändert sich allmählich immer stärker. Ihre Fläche steht schließlich praktisch senkrecht zur Hufwand, so daß es für den Schmied zunehmend schwieriger wird, Eisen anzupassen, die nicht auf die Sohle drücken. Bei genauer Kenntnis der normalen Hufform erkennt man diese Abweichung auf den ersten Blick.

Bei jungen Pferden genügt oft ein regelmäßiges Ausschneiden, um die normale Sohlenwölbung wiederherzustellen. In fortgeschrittenen Stadien kann man versuchen, die empfindliche Sohle durch geeignete Leder- oder Plastikeinlagen zu schützen, was aber nicht in allen Fällen gelingen wird.

Das Grundprinzip ist hier: Der Beschlag darf keinesfalls an irgendeiner Stelle Druck auf die Huflederhaut ausüben. Die Verwendung von Plastikeisen ist einen Versuch wert, da deren Konstruktion die Gewichtsbelastung meist in den Wandsektor des Hufes verlegt, ausgeschliffene Eisen bieten ebenfalls eine Möglichkeit. Gelingen diese Versuche nicht, wird die Laufbahn eines solchen Pferdes meist unvermeidbar erheblich verkürzt.

Geht das Sohlengewölbe durch unkorrekte Hufbalance verloren, sollte diese baldmöglichst wiederhergestellt werden. Dabei muß gleichzeitig auf eine bessere Ausformung der Hufsohle geachtet werden. Andernfalls wird das betreffende Pferd kaum einsatzfähig bleiben.

## Hohle Wand

Dieser Name beschreibt den Klang, den die betroffene Wandstelle beim Abklopfen ergibt.

### Definition

Zur Bildung der hohlen oder losen Wand kommt es, wenn sich das Wandhorn im Bereich der weißen Linie vom Sohlenhorn trennt. Im entstehenden Zwischenraum sammelt sich weiche, krümelige Hornsubstanz, deren Menge vom Ausmaß der Abtrennung abhängig ist.

### Ursachen

Im Zehenbereich trennen sich die Hornlamellen oft nach einer Hufrehe mit Hufbeinsenkung vom Horn der Hufwand. Anschlagen oder zu starker Druck der Eisenaufzüge kann zu Blutergüssen und zum Loslösen der Wand im betroffenen Gebiet führen. Im Zwischenraum entstehen leicht Infektionen.

### Symptome

Beim Ausschneiden bemerkt man die lose Hornwand. Zu Lahmheiten führt sie selten, außer wenn es bereits zu einer Infektion gekommen ist. Das los-

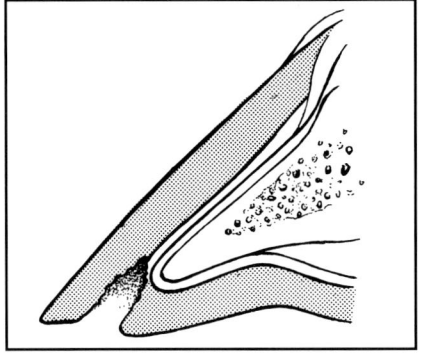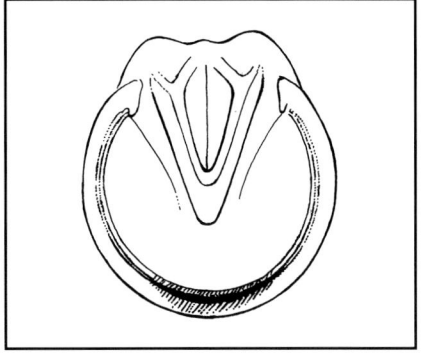

*Schnitt durch einen Huf (links), Trennung zwischen Wand- und Sohlenhorn im Bereich der weißen Linie bei der Entstehung einer hohlen Wand. Der Prozeß kann sich bis zum Kronrand hinauf erstrecken. Das am häufigsten betroffene Gebiet ist schraffiert angelegt (rechts).*

gelöste Wandhorn trocknet aus und wird spröde, es kann sich nach außen wölben und absplittern.

## Therapie

Das tote Horn wird entfernt, zur Verminderung des Infektionsrisikos kann man die Lücke mit Werg ausfüllen, das mit einem milden Desinfektionsmittel getränkt ist. Gut eignet sich hier eine Mischung aus Jodoform und Eukalyptus. Bei geeigneter Fütterung mit wachstumsfördernden Zusätzen bildet sich schnell gesundes Horn nach.

Der Defekt benötigt einige Zeit zum Herauswachsen. Während dieser Heilungsphase sollte die betroffene lose Wandstelle regelmäßig gekürzt werden, damit das Pferd sie nicht erneut belastet und dadurch verletzt.

## Hornspalten

Wie der menschliche Fingernagel besteht der Huf aus Hornröhrchen oder Blättchen, die durch Kittsubstanz zusammengehalten werden. Hornrisse und Hornklüfte kommen bei Mensch und Tier nicht selten vor.

## Definition

Als Hornspalten bezeichnet man unterschiedlich weit ausgedehnte Risse, die das Hufhorn entlang des Verlaufs des Wandröhrchenhorns zwischen Tragrand und Krone durchziehen. Es gibt kurze Spalten und solche, die vom Kronrand bis zum Tragrand durchlaufen, auch ihre Eindringtiefe differiert, sie können bis in die Lederhaut hineinreichen. Alle Hufe und jeder Bereich des Hufes, Zehe, Seitenwand, Trachten, Eckstreben und auch die Ballen können betroffen sein.

## Ursachen

Horndefekte entstehen entweder als Folge von Verletzungen an der Wachstumszone des Kronrandes, aus denen von oben verändertes Horn herabwächst oder, von unten ausgehend, vom Tragrand hinaufziehend, als Risse in einem meist spröden Hornmaterial. Schlechte Fütterung oder Hufpflege können dazu beitragen. Das passiert beispielsweise bei Weidepferden, wenn der Boden hart und ausgetrocknet ist und ihre Hufe nicht regelmäßig nachgeraspelt werden. Solche Risse ziehen nur selten weit in das Horn hinein, sie verursachen

*Narbe im Kronrand und Hornspalt; unbehandelte Kronrandverletzungen haben oft ein verändertes Hornwachstum zur Folge. Dieses Tier ging nicht lahm.*

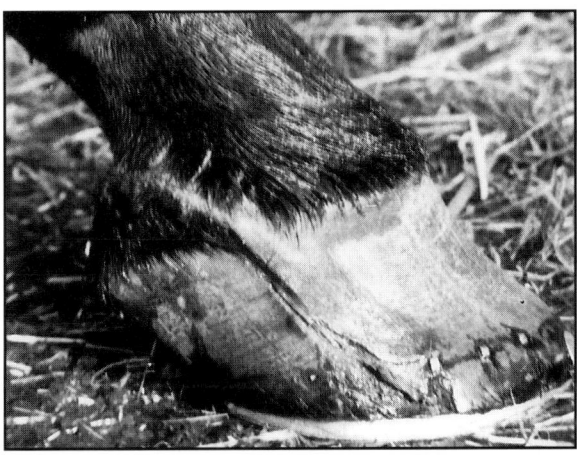

*Hornkluft, knapp unter dem Kronrand querverlaufend, mit Bildung einer Hornsäule. Bei diesem Pferd kam es wiederholt zu Lahmheiten.*

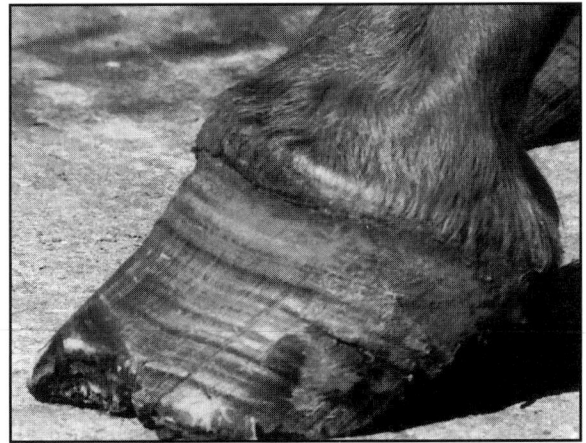

kaum Probleme, wenn das Pferd anschließend entsprechend ausgeschnitten und beschlagen wird. Hat der Spaltbereich Kontakt zum Boden, wird er beim Auffußen jedesmal auseinandergedrückt und verursacht oft Schmerzen.

Symptome

Die äußeren Anzeichen sind leicht zu erkennen. Dann ist es wichtig, genau festzustellen, wie weit sich der Riß wirklich erstreckt und wie tief er in die Hufwand hineinreicht. In schweren Fällen entsteht eine Lahmheit. Bei Kronrandverletzungen muß sich die Behandlung auf diesen Bereich konzentrieren, um das Nachwachsen gesunden Horns zu fördern.

Therapie

Bei nicht durchlaufenden Hornspalten kann man versuchen, ein Fortlaufen des Risses durch das Anlegen einer Querrille oder das Einbrennen einer Kerbe über dem Riß zu begrenzen, so daß von oben intakte Wand nachwachsen kann. Über den Hornspalt kann eine Metallklammer gesetzt werden, um ihn ruhigzustellen. Reicht der Hornspalt unten bis zum Tragrand, wird dieser zurückgeschnitten, so daß der Spalt freiliegt und durch die Belastung nicht immer wieder erweitert wird. Auch bei von oben herabziehenden Hornspalten können Einkerbungen der Hufwand das Weiterlaufen verhindern, den gleichen Zweck erfüllen Klammern oder flach gesetzte Drahthefte.

Bei tiefgehenden Rissen ist es oft notwendig, sie mit schnellhärtendem Kunstharz oder ähnlichem geeignetem Material zu verschließen, um sie ruhigzustellen und vor eindringenden Keimen zu schützen.

Zur Anregung des Hufwachstums ist genügend Feuchtigkeitszufuhr wichtig und die Gabe eines guten Mineralfutters, das alle für das Horn wichtigen Nährstoffe enthält.

Saumbandverletzungen reagieren gut auf Behandlung mit Ultraschall oder Laser. Beide Therapieformen helfen, das natürliche Hornwachstum anzuregen.

# Infektionen

Bei jeder Lahmheit untersucht man routinemäßig zuerst den Huf auf das Vorliegen einer Infektion, da dies am häufigsten Probleme im unteren Beinbereich verursacht.

Zu Infektionen kommt es durch tiefe Verletzungen des Hornschuhs. Die dabei eingedrungenen Keime vermehren sich im Hufinneren, bis sich die angesammelten Eitermassen schließlich den Weg nach außen bahnen. Meist geschieht das innerhalb der Hufwand entlang des weichen Horns der weißen Linie bis zur Durchbruchstelle am Kronrand oder Ballen.

## Ursachen

In die weiße Linie einwandernde Steinchen schaffen mit dem eindringenden Schmutz Eintrittspforten für Keime, das gleiche kann durch Nagellöcher geschehen. Auch Steingallen können zu aufsteigenden Infektionen führen. Tritt sich das Pferd einen Fremdkörper ein, etwa Nägel, Drahtstücke oder Dornen und Holzstückchen (letztere werden eher nur im weichen Horn des Strahls gefunden), hat das ebenfalls fast immer eine Infektion zur Folge.

## Symptome

Infektionen können sich langsam entwickeln, aber auch die Ursache plötzlich auftretender Lahmheiten sein. In der engen Hornkapsel sammelt sich das infektiöse Material an, Druck und Entzündung lösen schnell hochgradige Schmerzen aus, bei einer Eröffnung bessern sich die Symptome deshalb schlagartig.

Verwechselt werden können Hufgeschwüre mit Sohlenquetschungen und Steingallen, aber auch so ernsthafte Erkrankungen wie Hufbein- oder Strahlbeinfrakturen muß man in Betracht ziehen.

## Therapie

Zuerst entfernt man das Eisen, damit Schmied oder Tierarzt das exakte Ausmaß des Schadens feststellen können, indem sie den verdächtigen Bereich mit dem Hufmesser gründlich ausschneiden. Die Hufuntersuchungszange hilft dabei herauszufinden, wie weit sich die Infektion bereits unter Wand und Sohle ausgebreitet hat. Verfolgt man beim Ausschneiden den Weg des eingedrungenen Fremdkörpers sorgfältig bis zur infizierten Lederhaut, schafft man eine Abflußöffnung für den angesammelten Eiter. Jede verdächtige Verfärbung muß bis zum gesunden Horn hin ausgeschnitten werden, keinesfalls allerdings weiter. Man soll also durchaus nicht »bis aufs Blut schneiden«, wie manchmal gesagt wird. Ein Blutaustritt kann ein Zeichen dafür sein, daß die Suche bereits zu weit geführt hat. Da sich das infektiöse Material etwas abkapselt, sieht man erst nach dem Entleeren des Eiters gesunde, ungestörte Huflederhaut.

Meist genügt das einfache Freilegen des Wundkanals für eine Ausheilung. Gelegentlich wird es aber notwendig, verbleibende Infektionsreste mit Hilfe von Medikamenten herauszuziehen. Manchmal ist es auch schwierig, den Entzündungsherd genau zu lokalisieren, es tritt nur wenig oder gar kein Eiter spontan aus.

Ein Antibiotikaeinsatz wird nur selten, bei sehr langwierigen Fällen, notwendig werden. Eine Tetanusprophylaxe ist aber in jedem Fall sinnvoll!

Bei chronischem Verlauf müssen teilweise chirurgische Maßnahmen vorgenommen werden, damit eine ausreichende Drainage des Wundbereichs gesichert ist.

Um bei einer starken Lahmheit Frakturen und andere tiefgreifende Veränderungen sicher ausschließen zu können, sind Röntgenaufnahmen nützlich.

## Strahlfäule und Hufkrebs

Diese Erscheinungen werden meist durch schlechtes Stallmanagement gefördert oder hervorgerufen. Daher sollte es fast immer möglich sein, ihr Auftreten zu vermeiden.

### Definition

Strahlfäule ist eine Erkrankung des Hornstrahls, dessen Gewebe dabei zerfällt. Charakteristisch dafür sind der faulig-jauchige Geruch und eine unterschiedlich weit ausgebreitete Auflösung des Gewebes. Hufkrebs kann in den

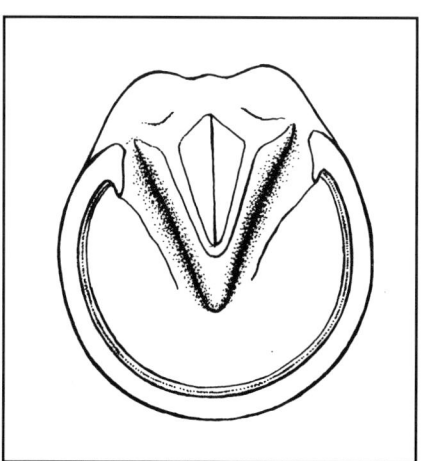

*Schema: Im gepunkteten Bereich zwischen Sohle und Strahl beginnt die Strahlfäule.*

Anfangsstadien ein ähnliches Erscheinungsbild bieten, wird in der Folge aber zu wesentlich gravierenderen Veränderungen im Sohlen- und Wandbereich führen.

## Ursachen

Strahlfäule entsteht auf nasser, schmutziger Einstreu. Ihr Auftreten ist zumeist ein Zeichen von unsorgfältigem oder zu seltenem Ausmisten, so daß die Pferde gezwungen sind, in stinkend fauliger Einstreu zu stehen. Deshalb ist es nicht ungewöhnlich, wenn Strahlfäule an mehreren Hufen zugleich auftritt, vorne wie hinten.

## Symptome

Das Horn der seitlichen Strahlfurchen ist feucht und übelriechend, der Gewebezerfall kann sich bis in den gesamten Strahlbereich und dann in die lebenden Hufschichten fortsetzen und dort zu Infektionen führen. Das Horn des Strahls ist schichtweise zerfressen und löst sich fetzenweise ab, die seitlichen Strahlfurchen sind vertieft, fallweise tritt dort schwärzliche Flüssigkeit aus.

Die Diagnose ergibt sich aus dem Zustand des unterminierten Strahls, dem abnormen Feuchtigkeitsgehalt und dem charakteristischen üblen Geruch.

Bei von Hufkrebs befallenen Hufen produziert die Hufederhaut nur mehr minderwertige Hornsubstanz, die eine weiche, fast fettig erscheinende Struktur hat. Diese läßt sich leicht bis auf die lebenden Schichten abtragen und ergreift, vom Ballen- und Strahlbereich ausgehend, weite Teile der hinteren Sohle und auch der Trachten.

In den Anfangsstadien beider Erkrankungen muß es noch nicht zu Lahmheiten kommen, diese werden aber beim Fortschreiten der Veränderungen fast unausweichlich.

Die Diagnose ergibt sich bei der Adspektion des Hufes und beim Abtragen der veränderten Schichten.

## Therapie

Bei Strahlfäule wird der Strahl möglichst bis ins gesunde Horn hinein ausgeschnitten, Taschen werden eröffnet, so daß Luft herankommt. Man badet den Huf in 5%iger Kupfersulfatlösung oder trägt 10%igen Jodoformäther auf. Sind bereits sensible Schichten von der Infektion erfaßt, wird möglichst eine Drainage angelegt. In schweren Fällen ist die zusätzliche Verwendung von Antibiotika und/oder Pilzmitteln notwendig.

Bei Hufkrebs ist es besonders wichtig, zuerst alle veränderten Bereiche sorgfältig abzutragen. Druckverbände werden angelegt, und Antibiotika kommen zum Einsatz. Bis zur endgültigen Heilung, bis also genügend gesundes Horn nachgewachsen ist, kann es Monate dauern. Bleiben Reste des erkrankten Horns zurück, kommt es oft zu einem Wiederaufflammen der Erkrankung. Besonders schwere Pferde haben eine gewisse Veranlagung zu Hufkrebs; die Behandlung ist nicht immer erfolgreich.

### Vorbeugung

Saubere, stets trockene Einstreu und regelmäßige Hufpflege können diese Probleme minimieren. Regelmäßiges Hufeauskratzen und die Verwendung geeigneter Pflegemittel helfen bei der Gesunderhaltung der Hufe.

## Hufknorpelnekrosen, Hufknorpelfisteln

Auch tieferliegende Strukturen des Hufes können von Infektionen betroffen sein, wie beispielsweise die Hufknorpel.

### Definition

Chronische Infektionen der seitlich liegenden Hufknorpel können zu einer *Fistelbildung* führen, bei der periodisch Eiter aus Fistelöffnungen in der Krone austritt.

### Ursachen

Breiten sich aufsteigende Infektionen bis in den Hufknorpel aus, kommt es dort zum Absterben von Gewebe, zu *Nekrosen*. Abgestorbenes Material und Eiter sammeln sich an und brechen im Kronbereich immer wieder durch die Haut.

### Symptome

Diese chronisch verlaufende Infektion läßt sich durch ihre typische Lokalisation über den veränderten Hufknorpel leicht erkennen.

### Therapie

In seltenen Fällen kann eine medikamentöse Behandlung mit Anlegen von warmen Umschlägen, Drainage sowie Gabe von Antibiotika noch zum Aus-

*Hufknorpelfistel: wiederholt öffnen sich Fisteln im seitlichen Kronrand. Schraffierte Fläche: Lage des Hufknorpels*

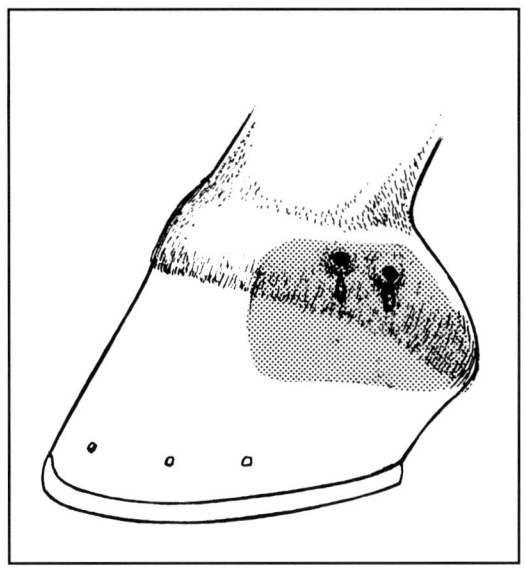

heilen des Problems führen. Mit einem späteren Wiederaufbrechen der Fistelöffnungen muß aber meist gerechnet werden. Dann ist ein chirurgischer Eingriff unvermeidlich. Bei der Operation wird das veränderte Gewebe entfernt und eine wirkungsvolle Drainage angelegt, so daß der Prozeß aus der Tiefe heraus abheilen kann.

## Keratombildung

Tumore im Hufbereich sind eher selten, als Differentialdiagnose müssen sie aber stets berücksichtigt werden.

### Definition

Ein *Keratom* ist ein gutartiger Tumor, der sich zwischen Hufbein und Hornschuh entwickelt, meist in der oberen Vorderwand des Hufes.

### Ursachen

Das Tumorwachstum kann die Folge einer Verletzung oder einer Infektion sein.

Eine genaue Erklärung für das Auftreten dieser Veränderung hat man noch nicht gefunden, vielleicht müssen hier mehrere Auslösereize zusammenwirken, wie Infektionen, Verletzungen und Prellungen.

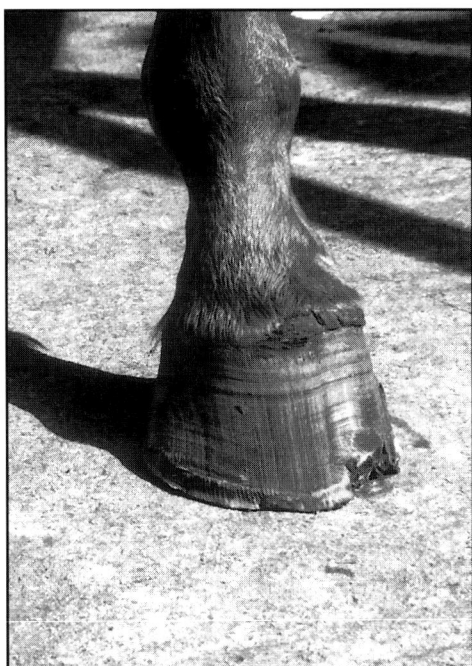

*Hornsäule im linken Vorderhuf; es kommt zu Störungen des Hornwachstums.*

## Symptome

Man vermutet ein Keratom, wenn Veränderungen des Horns im Oberteil der Dorsalwand sichtbar werden und wenn der Vorbericht ergibt, daß bereits mehrmals Eiter am Kronrand ausgetreten ist.

Die Lahmheitssymptome verstärken und mildern sich parallel mit der Entwicklung und Rückbildung der Infektion. Betroffene Pferde können oft noch ein relativ normales Arbeitsleben führen. Den geringsten Schmerz zeigt das Tier beim Gehen auf weichem Boden.

Die Diagnose kann erst durch Röntgenaufnahmen endgültig abgesichert werden.

## Therapie

Die Schwere der Symptome hängt von der Größe der Veränderungen und vom Druck ab, den sie auf das umliegende Gewebe ausüben sowie davon, wieweit dieses schmerzempfindlich ist. Durch ständige Kontrolle der immer wieder auftretenden Infektionen lassen sich weniger stark betroffene Pferde manchmal langfristig arbeitsfähig erhalten. Eine endgültige Heilung erreicht man jedoch nur durch eine radikale chirurgische Sanierung, bei der ein Teil der Hufwand mit dem darunterliegenden Tumor entfernt wird. Die Heilungszeit danach beträgt etwa acht bis zehn Monate. So lange dauert es, bis das ent- fernte Horn nachgewachsen ist. Der Tumor kann sich dabei allerdings eben- falls wieder bilden.

# Bockhuf

Hufanomalien, welche die Leistungsfähigkeit des Pferdes erheblich ein- schränken, treten selten auf, denn angeborene Fehlformen kommen nicht häufig vor, zudem wird mit solchen Pferden kaum gezüchtet.

## Definition

Die Hufform ähnelt der des Zwanghufes, ist nur noch wesentlich ausgepräg- ter.

Der Huf wirkt zusammengezogen, auch die Vorderwand verläuft steil, und die tiefe Beugesehne ist deutlich verkürzt. Ein gravierendes Mißverhältnis zwischen Sehnen- und Knochenentwicklung während des Jugendwachstums führt zur Bockhufbildung. Ein Bockhuf kann einseitig oder seltener beidsei- tig auftreten, meist vorne.

## Ursachen

Es besteht immer dann die Gefahr, daß sich ein Bockhuf bildet, wenn der be- troffene Huf nicht richtig belastet und die Sehne nicht gestreckt wird. Das kann nach Verletzungen eintreten, bei denen das betreffende Bein für längere Zeit kaum belastet wird. Bei Jungtieren ist der Auslöser unter Umständen in der Ernährung zu suchen, besonders bei wechselnder Aufzuchtintensität kann es zu einem unkoordinierten Wachstum von Knochen und Sehnen kommen.

*Schemazeichnung: Knöcherne Zubildungen im Bereich des obe- ren Hufbeinrands*

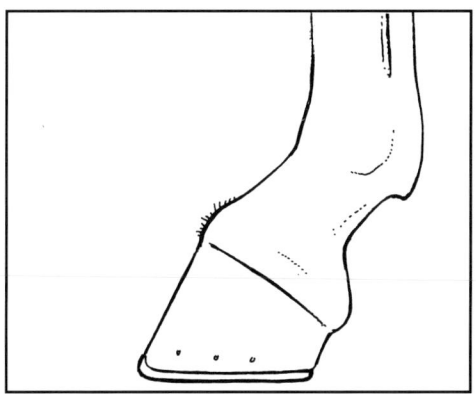

Der Bockhuf sieht geschrumpft und steil aus. Das Pferd belastet vermehrt die dadurch immer weiter abgelaufene Zehe und hat oft sogar Schwierigkeiten, mit den hohen Trachten bis zum Boden durchzutreten.

<u>Therapie</u>

Tritt das Problem bei Fohlen beidseitig auf, ist eine Überprüfung der Fütterung essentiell. In manchen Fällen ist ein chirurgischer Eingriff angebracht, bei dem eine Durchtrennung des tiefen Unterstützungsbandes, einer Abspaltung der Beugesehne, vorgenommen wird. Damit läßt der Zug der Beugesehne nach. Verzichtet man auf die chirurgischen Maßnahmen, sollte der Trachtenbereich des Hufes erhöht werden, um die Beugesehnen nicht zu überdehnen. Nachdem sich das Knochen- und Sehnenwachstum wieder an-

*Röntgenbild eines Bruchs des oberen Hufbeinrands*

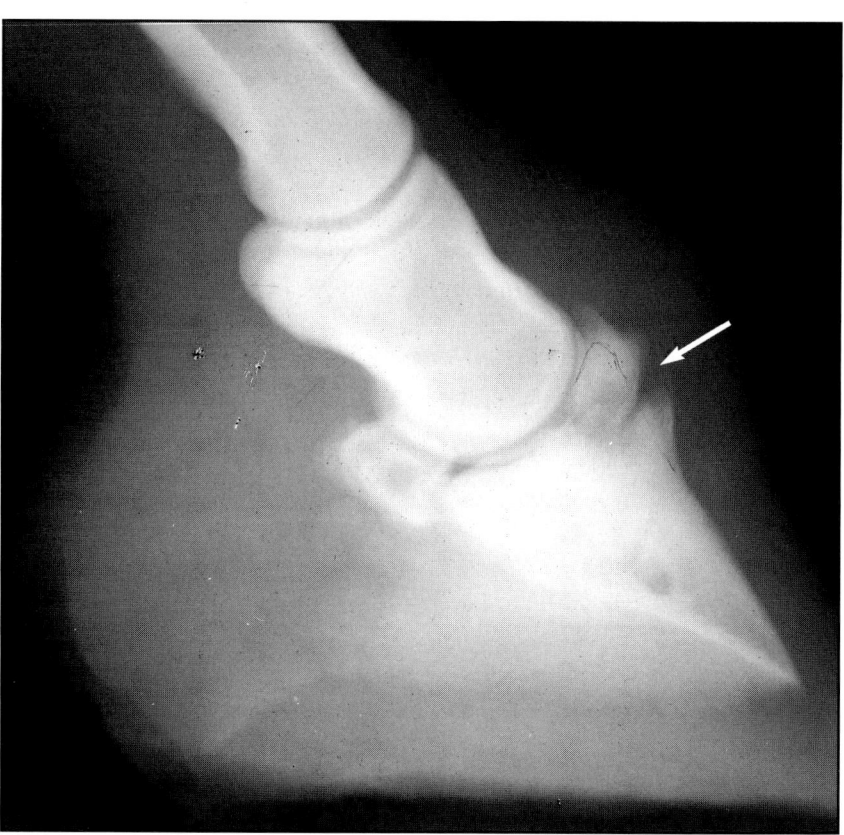

geglichen hat, wird durch allmähliches Niedersetzen der Trachten versucht, die Hufform wieder zu normalisieren, so daß die Strahlentwicklung und der Hufmechanismus gefördert werden.

# Hufrehe

Ponys sind häufiger von Hufrehe betroffen als Großpferde, allerdings ist sie auch bei letzteren eine gar nicht so seltene Lahmheitsursache. Die Erkrankung ist weit verbreitet und zieht große Verluste nach sich. Viele Tiere müssen euthanasiert werden, andere sind in der Folge nie mehr voll einsatzfähig.

Die Hauptsymptome der Hufrehe zeigen sich an den Hufen, die Krankheit hat ihre Ursache aber meist in ganz anderen Körperregionen, im Darm oder im Uterus der Stute.

In früherer Zeit nannte man die Rehe in England »Fußfieber«, dieser Name beschreibt anschaulich die auftretenden Symptome: Hitze und Schmerzen in den Hufen. Fast immer sind mehrere Beine gleichzeitig davon betroffen.

### Ursachen für die Entstehung von Hufrehe

Die Bedingungen, die Hufrehe auslösen können, sind gut bekannt:
- Frisches, nährstoffreiches Gras in ungewohnt großen Mengen (leicht vergärbare Kohlenhydrate).
- Kraftfutterüberfütterung (Pferd befreit sich aus seiner Box und plündert die Futtervorräte).
- Bei Stuten mit Nachgeburtsverhalten. Die Nachgeburt sollte unmittelbar nach der Geburt komplett abgehen.
- Als Komplikation nach Koliken oder anderen Verdauungsstörungen.
- Tränken erhitzter Pferde mit großen Mengen kalten Wassers (Absterben der Darmbakterien).
- Folge eines schlechten Beschlages (zu eng oder zu dicht am Leben genagelte Eisen).
- Überlastung eines Fußes (ein Bein ist erkrankt, das Pferd belastet überwiegend das gesunde Bein).
- Exzessive Erschütterungen (längeres schnelles Reiten auf zu hartem Boden).
- Anwendung von Corticosteroiden (kortisonähnliche Stoffe) kann in Einzelfällen zu Rehe führen.
- Streß jeder Art, beispielsweise durch Transporte, kann als Auslöser wirken. Meist ist das wohl durch Verdauungsprobleme bedingt, die zu einer Toxinausschüttung führen, welche die Huflederhaut schädigt.

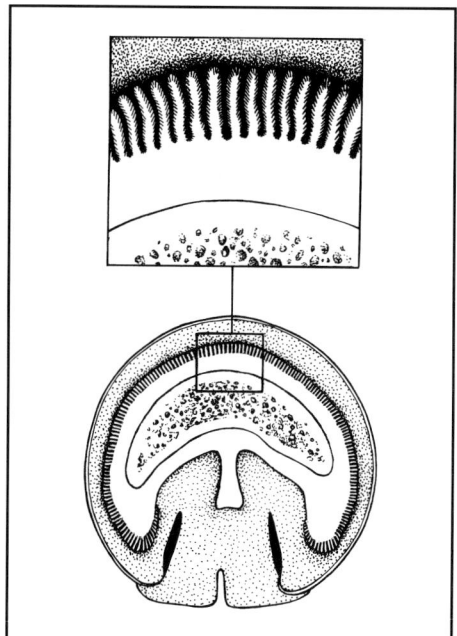

*Querschnitt durch den Huf, der Ausschnitt zeigt Details der Wand: Weiß dargestellt die sensiblen Lederhautblättchen, schwarz die Hornlamellen des äußeren Hufs.*

Aus dieser auf den ersten Blick vielfältigen Auflistung sieht man, daß sich Hufrehe immer wieder auf die gleichen Auslöser zurückführen läßt, einerseits auf mechanische Reize und andererseits auf eine Toxineinwirkung. Sehr wahrscheinlich lassen sich alle Faktoren unter diesen zwei Überbegriffen zusammenfassen. Die Forschungen der letzten Jahre konnten bereits viele Zusammenhänge klären, es gibt aber immer noch gewisse Lücken im Verständnis pathologischer Vorgänge bei der Reheentstehung.

Bei **toxischer Rehe** verändert sich die Blutzirkulation in der blättchenförmigen Huflederhaut des Wandbereichs. Ursache ist offenbar das massenhafte Absterben von Darmbakterien unter Bildung von Giftstoffen, sogenannter Toxine, die in die Blutgefäße aufgenommen werden. Im Verlauf der Erkrankung kommt es zu zwei gegenläufigen Prozessen, einerseits zu einer *Ischämie,* also einer verminderten Blutzufuhr zu den Blättchen der Lederhaut, andererseits zur verstärkten Durchblutung der anderen Teile des Fußes. Die mit dem Blut herantransportierten Toxine haben einen spezifischen Einfluß: Sie bewirken eine Verengung der feinsten Arterien, welche die Lederhautblättchen versorgen.

Normalerweise geschlossene Querverbindungen, sogenannte *Shunts,* leiten das Blut ungenutzt aus den Arterien in den venösen Kreislauf weiter. Durch die Mangeldurchblutung werden die empfindlichen Kapillaren geschädigt, die Wände der feinsten Blutgefäße in den Lederhautblättchen werden durchlässig. Je länger der Prozeß andauert, desto stärker wird die gesam- te Region geschädigt und um so deutlicher werden die charakteristischen Rehesymptome.

Der Schmerz entsteht durch die Unterversorgung der Huflederhaut mit Sauerstoff und Nährstoffen. Später tritt dann Flüssigkeit (*Ödem*) aus dem geschädigten Gewebe aus und bewirkt eine Ablösung der Lamellenschicht von den damit eng verzahnten Hornlamellen des Hufs.

Zuerst löst sich die Zehenwand, das Hufbein verliert seinen Halt innerhalb der Hornkapsel und rotiert mit der Spitze nach unten, bedingt durch den Druck des Körpergewichts und den Zug der tiefen Beugesehne.

Der Prozeß verläuft progressiv: Das weiter absinkende Hufbein drückt zunehmend auf die Sohle, schließlich kann der Knochen sogar durch die Hornsohle dringen.

## Symptome

Erhöhte Wärme der Hufe bildet einen wichtigen diagnostischen Hinweis, obwohl sie nicht immer zu finden ist. Daß warme Hufe oft auch auftreten, ohne daß es danach zu weiteren Krankheitserscheinungen kommt, zeigt uns, daß es verschiedene Schweregrade der Rehe gibt und daß sie sich in Frühstadien noch zurückbilden kann, ohne daß sich klinische Veränderungen entwickeln.

Die Huftemperatur prüft man, indem man den Huf im Kron- und Wandgebiet mit der Handfläche umfaßt. Es gibt eine akute und eine chronische Form der Rehe.

Die **akute Form** tritt plötzlich auf, das Tier kann sich nur mehr unter größten Schmerzen vorwärts bewegen. Sind vor allem die Vorderhufe betroffen, stellt es die Hinterhufe weit unter den Bauch und versucht so, die vorderen möglichst zu entlasten. Die Stellung läßt manchmal beim Besitzer zuerst die Vermutung aufkommen, daß das Pferd Rückenprobleme hätte. Versucht man das rehekranke Pferd zu führen, hebt es vorsichtig die Vorderbeine, um sie schließlich mit den Trachten zuerst wieder aufzusetzen. Oft schwitzt das Tier, und seine Körpertemperatur kann ansteigen. Die Hufe sind meistens heiß.

**Chronische Hufrehe** entsteht nach vorhergehenden akuten Attacken. Die Schmerzen sind nicht ganz so hochgradig, wenn das Pferd auch in allen Gangarten deutlich verändert geht. Das Tier belastet die Trachten stärker. Die Hufe sind meist etwas erwärmt. Mit der Zeit verändert sich die Hufform: Die Zehe ist verlängert (Knollhuf) und der untere Wandteil vorgewölbt, auch Strahl und Trachten entwickeln sich entsprechend. Das Sohlengewölbe flacht immer weiter ab, und es kann auch später noch zum Durchtritt des Hufbeins durch die Sohle kommen.

Wie stark das rehekranke Pferd lahmt, ist von den Schmerzen in einem oder mehreren Hufen abhängig. Die Hufsubstanz selbst ist verändert, beginnend von der erhöhten Temperatur, über unregelmäßig verlaufende Querrillen im Horn, bis hin zu den vorher erwähnten Abweichungen bei einer Hufbeinsenkung.

## Therapie

In akuten Fällen werden Medikamente zur Reduktion der Schmerzen und der Entzündung eingesetzt. Vermutet man als Ursache ein Verdauungsproblem, können abführende Maßnahmen den Schaden begrenzen helfen, beispielsweise kann flüssiges Paraffin eingegeben werden.

Im Bedarfsfall verfügt der Tierarzt über noch drastischere Mittel. Diese können im Frühstadium bei schweren Pferden oft eine Verschlimmerung noch abfangen. Eine solche Therapie muß genau auf den einzelnen Fall abgestimmt werden, eine Entfernung der Toxine aus dem geschädigten Darmtrakt wirkt sich in jedem Fall günstig aus.

Stammen die Toxine aus einer zurückgehaltenen Nachgeburt, muß dieses Problem ebenfalls intensiv therapiert werden. Zusätzlich wird natürlich die daraus entstandene Rehe auch behandelt. Zur Schmerzstillung verwendet der Tierarzt vor allem das Mittel *Phenylbutazon*. Die Anwendung von *Heparin* und *Phenoxybenzamin* hat sich in manchen Fällen auch bewährt, um damit Gefäßveränderungen zurückzubilden. Auch *Isoxuprin* kann zu diesem Zweck

*Die normale Lage der Fußknochen (links) und bei einer Hufbeinrotation durch Hufrehe (rechts); die entstandene Lücke ist mit Blut und Serum gefüllt.*

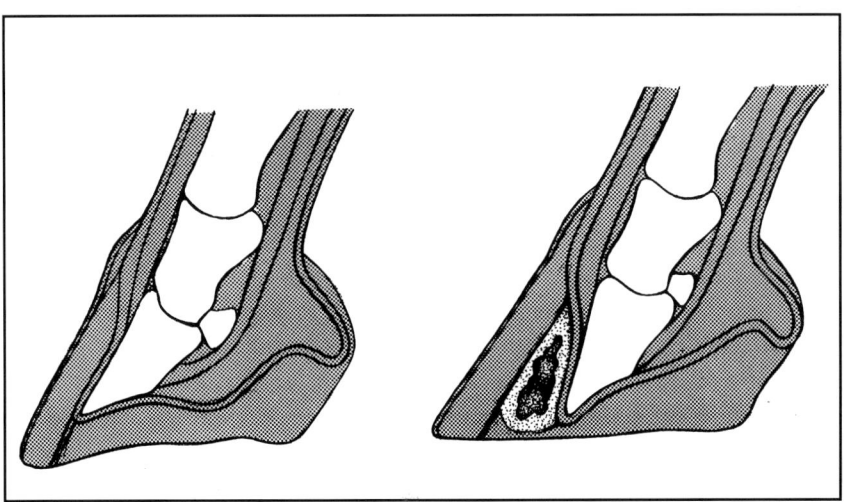

versuchsweise eingesetzt werden, ohne daß ein endgültiges Urteil über seine Vorteile abgegeben werden kann. Generell ist die Gabe der diversen Medikamente von wechselndem Erfolg begleitet.

Als physiotherapeutische Maßnahme hat sich der Einsatz pulsierender Magnetfelder bewährt. Es kann auch versucht werden, die entzündungshemmenden, schmerzstillenden Effekte von Laser und Ultraschall auszunutzen. Hier wäre noch ein weites Feld therapeutischer Möglichkeiten zu erforschen.

Wenn ein erkranktes Pferd wieder zur Arbeit herangezogen werden soll, wird man vorher durch Röntgen die Lage des Hufbeines abklären. Ein guter Korrekturbeschlag ist wichtig. Die Zubereitung des Hornschuhs zielt darauf hin, die normale Verbindung zwischen Hufbein und Horn wiederherzustellen, so daß die fortschreitende Hufbeinsenkung gestoppt wird.

Ein Pilzeisen drückt vermehrt auf den Strahlbereich, auch spezielle Hufverbände oder Gipsbinden dienen in akuten Fällen dem gleichen Zweck.

Aufstallung auf dicken Sandschichten hilft dem erkrankten Pferd bei der Unterstützung des Trachten- und Strahlbereiches und erleichtert ihm das Stehen.

## Vorbeugung

Wenn weidende Ponys an Rehe erkranken, muß man sie zuerst von dieser Krankheitsursache, nämlich vom reichhaltigen Gras, fernhalten. Anfällige Tiere stellt man bereits vor dem Einsetzen üppigen Graswuchses in einen Sandauslauf um oder stallt sie auf und füttert sie nur mit Heu. Durch entsprechende Sorgfalt lassen sich die meisten akuten Schübe von vornherein vermeiden.

In gut geführten Ställen tritt Rehe sehr selten auf, durch Entfernen der Ursachen und symptomatische Behandlung kann meist sofortige Abhilfe geschaffen werden. Immer wenn man Verdauungsprobleme beziehungsweise das Futter als Auslöser vermutet, werden Abführmittel eingesetzt.

Das Umstellen von Stallhaltung auf Weidegang muß immer langsam erfolgen.

# Angeborene und entwicklungs-
bedingte Probleme

## *Osteochondrosis dissecans*

Dieser Fachausdruck beschreibt eine Entzündung von Knochen und Knor-
peln, bei der es zu Zusammenhangstrennungen kommt. Bei dieser Erkrankung, kurz OCD oder OD genannt, besteht die Tendenz, daß sich Stücke des
Gelenkknorpels (Chips) teilweise oder gänzlich ablösen und im Gelenkspalt
zu Problemen führen.

### Definition

Die OCD tritt auf, wenn bei jungen Pferden eine anormale Entwicklung der
Knochenenden und Knorpel vorliegt. Eine mangelhafte Versorgung während
des Wachstums führt zu Knorpelschäden, auch der darunterliegende Knochen
degeneriert. Das entzündete Gelenk produziert große Mengen an Gelenkflüssigkeit, es bildet sich eine Entzündung (*Synovialitis*). Die betroffenen Gelenke sehen deshalb oft vergrößert aus, und die Pferde gehen lahm.

### Ursachen

Untersuchungen der letzten Zeit zeigen, daß das Problem in einigen Betrie-
ben gehäuft auftritt, in anderen dagegen kennt man es kaum. Die ursprüngliche Vermutung, daß es sich hierbei um ein vererbliches Problem handeln
könnte, hat sich dagegen nicht bestätigen lassen. Besonders intensiv aufge-
zogene, schnell wachsende Jungtiere, wie es die meisten Vollblüter sind, erkranken oft. Es gibt einen direkten Zusammenhang zwischen dem Auftreten
von OCD und der Ernährungsintensität. Am stärksten sind Schultergelenk,
Knie und Sprunggelenk betroffen. Die typischen Chips bilden sich aber auch
in allen anderen Gelenken. Auch schon bei Fohlen findet man gelegentlich
solche Veränderungen, am häufigsten werden sie jedoch bei zweijährigen
Rennpferden festgestellt.

### Symptome

Die üblichen Anzeichen einer OCD sind vergrößerte, vermehrt gefüllte Gelenke und eine wechselnd starke Lahmheit. Röntgenaufnahmen sichern die

Diagnose. Auch andere, zunächst unauffällige Gelenke können zusätzlich betroffen sein. Ein höheres Körpergewicht verstärkt die Erschütterungen, denen die unreifen Knochen ausgesetzt sind. Daher findet man OCD öfter bei schwereren Junghengsten und allgemein bei schwereren Pferdetypen. Hier scheint also eine Kombination von mechanischen und entwicklungsbedingten Faktoren auslösend zu wirken.

## Therapie

Konventionelle Maßnahmen sind in diesen Fällen wenig erfolgversprechend. Eine operative Entfernung der Chips bietet dagegen eine recht große Chance für eine völlige Regeneration. Die zerstörten Areale werden in Allgemeinnarkose ausgeschabt, und das Gelenk wird anschließend von den Knochenstückchen freigespült. Viele derart behandelte Pferde sind nach einer Regenerationszeit von sechs bis zwölf Monaten wieder voll einsatzbereit. Das für diesen Eingriff benutzte *Arthroskop* ist ein modernes Instrument, das durch kleinste Hauteinschnitte einen Einblick in das Gelenkinnere und Eingriffe darin erlaubt. Durch diese Technik werden Störungen am Gelenk und an der Gelenkkapsel minimiert und die Erfolgsaussichten der Operation verbessert.

## Vorbeugung

Bei der Aufzucht von Jungtieren sollte deren Wachstum stets sorgfältig beobachtet und durch angemessene Ernährung kontrolliert werden. Jedes übertriebene oder unregelmäßige Wachstum birgt ein erhöhtes OCD-Risiko in sich. Moderne Züchter tendieren leider oft dazu, frühreife, schwere und stark bemuskelte Jungtiere herauszubringen, deren Wachstumspotential bis an die Grenzen ausgeschöpft worden ist. Deren noch unreife Knochen können aber dieses erhöhte Körpergewicht nicht ohne Schädigung aufnehmen.

Eine erfolgreiche Vorbeuge der OCD setzt ein gewisses Verständnis für die natürlichen Grenzen des Wachstums voraus, bei dem sich gesunde Knorpel und Knochen altersgemäß entwickeln können, ohne überbeansprucht zu werden.

# Epiphysitis

Darunter versteht man verbreiterte Wachstumszonen an den langen Röhrenknochen. Am häufigsten findet man sie über der Fessel oder dem Vorderfußwurzelgelenk.

Als *Epiphyse* bezeichnet man die Enden der langen Knochen, als *Physe* die darüberliegende Wachstumsplatte des Knochens selbst. So ist der eingebürgerte Name nicht ganz korrekt.

Bei der *Epiphysitis* entwickeln sich die Wachstumsfugen des Knochens unregelmäßig.

## Ursachen

Diese Entwicklungsstörung tritt bei kleinen Fohlen und bei Jungtieren bis zum endgültigen Abschluß der Knochenreifung auf. Am ehesten findet man sie bei Jungpferden während intensiver Wachstumsphasen, besonders wenn gleichzeitig die Knochen durch ein hohes Körpergewicht, das nicht in Relation zur momentanen Entwicklung des Skeletts steht, überlastet werden. So leiden auch große, spät entwickelte Zwei- und Dreijährige noch an *Epiphysitis.*

## Symptome

Die Tiere sind selten lahm, die normale Kontur des Beines ist über der vergrößerten Wachstumszone auffällig ausgebuchtet. Meist sind beide Vorder-

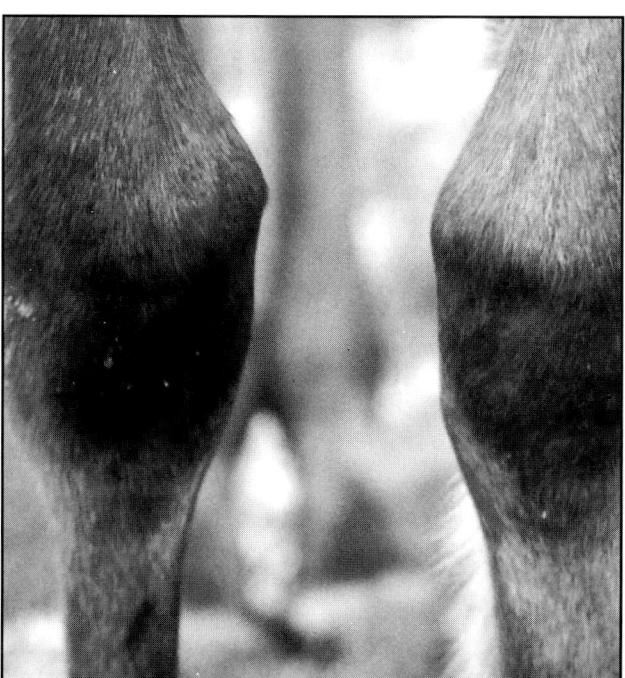

*Vorderfußwurzelgelenke eines an Epiphysitis erkrankten Fohlens mit den typischen Auftreibungen der unteren Wachstumszonen der Speiche.*

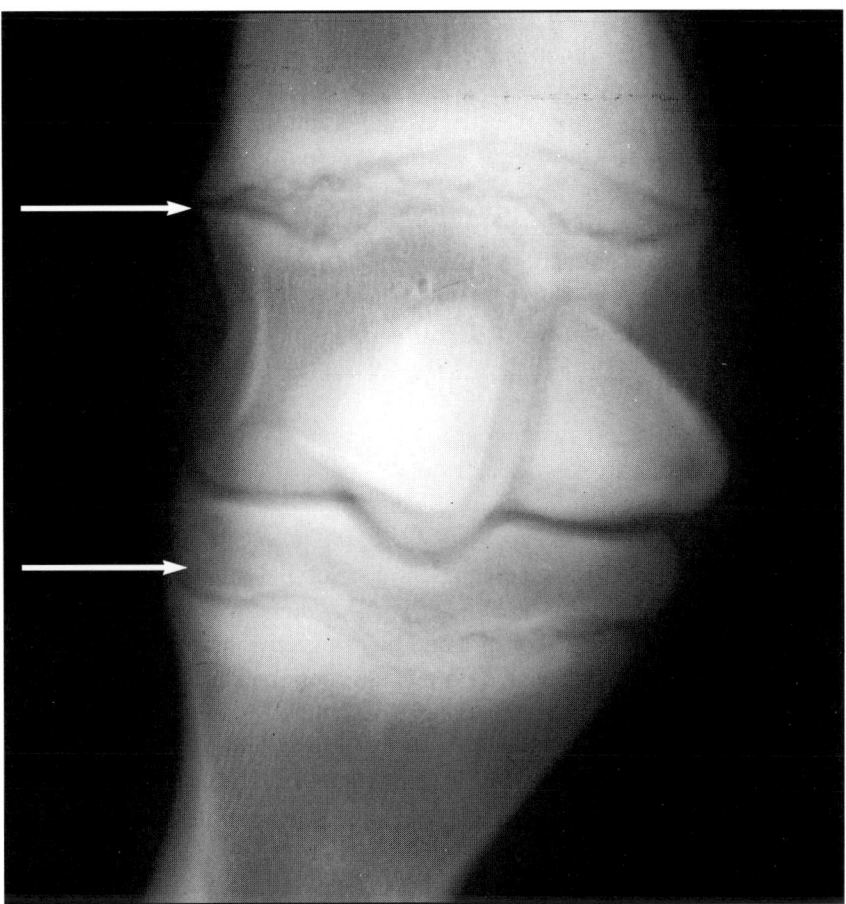

*Röntgenaufnahme des Fesselgelenks eines Fohlens mit den Anzeichen einer Epiphysitis an den verbreiterten Wachstumsfugen (Pfeile).*

beine gleichzeitig verändert. Die Aktion des betroffenen Jungtieres ist oft weniger schwungvoll, es bewegt sich vorsichtig mit kurzen Schritten, was eher als Zeichen für nur geringgradige Schmerzen zu werten ist.

Durch die Verbreiterung des Knochens knapp über dem Vorderfußwurzelgelenk kommt es bei Zwei- und Dreijährigen zu einer anatomischen Abweichung, die man gemeinhin als »offenes Knie« bezeichnet. Die unregelmäßige Kontur des Knochens knapp über dem Vorderknie läßt bei flüchtigem Hinsehen den Eindruck entstehen, der Gelenkspalt sei anormal weit.

Die Fütterung sollte auf ein ausbalanciertes Verhältnis von Kalzium, Phosphor und Eiweiß überprüft werden, eine Überfütterung ist strikt zu vermeiden. Normalerweise verwächst sich das Problem völlig, wenn dem Pferd genügend Zeit für seine Entwicklung gegeben wird und wenn die Beine in dieser Phase nicht zusätzlich belastet werden, sei es durch Training oder durch wildes Toben auf hartem Boden.

# Muskelprobleme (*Myopathie*)

Als *Myopathie* bezeichnet man eine Muskelerkrankung. Die Intensität der dabei auftretenden Symptome steht teilweise in direktem Zusammenhang mit der vorhergehenden Belastung.

Es gibt verschiedene Erscheinungsformen von Belastungsmyopathien und viele traditionelle Namen dafür. »Feiertagskrankheit« sagte man beispielsweise, da diese oft bei Arbeitspferden beim ersten Einsatz nach Stehtagen auftrat. Der Ausdruck »schwarze Harnwinde« beschreibt anschaulich die Farbe des Harns schwer erkrankter Pferde, der durch Muskelfarbstoff aus zerstörten Muskelfasern dunkel gefärbt ist. »Kreuzverschlag« bezieht sich auf die besonders betroffene Kruppenmuskulatur und das schlagartige Einsetzen der Symptome. Eine milde Form davon ist das von Sportpferden her bekannte *Tying-up-Syndrom*.

## Ursachen

Bei der Entstehung spielen Ernährung, Muskeldurchblutung, Typ und Ausbildung der Muskulatur eine Rolle. Das Zusammenspiel zwischen diesen verschiedenen Faktoren ist teilweise bereits gut erforscht, einige Zusammenhänge sind aber noch nicht völlig geklärt.

● Typischerweise erkranken sehr gut trainierte Pferde, wenn sie nach Stehtagen wieder gearbeitet werden, an denen sie volle Kraftfutterrationen erhalten haben. Nach kurzer Zeit bilden sich die typischen Symptome aus, die Muskulatur wird steif und schmerzhaft, der *Laktatspiegel* (Milchsäuregehalt) im Blut erhöht sich schlagartig.

● Nach bestimmten Viruserkrankungen kommt es zu ähnlichen Erscheinungen. Auch hierbei treten starke Muskelverspannungen, verkürzter Gang und verminderte Leistungsfähigkeit auf. Die Befunde lassen in diesen Fällen eine Leberschädigung als Auslöser vermuten.

● Eine individuelle, zeitweise oder ständig verminderte Aufnahmefähigkeit des Pferdes für bestimmte Nährstoffe, namentlich Kalzium, Magnesium, Natrium oder Selen, mag dieses ebenfalls für solche Erkrankungen anfällig machen. Das gleiche gilt für Nährstoffdefizite in der Fütterung.

## Symptome

Das Pferd bewegt sich beim Herausholen aus dem Stall meist noch völlig normal, obwohl in Einzelfällen bereits eine leichte Steifheit feststellbar ist. Das kann sich bei beginnender Arbeit plötzlich oder langsamer so sehr verschlechtern, daß das Pferd sich nicht mehr von der Stelle rühren kann. Bei einem akuten Kreuzverschlag schwitzt das Tier stark und atmet heftig. Die Muskeln der Hinterhand sind hart, verspannt und zunehmend berührungsempfindlich. Der Harn kann sich durch den austretenden Muskelfarbstoff *Myoglobin* dunkelbraun oder blutig verfärben. Eventuell findet sich auch ein Temperaturanstieg.

Pferde mit Tying-up-Syndrom weisen ähnliche, wenn auch schwächere Symptome auf. Der Verlauf ist eher chronisch, die Tiere sind im Gang nur geringgradig beeinträchtigt, können aber nicht mehr zu intensiver Arbeit herangezogen werden, Training und Sporteinsätze sind nicht mehr möglich. Der Reiter beklagt sich, daß sich das Pferd nicht genügend streckt, obwohl es nicht auffällig lahmt. Betroffene Pferde haben eine schlechte Kondition, und beim Abtasten der Muskulatur fühlt man deutlich Verspannungen.

Zur Diagnose Myopathie gelangt man mit Hilfe der Vorgeschichte und der typischen Symptome. Der aktuelle Blutbefund weist deutlich veränderte Muskelenzymwerte auf: *Creatininkinase* (CK), *Laktatdehydrogenase* (LDH) und *Aspartataminotransferase* (ASAT) sind erhöht.

Sobald Muskelveränderungen auftreten, sollte das Pferd sofort behandelt werden, um Schmerzen zu erleichtern und Folgeschäden zu vermindern.

Bei bereits länger bestehenden Muskelproblemen unbekannter Ursache können elektrische Muskelreizgeräte mit entsprechenden diagnostischen Einrichtungen eingesetzt werden, um die Ursachen abzuklären. Bei belastungsbedingten Myopathien zeigen die behandelten Pferde Schmerzen, die aber schnell wieder nachlassen.

Bei Muskelverletzungen mit Muskelfaserrissen dauert es länger, bis der zerstörte Muskel wieder aufgebaut ist und schmerzfrei arbeiten kann.

## Therapie

In leichten Fällen kann das Pferd vorsichtig und langsam in den Stall oder zum Transporter zurückgeführt werden. In schweren Fällen sollte das unwillige Pferd überhaupt nicht bewegt und vor allem auch nicht transportiert, sondern vor Ort behandelt werden.

Um die akuten Schmerzen zu lindern und die Folgeerscheinungen in der betroffenen Muskulatur zu mildern, werden Schmerzmittel und andere Medikamente eingesetzt. Sinnvolle physiotherapeutische Maßnahmen unterstützen die rasche Regeneration.

Da die Ursachen der Erkrankung sehr komplex sind, ist es besonders beim wiederholten Auftreten von Symptomen ratsam, den Ursachen gründlich nachzugehen.

Bei anfälligen Pferden ist es sehr wichtig, ihre Kraftfutterration an Stehtagen drastisch zu kürzen und sie vor der Arbeit besonders langsam und sorgfältig aufzuwärmen.

Elektroreiztherapie kann die Muskeldurchblutung kurzfristig anregen und so helfen, angesammeltes Laktat zu entfernen. Zur Heilung des ursprünglichen Problems trägt sie allerdings wenig bei. Eine erfolgreiche Behandlung setzt voraus, daß zuerst die auslösenden Faktoren erkannt und abgestellt und dann die eingetretenen Veränderungen eingehend therapiert werden. Den Erfolg der Maßnahmen kann man mittels Blutuntersuchungen überprüfen.

Durch intravenöse Gaben von *Natriumbikarbonat* kann man den Laktatgehalt des Blutes drastisch reduzieren. Die prompte Behandlung akuter Fälle trägt dazu bei, Tiere schnell wieder einsatzbereit zu machen. Hat die Therapie Erfolg, bewegen sich die Pferde sofort freier und können am nächsten Tag oft bereits wieder leicht gearbeitet werden.

Pferde, die durch Virusinfektionen Leberschäden erlitten haben, vertragen später proteinreiches Futter oft nicht mehr gut. Eine Futterumstellung auf eiweißarmes Futter bewährt sich meist in solchen Fällen am besten.

# Gliedmaßenfehlstellungen

Die unterschiedlichsten Stellungsfehler können zur Entstehung von Lahmheiten beitragen, einige davon sollen hier besprochen werden.

### Definition

Ein gewisser Prozentsatz von Fohlen kommt mit Stellungsfehlern auf die Welt. Meist handelt es sich dabei um anormale Winkelungen im Vorderfußwurzel-, Sprung- oder Fesselgelenk. Jede Extremität kann betroffen sein. Die Abweichung bezeichnet man nach ihrer Richtung, als Beispiel soll hier das Vorderfußwurzelgelenk (*Karpalgelenk*) dienen:

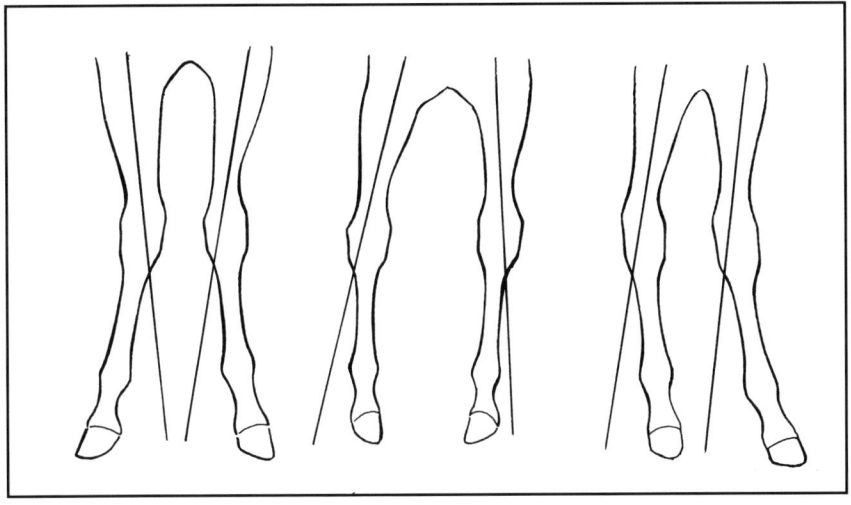

*Stellungsanomalien: X-beinig (links), O-beinig (Mitte) und eine Kombination von beidem (rechts)*

*Carpus valgus,* X-beinig, der Karpus weicht nach innen von der senkrechten Gliedmaßenachse ab und der Metakarpus nach außen. Der Ausdruck *Carpus varus,* O-beinig, beschreibt die entgegengesetzte Situation, das Vorderknie ist nach außen verlagert, das Röhrbein verläuft nach schräg innen. Das Fesselgelenk kann dabei die umgekehrte Winkelung aufweisen: Ein *Carpus valgus* kann in Kombination mit einer *Articulatio metacarpophalangea vara* (Fesselgelenk) auftreten. Diese Fehlstellungen gehen oft mit einer gleichzeitigen leichten Drehung des Vorderfußwurzelgelenks und des Röhrbeins einher.

## Ursachen

Frühgeburten leiden besonders oft unter Stellungsanomalien, die meist durch mangelnde Knochenreife verursacht sind. Bei zum regulären Termin geborenen Fohlen vermutet man als Auslöser Fehllagerungen im Uterus.

Bei ursprünglich korrekten Fohlen bilden sich Stellungsfehler als Folge von Wachstumsstörungen aus, wenn sich die Wachstumszonen der Knochen ungleichmäßig entwickeln. Unter Umständen wird dieser Prozeß durch bereits bestehende leichte Stellungsabweichungen, die zu einseitigen Belastungen führen, ausgelöst und unterscheidet sich so deutlich von Fehlentwicklungen nach einer Epiphysitis. Diese entsteht, wie bereits erläutert, bei älteren Fohlen durch eine forcierte Aufzucht und vermehrte Gewichtsbelastung.

Bei wenige Monate alten, rasch wachsenden Fohlen kommt es sehr schnell zu Fehlstellungen, wenn ihre wachsenden Knochen ungleichmäßig belastet

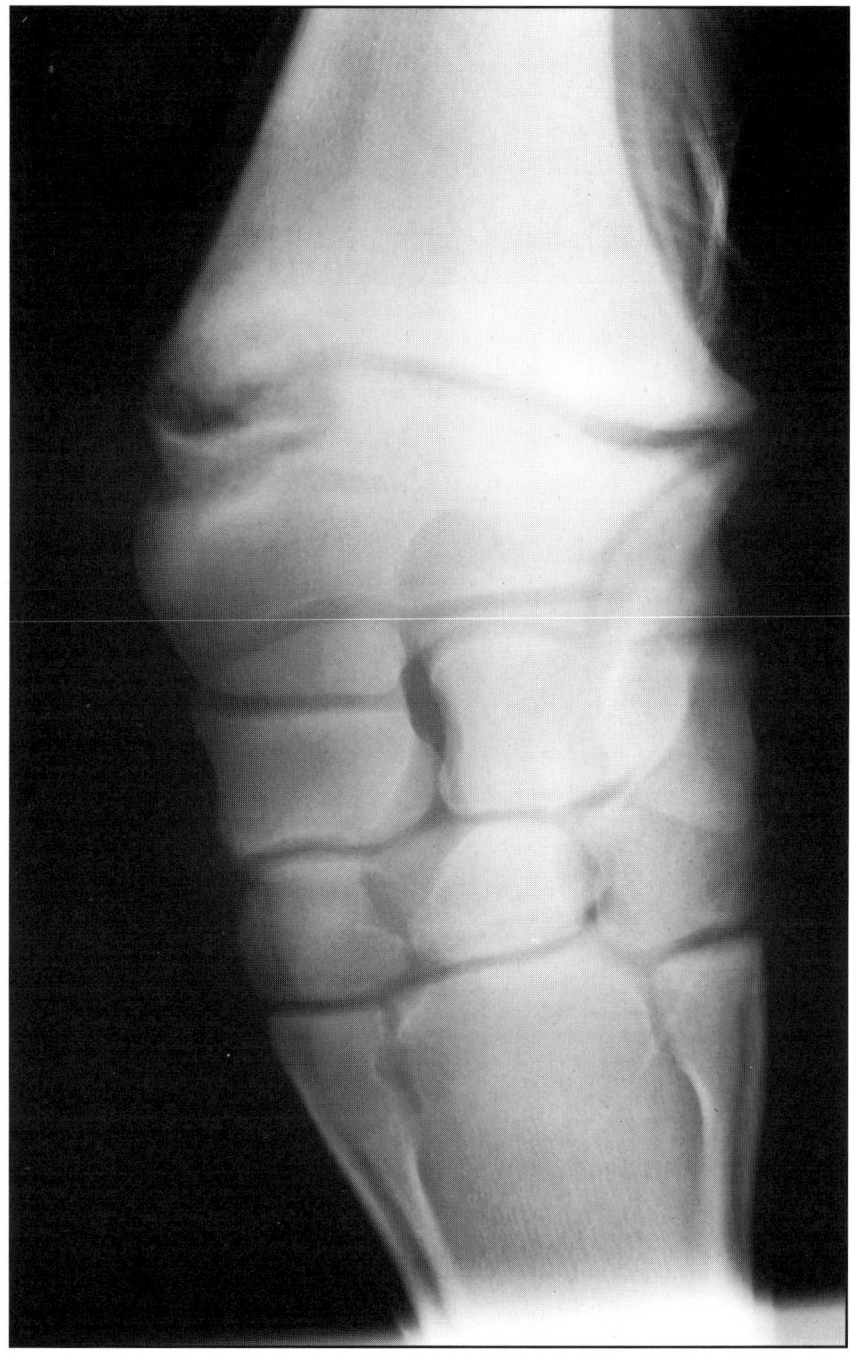

*Röntgenaufnahme des Vorderfußwurzelgelenks eines Jungtieres mit einer Fehlstellung (von vorne aufgenommen)*

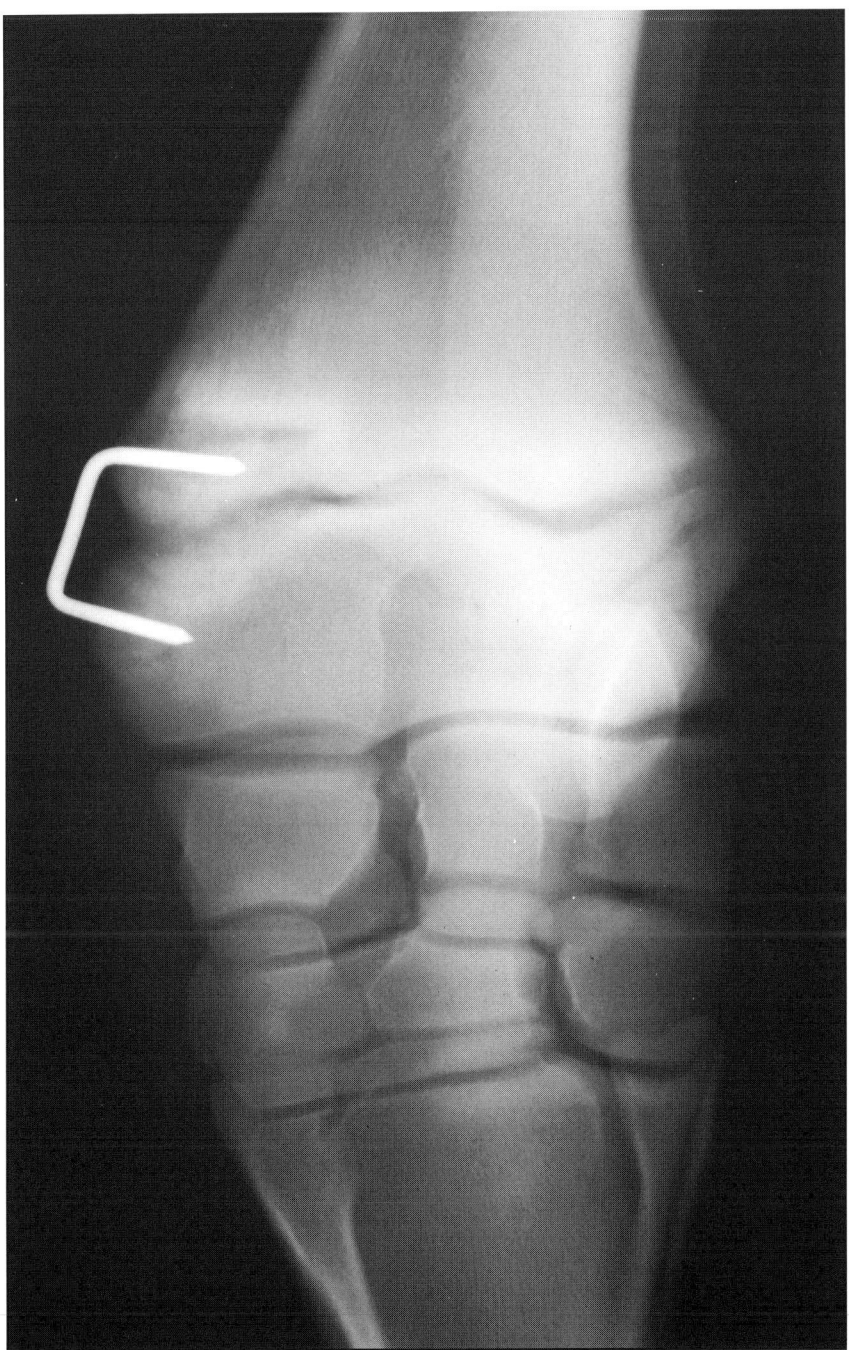

*Röntgenaufnahme desselben Tieres, nachdem die konvexe Seite der Winkelabweichung mit einer Klammer fixiert worden ist, um das Wachstum zu korrigieren.*

werden. Dazu kommt es auch, wenn die notwendige Hufkorrektur vernachlässigt wird.

Auch bei Verletzungen wird das betroffene Bein entlastet, das gegenseitige jedoch vermehrt belastet. Hier kann es ebenfalls zu Fehlentwicklungen kommen.

Die Fütterung der Jungtiere spielt eine große Rolle für ihre korrekte Entwicklung. Wichtig ist auch die frühzeitige Möglichkeit zu ausreichender Bewegung in der Herde.

## Symptome

Die Gelenkfehlstellungen selbst sind auffällig genug. Besonders achten sollte man dabei auf eine beginnende Rotation der Röhrbeine. Dieses Problem ist anfangs wenig auffällig, später aber kaum mehr zu korrigieren. Vergleichende Röntgenaufnahmen klären in Zweifelsfällen ab, wie sich die Wachstumszonen entwickeln.

## Therapie

Betroffene Fohlen werden aufgestallt, da Bewegung die Probleme meist nur verschlimmert. Eine weitestgehende Korrektur der Hufe kann oft dabei helfen, die Beinbalance wiederherzustellen. In manchen Fällen erreicht man durch Stützverbände oder Gipsschienen eine Stabilisierung. Diese Technik birgt allerdings das Risiko von Druckstellen auf der Haut, da der korrigierende Verband leicht einschnüren kann. Eine ausreichende, immer wieder kontrollierte Polsterung ist daher essentiell. Wenn die Jungtiere nicht auf diese Therapie ansprechen, werden operative Verfahren notwendig. Einschnitte in die Knochenhaut können an der Innenseite der Fehlstellung das Wachstum anregen, beim *Carpus valgus* wäre das an der Außenseite des Radius knapp über dem Karpalgelenk notwendig. Alternativ dazu kann man auf der Seite übertriebenen Wachstums vorübergehend begrenzende Klammern einsetzen. Beim *Carpus valgus* wäre das auf der Innenseite.

Wenn das Längenwachstum des Knochens ausgeglichen ist, muß die Klammer durch eine zweite Operation wieder entfernt werden.

## Vorbeugung

Bei normal geborenen Fohlen sollte jede leichte Abweichung genau beobachtet werden. Eine sofortige Hufkorrektur kann ein Weiterschreiten der Fehlentwicklung unter Umständen noch verhindern.

# Verkürzungen der Beugesehnen

Bei neugeborenen oder wachsenden Fohlen sieht man diese Fehlentwicklung häufig.

## Definition

Es gibt eine angeborene und eine entwicklungsbedingte Form des Problems. Bei Neugeborenen kann einseitig ein Vorderfuß betroffen sein, während bei älteren Fohlen fast immer beide Extremitäten beteiligt sind. Die Beugefehlstellung kann auf das Vorderfußwurzelgelenk beschränkt bleiben oder auch den unteren Gliedmaßenbereich mit betreffen, wobei ein sogenannter Stelzfuß entsteht.

## Ursachen

Man kennt die charakteristische Beugestellung des Vorderfußwurzelgelenks. Schwer betroffene Fohlen stehen gelegentlich fast auf den Hufspitzen und zeigen eine bockhufartige Hufform. Ihre Fesselung ist sehr steil, oft ist die Hufachse nach vorne gebrochen.

Bei älteren Fohlen liegt das Fesselgelenk dann fast senkrecht über dem Huf, ohne daß dieser selbst große Veränderungen aufweist. In Extremfällen steht das Tier mit gebeugtem Vorderfußwurzelgelenk stark vorbiegig da.

*Ein Fohlen mit einer Beugefehlstellung der Vorhand. Sie kommt bei Neugeborenen nicht selten vor und verwächst sich manchmal ohne Korrekturmaßnahmen von allein.*

Beim Auftreten von Beugefehlstellungen sollte man stets daran denken, daß die Ursachen dafür oft in ganz anderen Bereichen zu suchen sind, etwa bei Vorliegen einer Hufinfektion, wodurch der schmerzende Fuß entlastet wird.

Therapie

Eine Fehlentwicklung des Neugeborenen in der Mutter wächst sich nach der Geburt oft innerhalb weniger Tage wieder aus. In diesen Fällen ist es hilfreich, wenn sich die Fohlen soviel wie möglich bewegen, da der Muskelzug und das Körpergewicht dabei helfen, die Sehnen zu strecken. Deshalb ist es günstig, sie mit ihrer Mutter in einem möglichst geräumigen Laufstall aufzustallen. Beim Versuch, der Mutter auf der offenen Weide zu folgen, würden sie sich sonst leicht überanstrengen.

Schwer betroffenen Fohlen muß man anfänglich oft beim Aufstehen und Trinken helfen. Das Anlegen gepolsterter Schienen kann möglicherweise den Korrekturprozeß beschleunigen.

Bei älteren Fohlen erfolgt die Korrektur durch Niederschneiden der Trachten und Wiederherstellen der Hufbalance. Ein Spezialbeschlag mit einem Zehenbügel kann ebenfalls hilfreich sein. In fortgeschrittenen Fällen wird man versuchen, durch eine operative Durchtrennung des Unterstützungsbandes der Beugesehne eine Entlastung zu erreichen. Die Ernährung sollte auf ihren ausbalancierten Nährstoffgehalt überprüft werden, besonders wichtig ist das Kalzium-Phosphor-Verhältnis.

Der umgekehrte Fall, zu schlaffe Beugesehnen, tritt ebenfalls gelegentlich bei Neugeborenen auf. Diese Tiere stehen auf den durchgedrückten Fesselköpfen. Die Abweichung normalisiert sich im allgemeinen innerhalb weniger Tage von selbst.

# Ernährungsbedingte Probleme

In einigen Fällen kommt es durch Fehlernährung zu Lahmheiten. Beispielsweise gibt es die Hypothese, daß ein großer Prozentsatz der degenerativen Gelenkerkrankungen (OCD) primär durch Fütterungsfehler entsteht. Dazu kommt es, wenn durch exzessive Fütterung ein forciertes Wachstum provoziert wird, mit dem die Entwicklung von Knochen und Gelenkknorpeln nicht Schritt halten kann. Das hohe Körpergewicht belastet dann die unreifen Gliedmaßen zu stark.

*Rachitis* ist eine seit alters bekannte Erkrankung, die man auch bei Pferden gelegentlich findet. Die Fehlentwicklung der Knochen wird durch Mangel oder Imbalance von Nährstoffen ausgelöst, in diesem Fall sind Kalzium, Phosphor und Vitamin D beteiligt. Äußerlich bemerkt man kaum Zeichen von Rachitis, da Lahmheiten oder auffällige Deformationen selten auftreten. Nur durch Röntgenaufnahmen, die aufgrund von Knochenbrüchen oder anderen Problemen angefertigt werden, wird man auf die Veränderungen aufmerksam.

Durch Fütterung übertriebener Phosphormengen, wie sie unter anderem in Kleie vorliegen, kommt es zur sogenannten *Osteodystrophia fibrosa.* Hier liegt eine Überfunktion der Nebenschilddrüse vor. Es bilden sich anormale Knochenauflagerungen. Das auffälligste Symptom ist eine Instabilität im Vorderfußwurzelgelenk beim stehenden Pferd. Eine Überprüfung der Fütterung bestätigt im Verdachtsfall die krankheitsauslösende Ursache.

Wie bereits vorher gesagt: Eine ungenügende Aufnahme von Kalzium, Magnesium und Natrium aus dem Darm kann zu Mangelerscheinungen im Körper führen und bei der Entstehung von Belastungsmyopathien eine Rolle spielen. Die Diagnose solcher Probleme ist schwierig, meist sind dafür Blut- und Harnanalysen notwendig. In manchen Fällen genügt die Umstellung der Ernährung mit einer ausreichenden Zufuhr des fehlenden Elements, um eine Besserung einzuleiten. Es gibt aber durchaus auch komplexere Gründe für solche Störungen, und manche Pferde reagieren nicht ausreichend auf eine Nahrungsergänzung.

Ein Kupferdefizit kann bei Jungtieren nach neueren Berichten vielfältige Entwicklungsstörungen auslösen. Die Meinung der Wissenschaftler zu diesem Thema ist allerdings nicht einheitlich. Wird ein Kupfermangel im Blutbild nachgewiesen oder ergibt die Rationskontrolle ein Defizit, sollte unbedingt ausreichend Kupfer ergänzt werden.

# Schäden an Schleimbeuteln, Sehnen, Sehnenscheiden und Bändern

Veränderungen in den bindegewebigen Gebilden, die wir als Schleimbeutel, Sehnen, Sehnenscheiden und Bänder kennen, führen häufig zu Lahmheiten.

Wir sollten uns allerdings bewußt sein, daß diese Entzündungen oft eine Folge von Problemen in ganz anderen Gebieten des Pferdekörpers sind, die erst sekundär eine Überlastung der obengenannten Strukturen verursacht haben, einmal abgesehen von direkten Verletzungen durch den Schlag eines anderen Pferdes oder wenn das Tier in ein Loch tritt.

Schleimbeutel und Sehnenscheiden dienen dazu, die Reibung zwischen beweglichen anatomischen Strukturen zu vermindern. Ihre Auskleidung produziert *Synovia,* die der Gelenkflüssigkeit entspricht. Schleimbeutel (*Bursen*) liegen dort, wo eine Sehne, ein Band oder ein Muskel über einen Knochen zieht, und bilden dort ein Druckpolster, das diese Teile schützt. Letztere werden meist durch Verletzungen geschädigt. Die verletzte Bursa ist vermehrt gefüllt, Bewegungen sind oft schmerzhaft, das betroffene Pferd muß aber nicht in jedem Fall lahm gehen.

Echte Schleimbeutel finden wir unter der Bizepssehne im Schultergelenksbereich und über einem Knochenvorsprung des Oberschenkels. Unechte Schleimbeutel bilden sich als Schutz immer dort, wo eine wiederholte Irritation auftritt, beispielsweise über dem Sprunggelenkhöcker, Ellbogen oder *Karpalgelenk* (Vorderfußwurzelgelenk). Man bezeichnet sie wegen ihrer Flüssigkeitsfüllung als *Hygrom*.

Entzündet sich eine Bursa, kommt es zu einer *Bursitis,* besonders häufig geschieht dies im Rückenbereich, wo Muskeln und Bänder besonders dicht über Knochenvorsprüngen hinwegziehen.

Sehnenscheiden umgeben die Sehnen in Gelenknähe und schützen sie durch die eingeschlossene Gleitflüssigkeit vor Reibung und Verschleiß.

## Piephacke und Stollbeule

Beide Ausdrücke beschreiben auffällige Umfangsvermehrungen, die wegen ihrer ähnlichen Entstehung gemeinsam besprochen werden sollen, obwohl sie an verschiedenen Körperstellen auftreten.

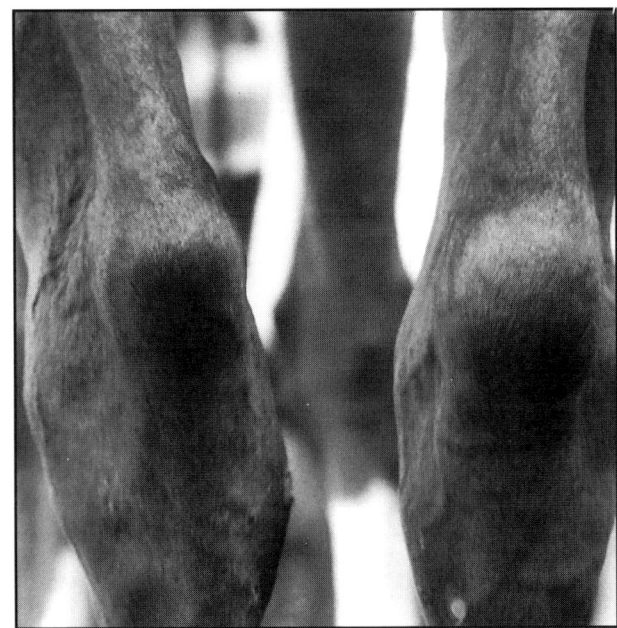

*Vergleichend die Sprunggelenke eines Pferdes von hinten; das rechte zeigt eine Piephacke.*

## Definition

Über Sprunggelenk- und Ellbogenhöcker befinden sich unterschiedlich große, synoviagefüllte Taschen.

## Ursachen

Piephacke und Stollbeule sind Ausbuchtungen der normalen Körperkontur, unter denen sich jeweils ein Schleimbeutel befindet, der sich nach wiederholten mechanischen Reizen über den exponierten Knochenstellen gebildet hat. Eine Piephacke auf dem Fersenhöcker findet man häufig bei Pferden, die gewohnheitsmäßig gegen Stallwände schlagen, und auch bei Pferden, die auf Transporten unruhig sind. Stollbeulen treten dann auf, wenn das Pferd beim Liegen immer wieder mit dem inneren Eisenschenkel gegen das Gewebe des Ellbogenhöckers drückt, besonders wenn das Eisen mit Stollen versehen ist.

## Symptome

Die Auftreibungen sehen charakteristisch aus, fühlen sich elastisch an und sind anfänglich heiß und schmerzhaft. Gewöhnlich kommt es nur bei entzündeten Bursen zu einer Lahmheit, das heißt bei einer Infektion oder während ihrer Entstehungsphase.

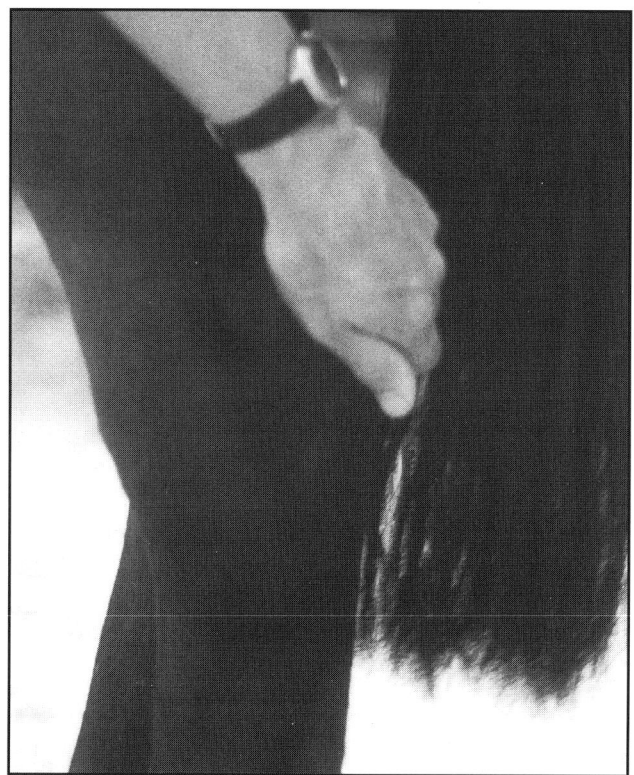

*Kontrolle der Hauttemperatur über dem Sprunggelenkhöcker*

## Therapie

Eine Behandlung dieser Schönheitsfehler wird nur dann notwendig, wenn eine chronische Zubildung oder eine Infektion vorliegen, die das Pferd lahmen lassen.

Bei **nicht-infizierten** Bursen kann ein ableitender Drainageversuch mit anschließender Injektion eines Entzündungshemmers gemacht werden. Deren Anwendung beim Pferd birgt gewisse Risiken, die man sorgfältig gegen den Nutzen abwiegen sollte. Entzündungen können auch mit Laser oder Ultraschall therapiert werden, solange eine Infektion ausgeschlossen werden kann. **Infizierte** Bursen werden drainiert und gespült, auch die Anwendung von Antibiotika ist manchmal sinnvoll. Das muß der Tierarzt im Einzelfall abschätzen.

# Genickbeule und Widerristfistel

In beiden Fällen handelt es sich um Infektionen von Schleimbeuteln, die zwischen dem Nackenband und den Dornfortsätzen der Wirbelknochen liegen, einmal über dem ersten Halswirbel im Genick und das andere Mal über dem Widerrist.

Früher waren zumeist *Bruzelloseinfektionen* die Ursache. Mit der Auslöschung dieser Erkrankung in den Rinderbeständen wurden die Erscheinungen bei Pferden seltener. Allerdings kann es unter Umständen auch durch andere Infektionen zu ähnlichen Symptomen kommen.

# Kurbengalle

In der Gegend des Sprunggelenks findet man nicht selten verschiedene weiche Schwellungen. Man unterscheidet sie je nach ihrer anatomischen Lage.

## Definition

Die Kurbengalle ist eine Entzündung einer Beugesehnenscheide am Sprunggelenk. Hier ziehen die Sehnen der Beugemuskeln entlang.

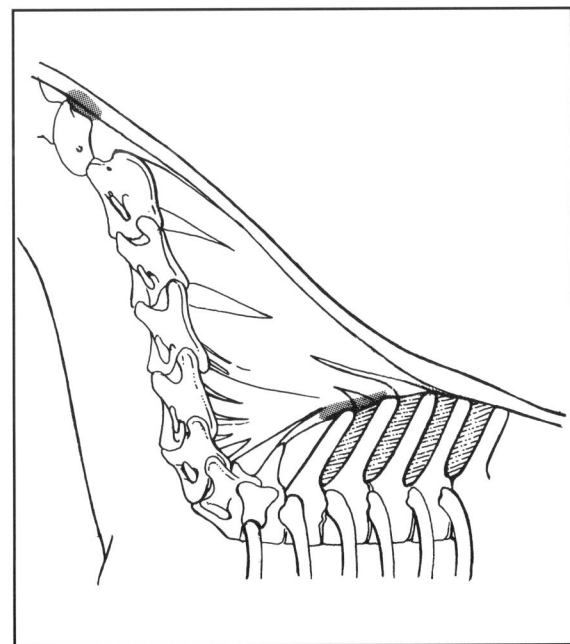

*Die unter dem Nackenband liegenden Schleimbeutel sind punktiert gezeichnet; hier kommt es zur Bildung der Genickbeule und der Widerristfistel.*

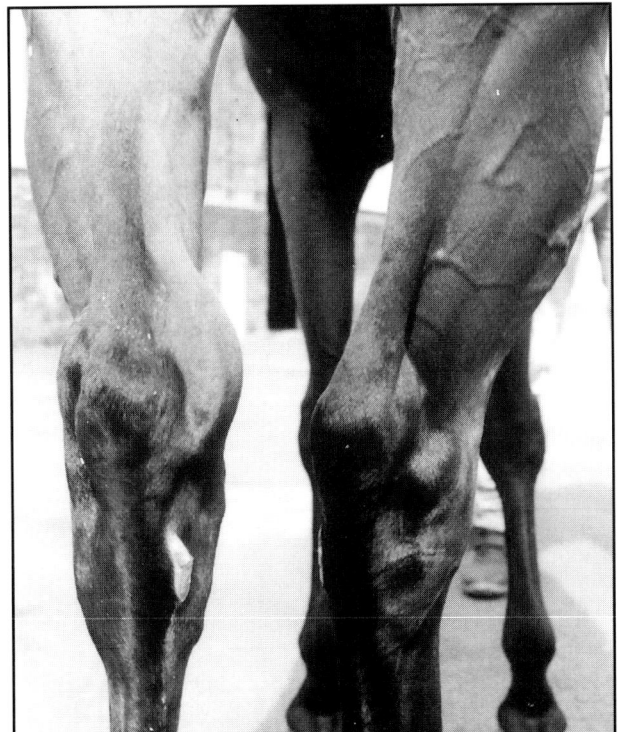

*Am linken inneren Sprunggelenk sieht man die Auftreibung einer Kurbengalle. Das rechte zeigt außen leichte Anzeichen einer vermehrten Kapselfüllung (Kreuzgalle).*

## Ursachen

Zerrungen oder Verletzungen der Sehnenscheide werden als Auslöser angesehen.

## Symptome

Die typischen Schwellungen liegen seitlich des Sprunggelenks, etwas höher als bei der Kreuzgalle, mit der sie eventuell zu verwechseln wären. Letztere wird durch die erweiterte Gelenkkapsel verursacht.

Eine Unterscheidungshilfe ist, daß sich beim Druck auf die Außenseite der Kurbengalle nur die innere Seite vorwölbt, nicht aber zusätzlich ein Teil der Gelenkkapsel vorne-unten in der Mitte des Gelenks.

## Therapie

Die Anschwellung reduziert sich normalerweise mit der Zeit von selbst, so wird der Schönheitsfehler hauptsächlich bei Showpferden behandelt.

Drainage der übermäßigen Füllung und das Injizieren entzündungshem-

sind die Therapien der Wahl.

Auch andere Sehnenscheiden können vergleichbare Erscheinungen ausbilden, beispielsweise die Beuge- oder Strecksehnenumhüllungen an Vor- oder Hinterhand, die ähnlich therapiert werden.

Verletzungen der Beugesehnenscheide im Bereich des Fesselkopfes sind möglicherweise vergesellschaftet mit Verletzungen an der Sehne selbst, daran sollte man stets denken. Sehnenscheidenprobleme im Fesselbereich werden eventuell noch zusätzlich zur lokalen Therapie mit einer systemischen Medikamentengabe behandelt.

Das Pferd kann erst dann wieder gearbeitet werden, wenn sich die Entzündungssymptome völlig zurückgebildet haben und das Bein wieder abgeschwollen und kühl ist. Das Trainingspensum sollte über längere Zeit nur ganz allmählich gesteigert werden. Bestehen Zweifel, welche Strukturen an der Entzündung beteiligt sind, hilft eine Ultraschalluntersuchung bei der Abklärung.

# Gallen, Fesselgelenkgallen

Unter Gallen verstehen Pferdeleute weiche Schwellungen im Bereich des Fesselkopfes. Der wissenschaftliche Name dafür lautet *idiopathische Tendosynovitis,* entsprechende Symptome findet man auch an anderen Sehnenscheiden.

Gallen im engeren Sinne treten an jedem der vier Beine auf und sitzen charakteristisch knapp über dem Fesselkopf. An ihrer Bildung können Gelenkkapseln und Beugesehnenscheiden beteiligt sein. Diese typische Umfangsvermehrung wird durch eine vermehrte Synoviafüllung verursacht.

Bei jungen Pferden bilden sich Gallen nach Überlastungen, sie sind daher als Warnung zu betrachten, und man sollte ihr Auftreten zum Anlaß nehmen, die Trainingsintensität zu reduzieren. Sonst gelten sie als reiner Schönheitsfehler ohne wesentliche gesundheitliche Bedeutung.

## Ursachen

Besonders bei Jungtieren entstehen Gallen durch eine Kombination schädigender Einflüsse: Noch nicht gefestigtes Gewebe, ungewohntes Training und wiederholte Prellungen wirken sich hier aus. Bei manchen Pferden bleiben Gallen lebenslang bestehen, ohne daß daraus Lahmheiten resultieren. In jedem Fall sehen sie jedoch unschön aus.

Bei einer vermehrten Füllung des Fesselgelenks bilden sich Gallen zwischen dem Fesselträger und der Rückseite des Röhrbeins, Sehnenscheidengallen finden sich dahinter, zwischen der Rückseite des Fesselträgers und der tiefen Beugesehne direkt über dem Fesselgelenk. In akuten Fällen kann es zu Entzündungssymptomen der betroffenen anatomischen Strukturen kommen, Schmerzen und Lahmheiten treten auf.

Therapie

Frische Verletzungen behandelt man oft recht erfolgreich mit Laser oder Ultraschall oder diversen Arten der Elektrotherapie. Gelingt die Ausheilung, ist das Problem bleibend beseitigt. Bereits länger bestehende Gallen älterer Pferde sprechen auf eine derartige Behandlung meist nicht mehr an und sollten am besten in Ruhe gelassen werden, solange sie nicht vermehrt warm sind und keine Schmerzen verursachen.

Treten Gallen nur vereinzelt an einem Bein auf, muß dieses besonders sorgfältig auf etwaige der Schwellung zugrunde liegende tiefer gehende Verletzungen untersucht werden, besonders dann, wenn die Schwellung heiß ist und das Pferd lahmt. In solchen Fällen sind Röntgenaufnahmen unerläßlich. Gallen entstehen oft plötzlich, wenn junge Pferde auf ungeeignetem, hartem oder unebenem Boden gearbeitet werden, sie sind dann häufig mit vermehrter Wärme und Bewegungsstörungen vergesellschaftet. Dies sollte man als Warnung vor unphysiologischer Beanspruchung eines unausgereiften Bewegungsapparates ansehen, damit es bei einer weiteren Belastung des Tieres nicht zu einer größeren Schädigung von Knochen und Gelenken kommt. Man gönnt dem Tier daher Ruhe, bis sich die Entzündungssymptome zurückgebildet haben und die Gelenke wieder normal aussehen.

# Verletzungen an Sehnen und Bändern

Bedingt durch die dynamischen Aktivitäten des Pferdes und den speziellen Aufbau seiner Beine haben Sehnen- und Bänderverletzungen bei ihm besondere Bedeutung. Sie können in jedem Einsatzbereich auftreten, sind aber bei Tieren besonders häufig, die in Rennen oder Springwettbewerben gehen.

Bänder und Sehnen unterscheiden sich zwar bezüglich Aufbau, Ansatz und Funktion voneinander, haben andererseits aber einige Gemeinsamkeiten, was ihre Stellung in der Anatomie und Physiologie der Extremitäten betrifft.

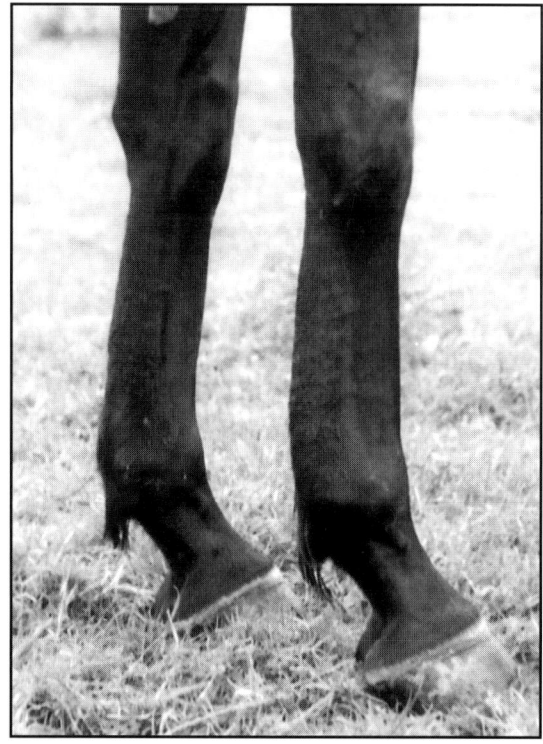

*Chronisch gewordene Verletzung der oberflächlichen Beugesehne rechts vorne. Beide Vorderbeine zeigen Narben nach dem Brennen, das heute als uneffektiv und tierquälerisch gilt.*

Eine **Sehne** ist die bindegewebige Verlängerung des fleischigen Teiles eines Muskels. Sie besteht aus zahlreichen faserförmigen Untereinheiten, ist sehr stabil und setzt direkt am Knochen an. Der Muskel, als oberer elastischer Teil der Kombination, verkürzt oder entspannt sich willkürlich, die dazugehörige Sehne ist vergleichsweise viel weniger dehnungsfähig und fast starr strukturiert. Muskeln und Sehnen bewegen den Körper als funktionelle Einheit, sie tragen das Körpergewicht und federn Dehnungen elastisch ab.

Ein **Band** verläuft im Unterschied zur Sehne zwischen zwei Fixpunkten, Ursprung und Ansatz liegen stets an Knochen. Es ist weniger elastisch als die Sehne.

Die vergleichsweise zarteren, elastischeren Muskelfasern sind für Überdehnungen wesentlich anfälliger als Sehnen. Da die festere Substanz der Sehnen andererseits weniger gut von Blutgefäßen versorgt wird, heilen Sehnenverletzungen langsamer, Sehnenschäden sind deshalb immer schwerwiegender als Muskelverletzungen.

Die Beugesehnen der Vorderbeine, im Bereich zwischen Vorderfußwurzel- und Fesselgelenk sind am häufigsten verletzt, aber auch die verschiedensten anderen anatomischen Teile können betroffen sein. Der Schweregrad der Verletzungen variiert, von geringfügigen Zerrungen bis zu Rissen einzelner Seh-

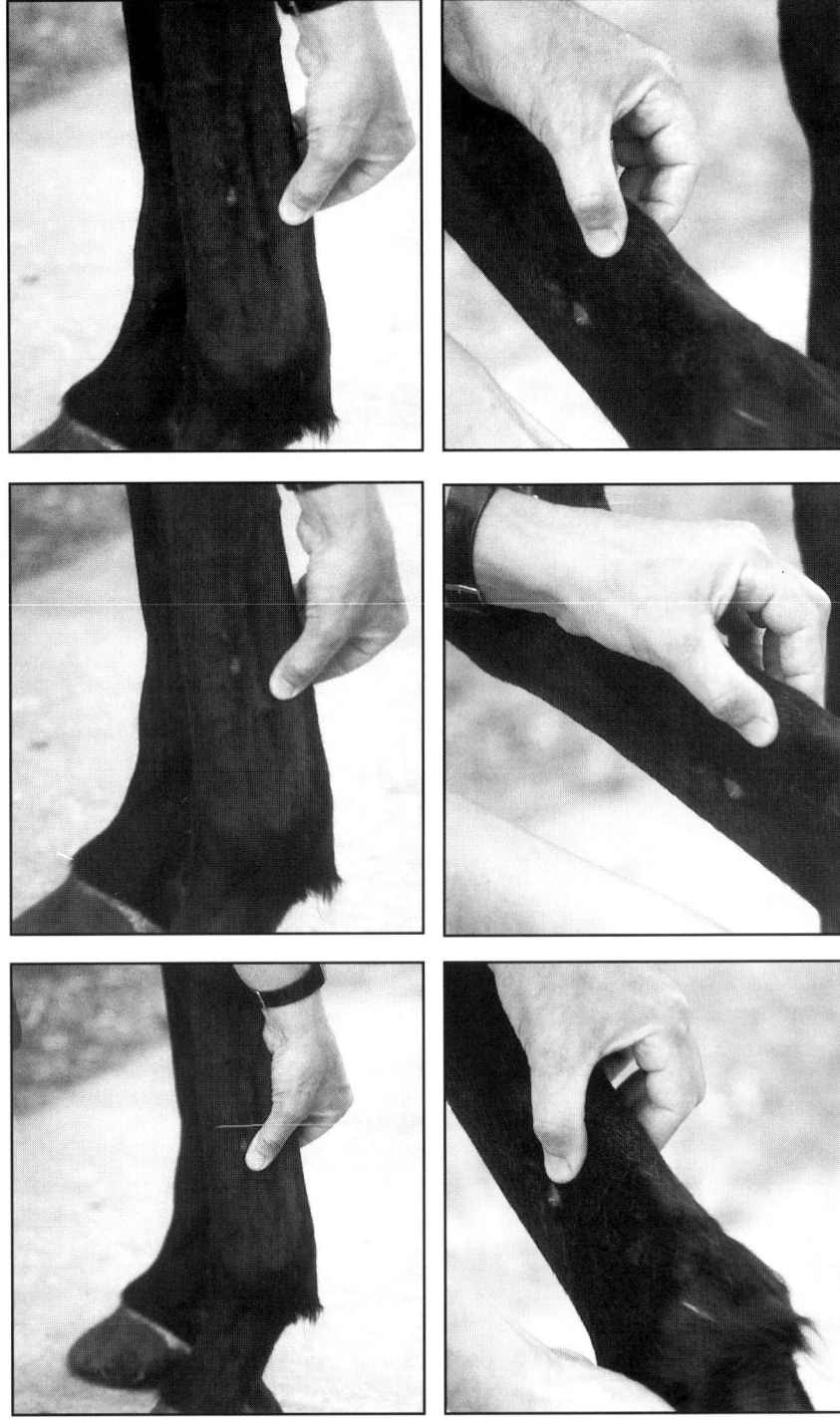

nenfasern, ja sogar ganzer Sehnen kommt alles vor. Der Fesselträger, der sogenannte *Musculus interosseus*, wird öfter verletzt als die Beugesehnen. Er verläuft entlang der Rückseite des Röhrbeins, zwischen diesem und der tiefen Beugesehne.

## Anatomie der Sehnen

Die Sehnen der oberflächlichen und tiefen Beugemuskeln sind mit die auffälligsten anatomischen Strukturen des Beinabschnitts.

Die **oberflächliche Beugesehne** beginnt oberhalb des Vorderfußwurzelgelenks, an dessen Rückseite sie sich mit einem fest-faserigen Unterstützungsband vereinigt. Eingehüllt in eine Sehnenscheide zieht sie dann abgeflacht, der tiefen Beugesehne halbmondförmig aufliegend, weiter entlang des Röhrbeins bis in die Fesselgelenkregion. Dort weitet sie sich zu einem Ring um die tiefe Beugesehne auf und spaltet sich unterhalb des Fesselkopfes in zwei Anteile, die hinten seitlich ansetzen.

Die **tiefe Beugesehne** zieht darunter in der Fesselsehnenscheide weiter, führt durch die entstehende Gabelung nach unten und setzt hinten-unten am Hufbein an. Knapp oberhalb dieser Ansatzstelle befindet sich das Strahlbein. Zwischen Knochen und Sehne liegt an dieser Stelle der Hufrollenschleimbeutel (*Bursa podotrochlearis*), ein Teil des Hufrollenmechanismus. Die tiefe Beugesehne beginnt ebenfalls oberhalb des Vorderfußwurzelgelenks, nimmt aber erst in der Mitte der Röhre mittels eines Unterstützungsbandes Verbindung zum Knochen auf. Wenn die Beugesehne stark gedehnt wird, übernimmt dieses Band einen Teil der Last und kann dabei verletzt werden.

Die beiden aufeinanderliegenden Beugesehnen sind normalerweise deutlich unter der Haut zu ertasten, allerdings ist es nicht immer leicht, sie voneinander abzugrenzen.

### Feinbau

Eine Sehne besteht aus längs angeordneten, dicht gepackten *Kollagenfaserbündeln*. Jede Faser ist der Länge nach leicht spiralig gewunden, was den Faserbündeln ein etwas gewelltes Aussehen gibt. Zwischen den Kollagenfasern liegen in Reihen angeordnete Bindegewebszellen (*Fibrozyten*), die zwar zur Synthese des Kollagens, aber nichts zur Zugfestigkeit des Sehnengewebes

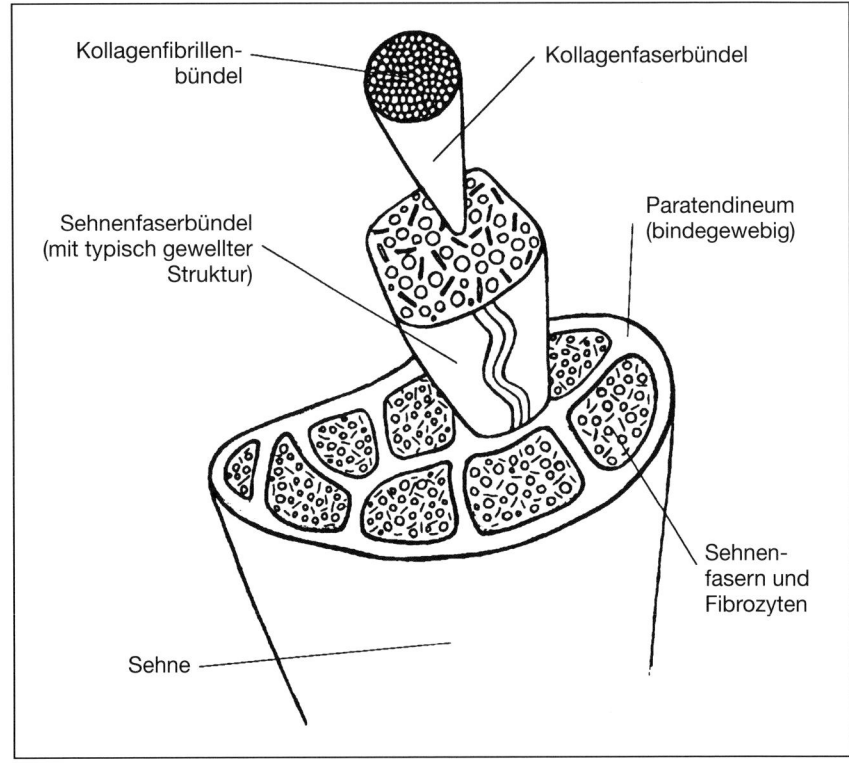

Kollagenfibrillen-
bündel

Kollagenfaserbündel

Sehnenfaserbündel
(mit typisch gewellter
Struktur)

Paratendineum
(bindegewebig)

Sehnen-
fasern und
Fibrozyten

Sehne

*Aufbau der Sehne*

beitragen. Jedes Kollagenbündel wird jeweils innerhalb von etwa sechs Monaten umgebaut und erneuert.

Zwischen den Faserbündeln befindet sich lockeres Bindegewebe (*Peritendineum*) mit Nerven, Blut- und Lymphgefäßen. Dieses umgibt die Sehne auch außen, teilweise als Sehnenscheide ausgebildet. Die Sehnenhüllen sind biegsam und elastisch, sie ermöglichen der Sehne ein freies Gleiten.

An Stellen, an denen Gefahr besteht, daß die längs verlaufende Sehne von der Unterlage abgleitet, sorgen darüberlaufende Ringbänder für ihre Stabilisierung.

Sehnen haben eine große Zugfestigkeit, sind aber wenig elastisch. Die gewellte Molekülstruktur glättet sich bereits bei geringer Dehnung (drei Prozent der Länge) und reißt bei größerer Beanspruchung (ab einer achtprozentigen Längenzunahme).

# Heilung von Sehnenverletzungen

Bei Sehnenfaserrissen kommt es zu einem Austritt von Blut und Serum in den entstandenen Wundspalt, ein Gerinnsel entsteht, wie auch bei jeder anderen Zusammenhangstrennung. In der Heilungsphase infiltrieren spezielle Zellen (*Fibroblasten*) und feinste Blutgefäße (*Kapillaren*) aus der Umgebung (*Peritendineum* und *Endotendineum*) das Gerinnsel, transportieren Trümmer ab und lagern neue Kollagenfasern an. Diese verlaufen zuerst ungeordnet und werden erst mit der beginnenden Belastung in die normale parallele Ausrichtung umgebaut, die wesentlich widerstandsfähiger ist.

Nach Verletzungen finden wir an der betreffenden Stelle für etwa 48 Stunden eine entzündliche Reaktion, diese wird gefolgt von einer Regenerationsphase, die drei bis vier Wochen andauert. Jetzt werden neue Fasern gebildet. Ebenso lange dauert danach der erste intensive Umbau in eine wieder belastbare Normalstruktur. Die verletzte Sehne hat nach eineinhalb bis zwei Monaten erst die Hälfte ihrer ursprünglichen Stärke wiedererlangt, bis zu ihrer völligen Wiederherstellung dauert es noch wesentlich länger.

Ein Pferd mit einer Sehnenverletzung sollte zumindest ein halbes Jahr ruhiggestellt werden.

Der strukturelle Umbau innerhalb der Sehne setzt sich während des Wiederantrainierens fort. Daher ist es wichtig, daß die Arbeit langsam beginnt und nur ganz allmählich über Monate hinweg zur vollen Intensität gesteigert wird. Die Aussicht auf ein möglichst folgenloses Ausheilen von Sehnenschäden steht in direkter Relation zum Verständnis und zur Geduld, die man in die Regenerationsphase investiert.

# Ursachen von Sehnenschäden

Für das Auftreten von Sehnenproblemen gibt es die vielfältigsten Gründe; einige davon seien hier aufgelistet:
- Intensives Training, wenn das Pferd nicht völlig fit ist; exzessive Steigerung des Trainingspensums.
- Verletzungen durch Arbeiten auf ungeeignetem Boden (zu hart, zu weich, löcherig, von wechselnder Konsistenz).
- Müdigkeit.
- Bei der Landung nach Tiefsprüngen.
- Ausgleiten.
- Anatomische Probleme: lange, weiche Fesselung, Rückbiegigkeit, ausgeschliffene Gelenke.
- Muskelverletzungen. Dadurch ist die Elastizität der Muskel-Sehnen-Kom-

bination beeinträchtigt, die Bewegung des betreffenden Beines wird verändert.

● Greifen, zu stramme Bandagen, Gamaschen.

## Symptome

Eine leichte Zerrung betrifft oft nur die oberflächliche Beugesehne, die daraufhin eine leichte Schwellung und vermehrte Wärme zeigt. Die Pferde lahmen meist nicht einmal, zeigen aber am aufgehobenen Bein über der Sehne eine gewisse Schmerzhaftigkeit auf leichten Druck mit den Fingerkuppen.

Man braucht Erfahrung, um dabei zwischen echten Schmerzäußerungen und Abwehrreaktionen zu unterscheiden, mit denen manche Tiere jede Manipulation beantworten.

Bei echten Schmerzen beschränken sich diese eng auf den betroffen, erwärmten Bereich. In Zweifelsfällen hilft oft ein Vergleich mit der Reaktion des gegenüberliegenden gesunden Beines.

Eine stärkere Überdehnung, bei der es bereits zum Riß einzelner Sehnenfasern gekommen ist, verursacht auch eine größere Anschwellung. Unter Umständen kommt es zur Bildung einer sogenannten Wade auf der gesamten Länge des Röhrbeins. Meist lahmen so betroffene Pferde schon im Schritt deutlich, die Sehne ist ausgeprägt druckempfindlich.

Bei einem vollständigen Sehnenriß steht der Fesselkopf bei Belastung unterhalb der Normalposition. Sind sowohl oberflächliche als auch tiefe Beugesehne durchtrennt, verliert die Fessel ihre Tragfähigkeit noch mehr, der Fesselkopf sinkt fast bis zum Boden herab (Niederbruch). Das Pferd leidet, die starken Schmerzen bewirken Schweißausbrüche und heftiges Atmen.

Jede Temperaturerhöhung im Bereich einer Sehne ist ein Warnsignal dafür, daß hier ein Problem, eine Schwäche vorliegt.

Verantwortungsbewußte Trainer kontrollieren die Beine ihrer Pferde täglich auf die ersten Anzeichen einer Verletzung, am besten einige Stunden nach dem Training, und behandeln Tiere, die eine erste Erwärmung aufweisen, besonders sorgfältig. Ernsthaftere Probleme kann man so kaum übersehen.

Heute ist es üblich, bei Weichteilverletzungen (Muskeln, Sehnen und Bänder) zur Diagnostik Ultraschallscanner einzusetzen. Diese Technik gibt wichtige zusätzliche Informationen über den Verletzungsumfang und hilft, die Heilungsfortschritte zu überwachen.

## Therapie

Die Heilung eines Sehnenschadens kann man in drei Phasen untergliedern:
● anfängliche Begrenzung der Entzündungssymptome,

● notwendige Ruhepause,

● langsame Wiederaufnahme der Arbeit.

Für den Erfolg der entsprechenden Therapie ist es wichtig, die jeweilige Phase zu beachten. Um diese Vorgänge genauer verstehen zu können, werden sie hier detailliert beschrieben.

Sehnenschäden sind dadurch charakterisiert, daß – bedingt durch die anatomische Konstruktion des Beines – die getrennten Strukturen im Stehen immer weiter auseinandergezogen werden. Deshalb ist anfänglich eine Unterstützung des verletzten Bereiches essentiell. Die Entzündung kann mittels verschiedener physikalischer und medikamentöser Maßnahmen gelindert werden: Kaltes Abspritzen und Eispackungen können angewendet werden, in schweren Fällen gibt man zusätzlich Entzündungshemmer. Die Anwendung von kortisonähnlichen Stoffen kann dagegen nicht empfohlen werden, da die Nebenwirkungen hierbei einer Ausheilung entgegenstehen.

Die anfängliche Entzündung sollte jedenfalls baldmöglichst eingedämmt werden, für welche Maßnahmen man sich im Einzelfall auch entscheiden mag.

Stützende **Bandagen** helfen in den ersten zwei bis drei Wochen, die Schwellung zu begrenzen. Verzichtet man zu früh auf diese Entlastung, kann sich das Problem verschlimmern. Wie konsequent in dieser Phase therapiert wird, bestimmt, wieviel Narbengewebe sich im verletzten Bereich bildet. So entscheidet sich letztlich, wie stark die Umfangsvermehrung der verletzten Sehne bleibt und wie belastbar sie wieder wird. Unterläßt man Stützmaßnahmen, fällt die Gewebereaktion viel stärker aus, die Chancen für einen Rückgang auf einen annähernd normalen Umfang verringern sich wesentlich. Der Natur ihren Lauf zu lassen ist also in diesem Fall nicht der beste Weg.

Beim Bandagieren ist es wichtig, den Druck der **gepolsterten** Bandage gleichmäßig zu verteilen und auch das Fesselgelenk mit einzubeziehen. Eine dicke Unterlage von Watte oder Zellstoff verhindert, daß es zu einer Abschnürung der Blutversorgung kommt. Das Material muß faltenlos angelegt werden, um Druckstellen zu vermeiden. Am besten bandagiert man auch das gesunde Bein, um es vor Überlastung zu schützen. Ein hinten keilförmig erhöhtes Eisen vermindert in den ersten Wochen die Belastung der Beugesehne. Zu Beginn der Behandlung verwenden einzelne Tierärzte auch Gipsverbände, um die Sehne zu entlasten, eine völlige Immobilisierung sollte allerdings nicht zu lange andauern. Zwei bis drei Tage nach der Verletzung könnte bereits mit dem therapeutischen Einsatz von Laser oder Ultraschall begonnen werden. Zu Beginn werden nur geringste Intensitäten verwendet, und die Behandlung bleibt auf die entfernteren Bereiche der verletzten Zone beschränkt, da sonst vermehrt Schmerzen auftreten können. Nach weiteren zwei bis drei Tagen verträgt das Gewebe bereits eine größere Intensität. Die entzündungshemmende Wirkung dieser Therapie trägt wesentlich zu einer optimalen Heilung ohne Verklebungen der Sehnen mit der Sehnenscheide bei. Zum korrekten Einsatz dieser Instrumente gehört allerdings die entsprechende Ausbildung und Erfahrung. Unsachgemäße Anwendung kann zu ernsthaften Problemen führen.

Gerade bei leichten Sehnenverletzungen entstehen die meisten Probleme dann, wenn ein Pferd zu früh wieder gearbeitet wird, bevor seine Sehne völlig ausgeheilt und voll belastbar ist. In der Folge kommt es zu größeren Schäden. Nach schweren Sehnenverletzungen bekommen Pferde nur mehr selten ihre volle Leistungsfähigkeit zurück. Daher sollte man jede auch noch so leichte Sehnenverletzung sehr ernst nehmen, einmal betroffenen Tieren in allen Stadien der Heilung viel Zeit lassen und sie ständig überwachen.

Nach drei bis vier Wochen kann das Pferd gut bandagiert einige Minuten geführt werden, die Zeit wird allmählich auf zweimal 30 Minuten täglich gesteigert. Leichte Bewegung unterstützt die Wiederherstellung der Sehnenstruktur. Wenn sich die Entzündungssymptome gänzlich zurückgebildet haben und das Pferd gerade geht, sollte es für mindestens sechs Monate auf die Weide entlassen werden, da eine Sehne so lange braucht, bis sie wieder annähernd voll belastbar ist.

Sehnenverletzungen gehen oft auf Muskelprobleme zurück. In solchen Fällen ist es essentiell, das ursprüngliche Problem zu behandeln, ehe das Pferd wieder in Arbeit genommen wird, da es sonst leicht zu einem Rückfall kommt.

Gute Resultate bei der Ausheilung von Sehnenverletzungen ergeben sich beim sachgerechten Einsatz physiotherapeutischer Maßnahmen.

Man sollte stets Wert darauf legen, zuerst die Ursachen des Problems herauszufinden und diese in Hinkunft zu vermeiden. Wenn man dabei alle Faktoren entsprechend beachtet, seien sie durch die Umgebung oder konstitutionell bedingt, können die meisten Pferde wieder problemlos eingesetzt werden.

Der Einsatz von Blistern (reizende Einreibungen) sowie das Brennen ist als fraglich anzusehen. Tierschutzaspekte sprechen dagegen, außerdem ist die Therapie neueren Erkenntnissen nach uneffektiv. Die Sehne benötigt zu ihrer Heilung einfach ausreichend Zeit, und eine langsame, kontrollierte Zunahme der Belastung trägt entscheidend zur Normalisierung ihrer inneren Struktur bei. Das Training muß anfänglich besonders sorgfältig und geduldig dosiert werden, mit wochenlangem Führen und Schrittgehen, bevor getrabt wird, und wochenlanger Trabarbeit, bevor mit dem Galoppieren begonnen wird. Im Idealfall soll bis zur Wiedereinführung schnellerer Gangarten eine Zeit von drei bis sechs Monaten verstreichen, anfängliche Geduld macht sich hierbei vielfach bezahlt.

Bevor ein Pferd wieder fit und voll einsatzfähig ist, finden zahlreiche be- **153** lastungsbedingte Umbauten und Anpassungen im Körper statt. Verständnis für diese Zusammenhänge hilft dabei, einem Pferd auch in der Rekonvaleszenzphase nach Verletzungen nicht zu schnell zu viel zuzumuten. Das Narbengewebe in der Sehne kann sich so ohne Überlastung reorganisieren, der anfänglich vermehrte Umfang bildet sich annähernd auf Normalmaß zurück. Ein hoher Prozentsatz der vernünftig geschonten Pferde wird wieder einsatzfähig und bleibt gesund. Andernfalls ist das Risiko eines neuerlichen Problems beträchtlich erhöht.

**Chirurgisches Vorgehen** bringt bei Sehnenproblemen statistisch gesehen kaum einen Vorteil gegenüber der konservativen Therapie. Jeder Eingriff erzeugt neue Gewebereaktionen und Narben, die es unwahrscheinlicher machen, daß das Gewebe seine ursprüngliche Festigkeit mit der Zeit wieder zurückgewinnen kann.

Die Meinungen über die beste Behandlung chronischer Sehnenprobleme bei Pferden gehen zwar etwas auseinander, aber die meisten tierärztlichen Universitäten haben die altertümliche und schmerzhafte Methode des Brennens und Blisterns für unsinnig erklärt. Kein Pferd sollte daher mehr gebrannt werden.

Verschiedene Medikamente werden mit wechselndem Erfolg zur lokalen Behandlung eingesetzt, zum Beispiel *Hyaluronsäure-Präparate* oder *Glycosaminoglycane*, die sich beide auch bei Gelenkproblemen gut bewährt haben. Für ihre Wirksamkeit bei Sehnenschäden steht der Beweis noch aus, speziell was die intramuskuläre Anwendung von Glycosaminoglycanen betrifft.

Äußerlich angewendetes *Dimethylsulfoxid* (DMSO) kann die anfänglichen Entzündungssymptome reduzieren helfen und beschleunigt den Abbau der Schwellungen.

Bei einer **kompletten Durchtrennung** einer oder beider Beugesehnen ist es manchmal sinnvoll, die Enden chirurgisch wieder anzunähern, um die Heilungsaussichten zu verbessern. In solchen Fällen kann auch die Implantation von Karbonfasern zur Stabilisierung beitragen. Durch eine konservative Therapie mit Stützverbänden für das gesunde und verletzte Bein, entsprechende Beschläge, schmerzlindernde Maßnahmen und genügend lange Schonung ist es oft möglich, solche Tiere für Zuchtzwecke zu retten, in manchen Fällen leiden sie aber auch nach einiger Zeit noch so, daß sie erlöst werden sollten.

## Verlagerung des Fersensehnenstranges

In diesem Fall ist nicht die Sehne selbst gerissen, sondern deren Befestigungsbänder an einer exponierten Körperstelle.

Die oberflächliche Beugesehne zieht am Hinterbein über den Sprunggelenk-höcker, mit dem sie beidseitig durch feste Bänder verbunden ist. Die Verletzung eines dieser Bänder führt zu einer Verlagerung der Sehne neben den Fersenhöcker, meist zur Mitte hin. Bei Rennpferden findet man diese Verletzung besonders häufig.

## Ursachen

Einige Pferde sind durch Gebäudeschwächen besonders anfällig, meist entsteht das ursächliche Trauma beim Stoppen aus vollem Galopp oder bei Jagdrennen.

## Symptome

Die Tiere lahmen deutlich, das Sprunggelenk wird leicht gebeugt gehalten und schwillt innerhalb weniger Stunden erheblich an. Anfänglich erkennt man noch den anormalen Verlauf der Sehne.

Wenn sich die Schwellung gebildet hat, ähnelt das Erscheinungsbild etwas dem einer Piephacke, erst nach deren Abklingen wird die Verlagerung der oberflächlichen Beugesehne wieder sichtbar. Verwechslungsgefahr besteht auch mit einer Ruptur der Achillessehne und anderen Verletzungen im Bereich des Sprunggelenkhöckers.

## Therapie

Manche Pferde erholen sich nach längeren Ruheperioden, die Verlagerung der Sehne kann aber jederzeit erneut eintreten. Folgeschäden sind nicht selten. Der Gang des Pferdes bleibt meist beeinträchtigt. Die operative Fixierung der Sehne in ihrer ursprünglichen Position wurde gelegentlich ebenfalls versucht, mit wechselndem Erfolg.

# Erkrankungen des Fesselträgers

Als *Desmitis* bezeichnet man die Entzündung eines Bandes. Wie bereits gesagt, unterscheiden sich Sehnen und Bänder dahingehend, daß Bänder keine Verbindung zu Muskeln haben, sondern direkt von Knochen zu Knochen ziehen. Der Fesselträger unterscheidet sich in seinem grundlegenden Aufbau etwas von anderen Bändern.

Er liegt als flaches elastisches Band zwischen dem Röhrbein und der tiefen Beugesehne. Mit etwa 25 mm Breite füllt er den Raum zwischen den seitlich liegenden Griffelbeinen aus. Er zieht von der Rückseite des Vorderfußwurzelgelenks auf der Hinterseite des Röhrbeins hinunter zum Fesselgelenk. Auf Höhe der Gleichbeine spaltet er zwei Teile ab, die nach vorne zur Strecksehne ziehen, der Hauptanteil ist an den Gleichbeinen selbst befestigt. Der Fesselträger stabilisiert das Fesselgelenk, er bildet gemeinsam mit der oberflächlichen und tiefen Beugesehne einen wichtigen Teil des Fesseltrageapparates und verhindert eine Überstreckung des Fesselgelenks. Wie alle anderen anatomischen Strukturen an der Hinterseite der Röhre ist er starken Dehnungen ausgesetzt.

Die Besonderheit des Fesselträgers ist seine Herkunft als Muskel, sein wissenschaftlicher Name ist *Musculus interosseus medius*. Er enthält noch muskulöse Anteile und ist daher wesentlich elastischer als andere Bänder.

Zusammen mit den Gleichbeinen trägt er in vielen Bewegungsphasen einen Großteil des Körpergewichts. Daher ist er besonders anfällig für Überdehnungsschäden, etwa beim zu tiefen Durchtreten der Fessel.

*Die Aufteilung des Fesselträgers (M. interosseus) und sein Ansatz an den Gleichbeinen. Die Pfeile markieren die am häufigsten verletzten Stellen.*

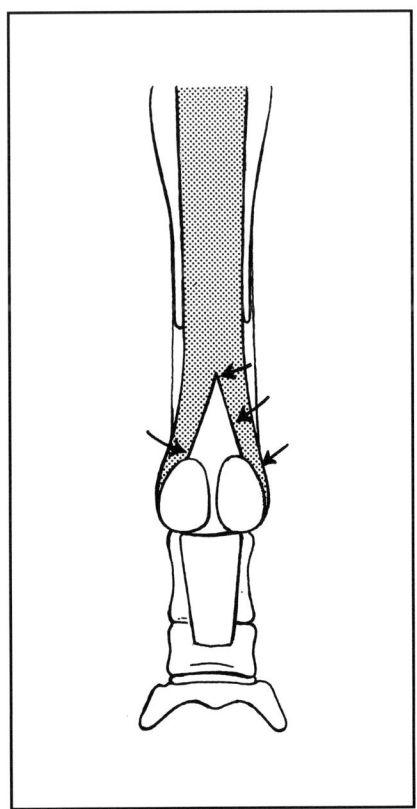

Primäre Verletzungen des Fesselträgers findet man meistens knapp oberhalb der Gleichbeine oder an der Aufspaltungsstelle im Übergang zwischen mittlerem und unterem Drittel des Röhrbeins. Diese Traumen unterscheiden sich in verschiedenen Punkten von solchen der Beugesehnen:

Der *M. interosseus* hat einen unterschiedlichen anatomischen Feinbau, seine mechanischen Funktionen sind andere, und daher verläuft auch die Gewebeheilung etwas anders.

## Ursachen

Verletzungen des Fesselträgers gehen meist auf eine Überdehnung bei einer Überstreckung des Fesselgelenks zurück. Äußere Umstände, die zu Traumen führen können, sind unebener oder harter Boden, als innere Ursache kann man eine starke Ermüdung des Pferdes aufführen, in allen diesen Situationen wird die Fessel in schnellen Gangarten tiefer zum Boden durchgetreten.

## Symptome

Die gesamte Sehnengegend ist angeschwollen, der *Interosseus* selbst ist druckschmerzhaft. Das Pferd geht lahm, im Trab mit verkürzten Schritten. Deutliche Hinweise auf das Problem erhalten wir durch die vermehrte Wärme und Umfangsvermehrung. Um die Verletzung von der anderer Strukturen auf der Beugeseite unterscheiden zu können, betastet man Sehnen und Interosseus sorgfältig, am besten am aufgehobenen Bein. Bei Verletzungen des Fesselträgers sind die äußeren Sehnen nicht geschwollen oder schmerzhaft, der Interosseus ist im Vergleich zu dem der gesunden Seite schwammig aufgetrieben. Verletzungen darf man keinesfalls mit Infektionen verwechseln, die ähnliche Schwellungen und Schmerzreaktionen auslösen können. Bei Verdacht auf eine Beteiligung der seitlichen Griffelbeine oder der Sesambeine im Fesselbereich, der Gleichbeine, werden Röntgenaufnahmen angefertigt. Durch eine Ultraschalluntersuchung erhält man genauere Aussagen über den Zustand von Bändern und Sehnen.

## Therapie

Die wichtigste Therapie besteht anfänglich aus entzündungshemmenden Maßnahmen und Stützverbänden. Nach zwei bis drei Tagen kann die Behandlung durch Laser- oder Ultraschalltherapie ergänzt werden, in unkomplizierten Fällen kann das Pferd innerhalb weniger Wochen bereits wieder im

Schritt geführt werden, volles Training ist im allgemeinen nach sechs bis zwölf Wochen wieder möglich, abhängig von der Schwere der Verletzung.

Fesselträgerverletzungen heilen anders als Beugesehnenverletzungen, weil das Gewebe schneller regeneriert. Durch die passive Rolle des Interosseus kommen auch stützende Maßnahmen für das Fesselgelenk besser zum Tragen. Diese sollen die verletzten Teile zusammenhalten und sind bei allen Verletzungen auf der Beugeseite des Beines notwendig. Physiotherapeutische Behandlung soll danach die natürlichen Heilungsvorgänge fördern und in Kombination mit geeignetem Training die ursprüngliche Belastbarkeit des verletzten Gewebes allmählich wiederherstellen.

## Zerrung des tiefen Unterstützungsbandes

Der Name dieses Elements beschreibt gleichzeitig seine wichtigste Funktion, es unterstützt die tiefe Beugesehne und stabilisiert sie in ihren Bewegungen gegenüber dem Röhrbein. Anders als andere Bänder zieht es also vom Knochen zu einer Sehne statt zu einem anderen Knochenansatz. Das *Ligamentum accessorium distalis* zieht von der Rückseite des Vorderfußwurzelgelenks zur tiefen Beugesehne, mit der es etwa in der Mitte des Röhrbeins zusammenläuft. Zusätzlich zu seiner Stabilisierungsfunktion ist es auch am Fesseltrageapparat beteiligt, ebenso wie das über dem Vorderfußwurzelgelenk liegende *Ligamentum accessorium proximalis,* das Verbindung zur oberflächlichen Beugesehne hat. Letzteres ist als Lahmheitsursache weniger von Bedeutung.

### Ursachen

Meist ist eine plötzliche Überstreckung des Vorderfußwurzelgelenks für Verletzungen verantwortlich.

### Symptome

Die entstehende Lahmheit ist selten auffällig, das Pferd entlastet das Bein etwas und verkürzt auf der betroffenen Seite den Raumgriff. Die Rückseite des Vorderfußwurzelgelenks ist leicht erwärmt und geschwollen, die Betastung des verletzten Bandes ist schmerzhaft.

### Therapie

Solange dem Pferd lange genug Ruhe gegönnt wird, bewährt sich wieder der Einsatz von Laser oder Ultraschall. Da der entsprechende Bereich bei jeder

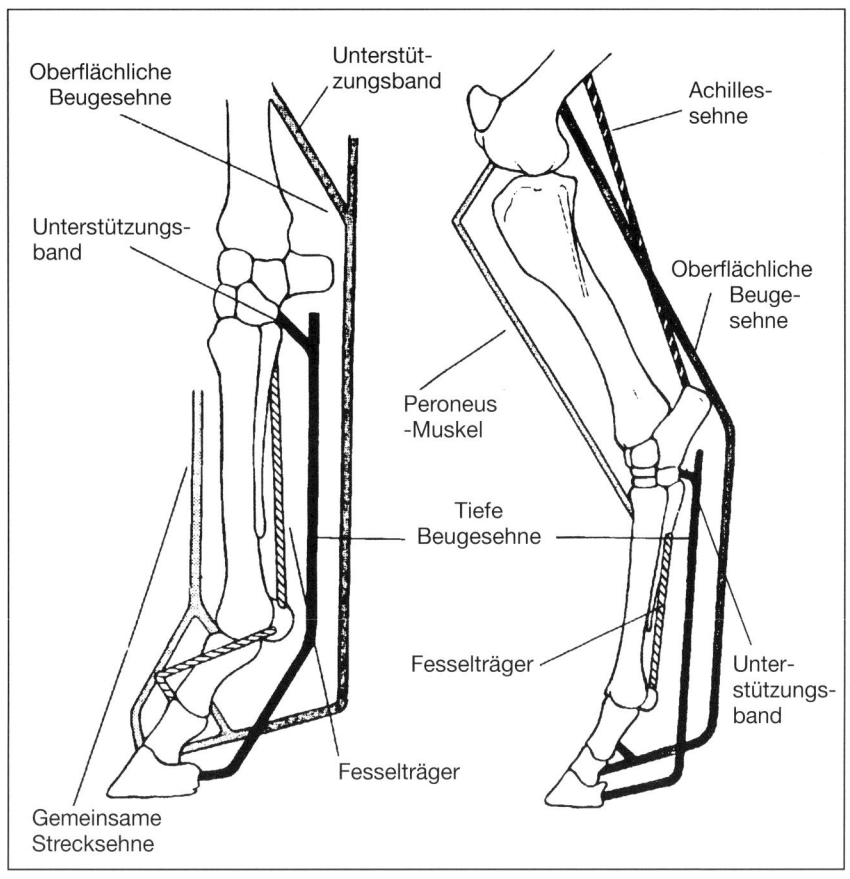

Oberflächliche
Beugesehne

Unterstüt-
zungsband

Achilles-
sehne

Unterstützungs-
band

Peroneus
-Muskel

Oberflächliche
Beuge-
sehne

Tiefe
Beugesehne

Fesselträger

Unter-
stützungs-
band

Fesselträger

Gemeinsame
Strecksehne

*Schematische Darstellung des Halteapparates am Vorderbein und am Hinterbein*

Bewegung belastet wird, ist es wichtig, das Pferd bis zum Verschwinden aller Symptome (Wärme, Druckempfindlichkeit) wirklich ruhigzustellen und nicht zu reiten. Nur so kann eine völlige Regeneration erreicht werden.

Stützverbände sind an dieser Stelle wenig wirkungsvoll, um so wichtiger ist Ruhe und ein langsamer, kontrollierter Trainingsbeginn.

## Hasenhacke

Der deutsche Ausdruck stammt aus der Reitersprache; zum Verständnis der dieser Erscheinung zugrunde liegenden anatomischen Veränderungen bedarf es einiger Erläuterungen.

Eine Hasenhacke entsteht bei einer Überdehnung des Bandes, das rücksei-

*Eine Hasenhacke als Ausbuchtung der geraden hinteren Kontur zwischen Sprunggelenk und Fesselkopf*

*Ein stark gewinkeltes Sprunggelenk mit einer Tendenz zur Hasenhacke (links). Nahaufnahme einer Sprunggelenkauftreibung, diese wird noch als Hasenhacke bezeichnet, obwohl sie etwas höher liegt als üblich (rechts).*

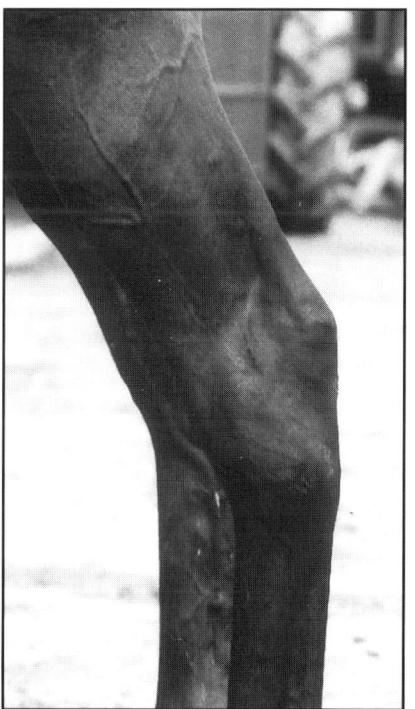

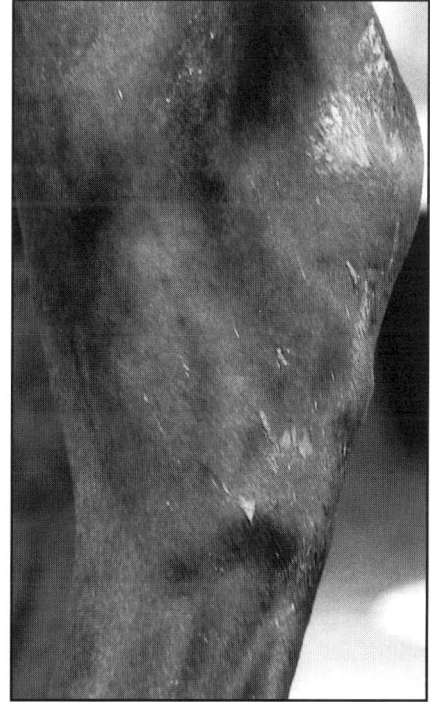

tig einen Knochen des Sprunggelenks mit dem Röhrbein verbindet. Jede Ausbuchtung der geraden Linie zwischen dem Sprunggelenk und dem Fesselkopf, die im oberen Bereich liegt, fällt unter diese Definition, wenn auch nicht immer ganz zu Recht.

In vielen Fällen kommt es hier nach einer Bänderzerrung zu knöchernen Zubildungen, wodurch dieser Schönheitsfehler dauerhaft wird.

## Ursachen

Eine Hasenhacke kann als Folge einer Überdehnung des Sprunggelenks während der Belastungsphase entstehen. Pferde mit Fehlstellungen wie Säbelbeinigkeit oder Kuhhessigkeit sind prädisponiert dafür, aber auch unkonditionierte Pferde erkranken leicht daran, wenn sie zu früh durch hartes Training oder übertriebenes Springen beansprucht werden.

## Symptome

Von der Seite erkennt man die veränderte Kontur des Beines am besten. Die Veränderung darf nicht mit einer Vergrößerung des Griffelbeinköpfchens verwechselt werden. Diese liegt mehr seitlich oder mit einer Ausweitung der Gelenkkapsel und ist eindrückbar. Beide Zubildungen bezeichnet man gelegentlich auch als falsche Hasenhacke. Die charakteristische Schwellung bildet sich auf der hinteren Mittellinie im Übergangsbereich zwischen Sprunggelenk und Röhrbein. Anfänglich ist das Band wärmer und schmerzhaft, diese Entzündungssymptome verschwinden jedoch schnell wieder. Während der Entstehungsphase der Zubildung kann es kurzzeitig zu einer leichten Lahmheit kommen. In der Folge bilden sich im Bandbereich knöcherne Zubildungen, die besonders bei schwachen Gelenken immer größer werden, da diese ständig weiter überlastet werden.

## Therapie

Oft ist bei Hasenhacke keinerlei Behandlung erforderlich, diese wird allerdings von den Besitzern oft gewünscht, da die Veränderung als beträchtlicher Schönheitsfehler gilt. Erste Schwellungen sprechen gelegentlich noch gut auf Ultraschall- oder Lasertherapie an, das Sprunggelenk des Pferdes sollte so lange nicht stärker beansprucht werden, bis die letzten Entzündungssymptome wieder verschwunden sind. Größere Anschwellungen, besonders bei Tieren mit Exterieurmängeln oder wenn bereits eine Knochenzubildung vorliegt, sprechen nicht mehr auf eine Therapie an. Solange das Pferd nicht lahmt, ignoriert man das Problem am besten einfach.

Es gibt acht verschiedene Gleichbeinbänder. Sie sind typische Bänder, die zwischen Knochen verlaufen, als neuntes und untypisches könnte man den *Musculus interosseus* ansehen. Sie bilden zusammen einen Teil des Fesseltrageapparates.

## Definition

Die Gleichbeinbänder verbinden die Gleichbeine jedes Fesselgelenks, die zwei dreiseitigen Pyramiden ähneln, mit dem Fesselbein. Verletzungen führen zu Schwellungen im Bereich des Fesselgelenks und der Fesselbeuge sowie zu Lahmheiten.

## Ursachen

Dem Problem liegt meistens eine vorhergehende Überdehnung des Fesselgelenks zugrunde oder aber direkte traumatische Ursachen.

*Schema der Fessel mit Gleichbeinen und Gleichbeinbändern (schwarz)*

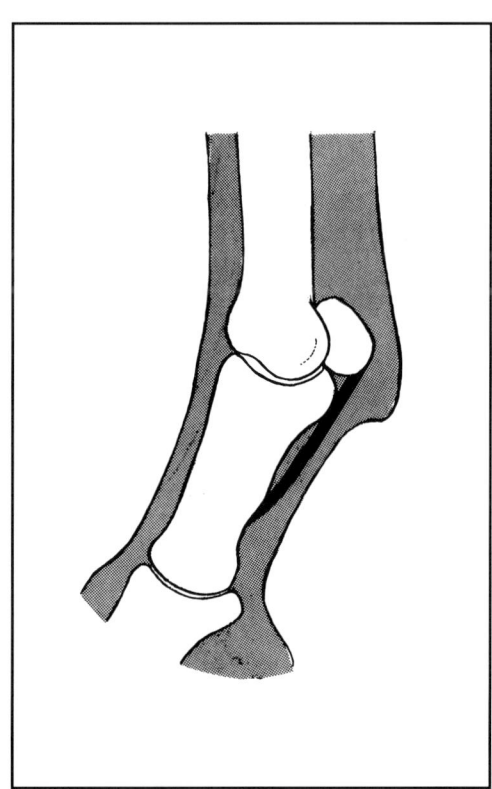

Die sichtbaren Anzeichen sind erhöhte Temperatur des Gebiets, Schmerzen und Schwellungen, obwohl letztere, bedingt durch die feste Struktur dieses Bereichs, recht begrenzt sind. Um die Diagnose zu bestätigen und Knochenverletzungen auszuschließen, sind Röntgenaufnahmen zweckmäßig.

## Therapie

Auch bei diesem Verletzungstyp bewähren sich Ultraschall und Laser wieder. Zusätzlich sollte ein Stützverband die Belastung der Region verringern helfen, und das Pferd muß ruhiggestellt werden, bis der Heilungsprozeß abgeschlossen ist. Wenn die Umbauphase nicht ungestört abläuft, kommt es leicht zur Bildung knöcherner Auflagerungen. Das kann später die Beweglichkeit des Fesselgelenks beeinträchtigen und Lahmheiten verursachen.

# Verengung des Fesselringbandes

Wichtige gelenknahe Strukturen, die bei Bewegungen stark belastet werden, wie die Sehnen bei Fessel, Karpus und Sprunggelenk, werden durch Ringbänder stabilisiert.

## Definition

Das Ringband der Fessel umgibt das Gelenk und hält dabei die oberflächliche und tiefe Beugesehne in ihrer Position, von denen die erste in diesem Abschnitt die zweite manschettenartig umschließt. Relative Verengungen des Bandes führen zu einer charakteristischen Einschnürung, die sich an der hinteren Kontur des Fesselkopfes abzeichnet. Diese Verengung beeinträchtigt die Beweglichkeit.

## Ursachen

Verletzungen jeder Art im Bereich des Fesselgelenks, die zu Umfangsvermehrungen führen, sind die wahrscheinlichsten Auslöser für dieses Problem.

## Symptome

Die Einschnürung durch das Ringband tritt oft sekundär auf, beispielsweise nach schweren Verstauchungen des Fesselgelenks oder nach nicht folgenlo-

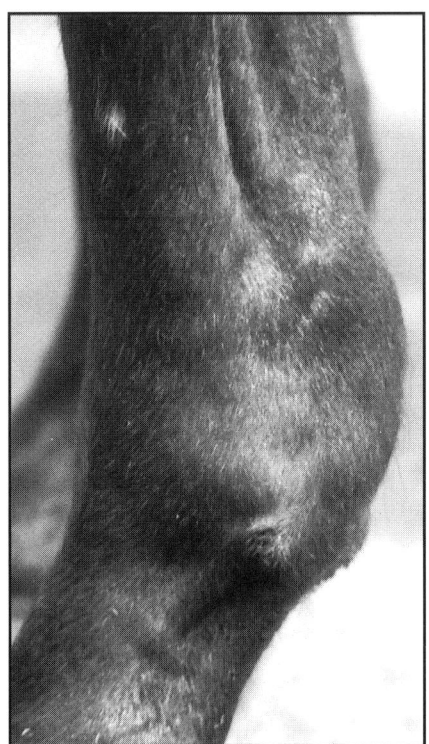 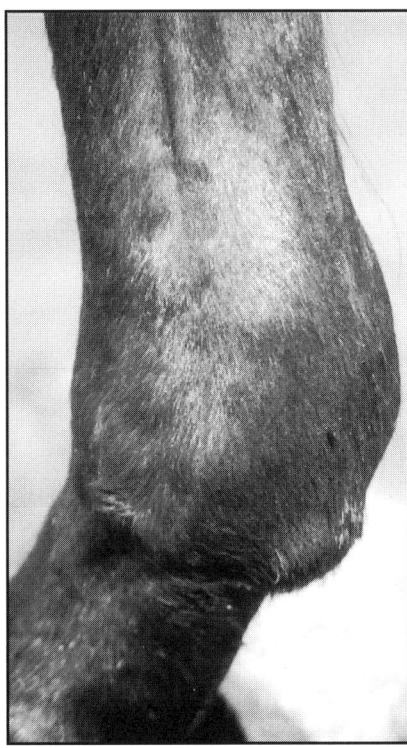

*Umfangsvermehrungen der Fesselringbandregion, die auf den Aufnahmen von der Seite (links) und von schräg-hinten sichtbar sind, lassen auf einen früheren Riß des Bandes schließen.*

ser Ausheilung von Schäden an den Beugesehnen. Gleichzeitig können erschwerend Verklebungen oder Verwachsungen mit anderen Strukturen in diesem Gebiet vorliegen, beispielsweise mit den Sehnen.

## Therapie

Konservative Behandlungsmethoden sind bei dieser Erkrankung uneffektiv, eine chirurgische Durchtrennung und damit eine Erweiterung des Bandes kann die geschädigte Fessel in manchen Fällen wirkungsvoll entlasten.

Am besten ist es, dem Auftreten des Ringbandsyndroms vorzubeugen, indem von vornherein die zugrundeliegenden Sehnen- oder Gelenkverletzungen besonders sorgfältig therapiert werden.

Als Syndrom bezeichnen wir es, wenn verschiedene gemeinsam auftretende Symptome auf die gleiche Ursache zurückzuführen sind. Für nicht genau definierte Probleme, für die es noch keine präzise Diagnose gibt, wird der Ausdruck gelegentlich ebenfalls verwendet.

## Ursachen

Das Karpaltunnelsyndrom entwickelt sich im hinteren Bereich des Vorder-fußwurzelgelenks nach diversen Verletzungen.

## Symptome

Die über den Sehnen liegenden Bänder schnüren diese ein, begleitend liegt oft eine Entzündung der Karpalsehnenscheide vor.

*Links: Der Finger deutet auf den hinteren Sprunggelenksbereich.*
*Rechts: Temperaturkontrolle an den Beugesehnenscheiden*

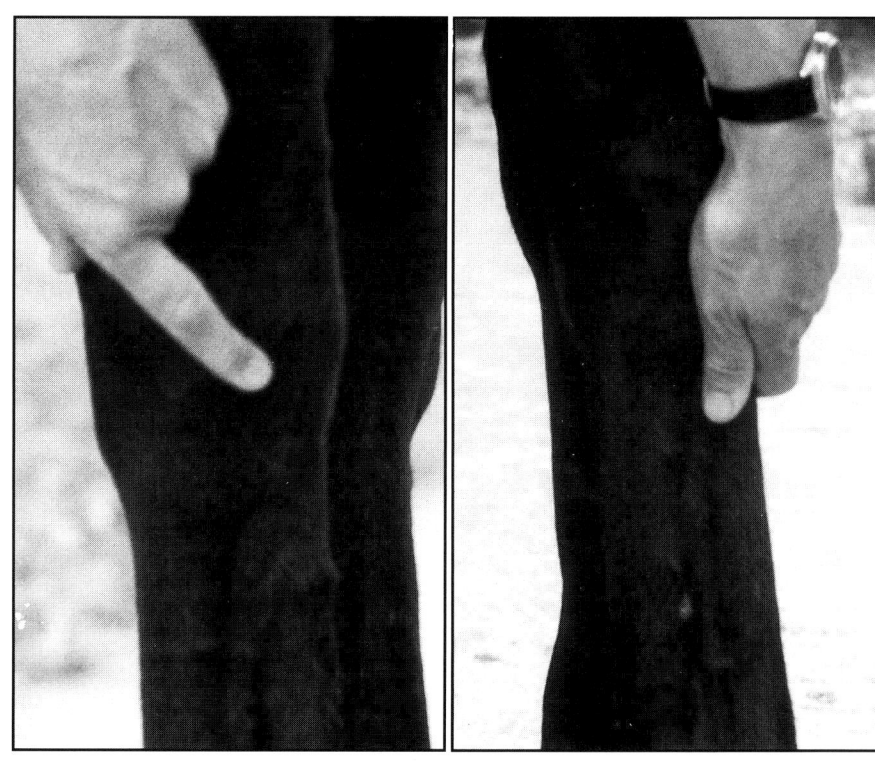

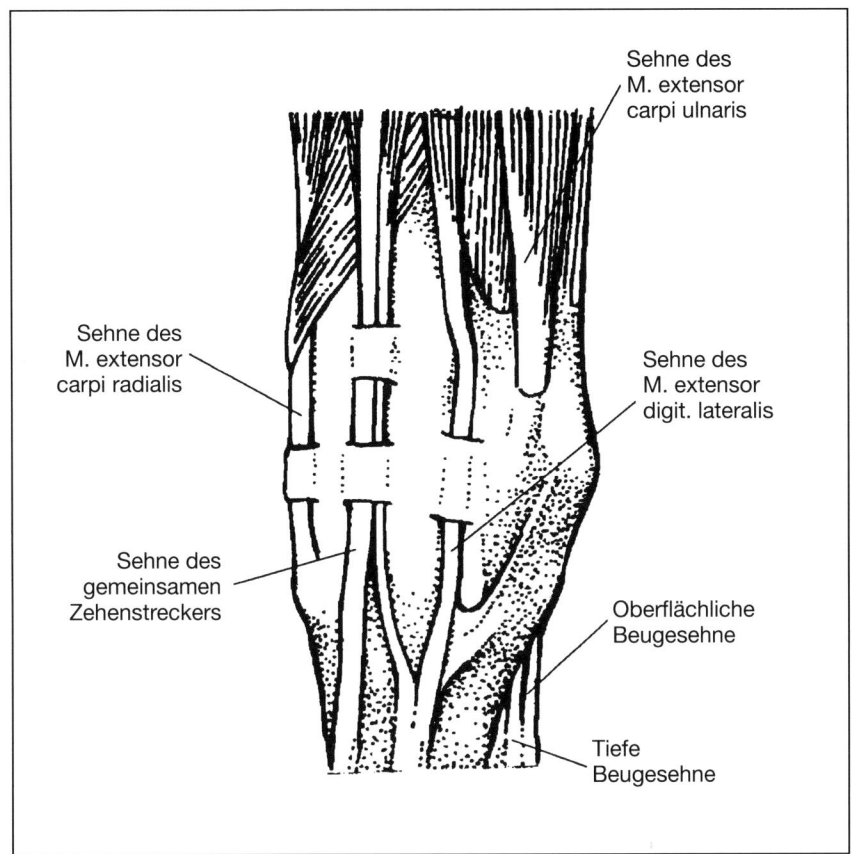

*Vorderfußwurzelgelenk in Seitenansicht mit den wichtigsten Sehnen und Bändern*

Durch die Verengung können Teile des mehrstufigen Gelenks in einer leichten Beugestellung fixiert werden. In den Anfangsstadien fühlt sich die betroffene Zone wärmer an. Die Gliedmaße kann nur mehr eingeschränkt vorgeführt werden, und eine volle Streckung ist nicht mehr möglich, so daß die Aktion des Pferdes verkürzt erscheint.

## Therapie

Bei Pferden tritt das Karpaltunnelsyndrom nicht allzu häufig auf. Eine wirkliche Besserung kann meist nur durch chirurgische Maßnahmen erreicht werden, eine teilweise Durchtrennung der einengenden Bänder befreit die darunter hindurchziehenden Sehnen vom fortwährenden schädigenden Druck.

# Gelenkerkrankungen

Gelenkerkrankungen bilden aus verschiedenen Gründen eine häufige Lahmheitsursache.

## Anatomie der Gelenke

Alle Gelenke sind vom Prinzip her gleich aufgebaut. Da die Körperaktivitäten in einzelnen Bereichen eine unterschiedliche Beweglichkeit erfordern, gibt es allerdings gewisse Unterschiede in ihren anatomisch-mechanischen Details.

Die Enden der langen Röhrenknochen sind besonders dicht strukturiert, wodurch sie den axialen Kompressionskräften besser widerstehen können, die im Gelenkbereich teilweise absorbiert werden. Die Gelenkfläche eines Knochens, an der er mit dem benachbarten Knochen zusammentrifft, ist von Gelenkknorpel überzogen, der elastischer als der Knochen selbst ist. Er dient zum Schutz der Knochenenden und verringert die Gefahr von Absplitterungen. Der Knorpel selbst hat keine Nerven- und Gefäßversorgung, seine

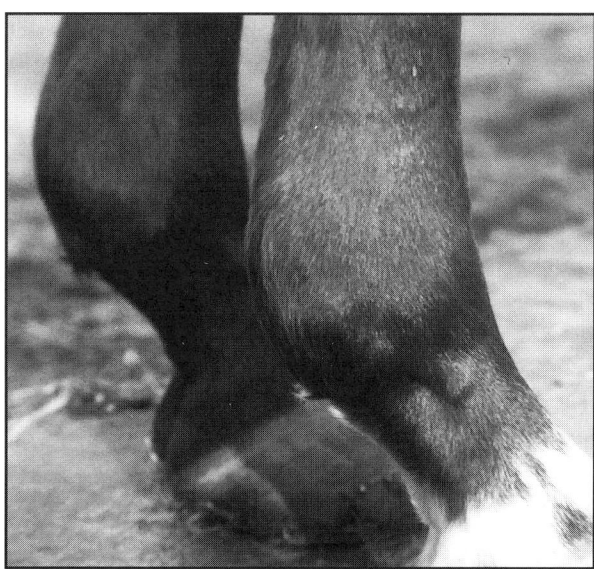

*Durch knöcherne Zubildungen sind die Einzelheiten dieses Fesselgelenks nicht mehr klar erkennbar, eine degenerative Gelenkerkrankung liegt vor.*

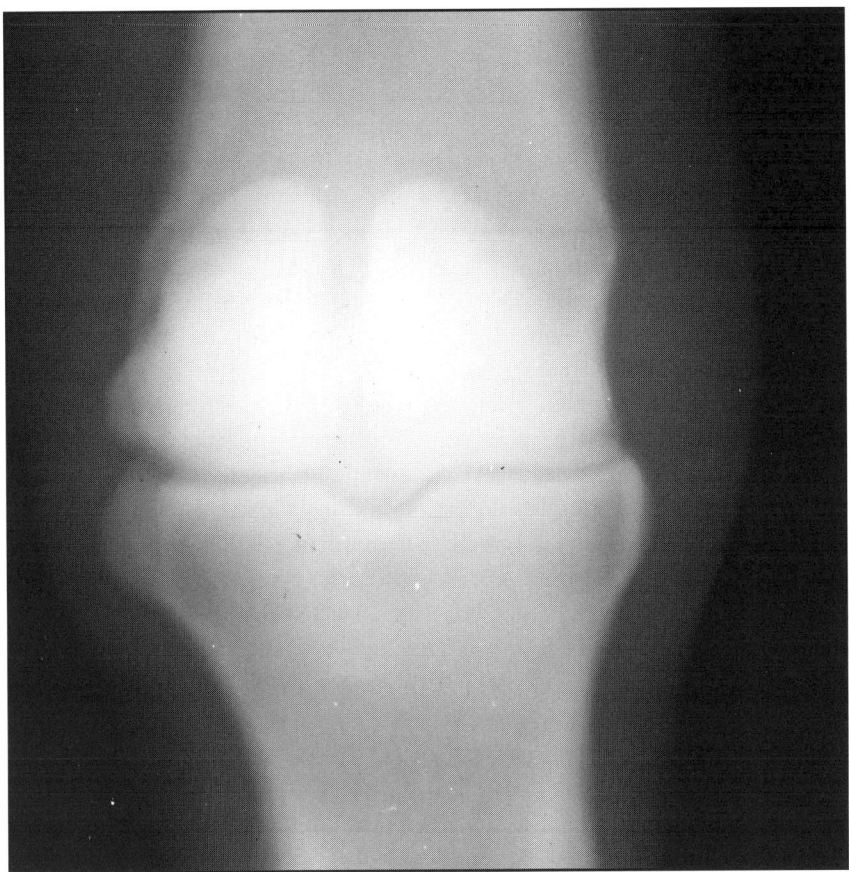

*Röntgenaufnahme des Fesselgelenks eines Pferdes mit chronischen Gelenkproblemen. Der verschmälerte Gelenkspalt deutet auf eine degenerative Erkrankung hin.*

Ernährung erfolgt ausschließlich durch die in der Gelenkkapsel eingeschlossene Gelenkflüssigkeit, die *Synovia*. Daher ist seine Regenerationsfähigkeit recht beschränkt und nimmt lange Zeit in Anspruch. Eine krankhafte Veränderung der Synovia führt zu Mängeln in der Versorgung des Knorpels und damit zu einer *Knorpeldegeneration*.

Die Gelenkflüssigkeit wird von der inneren Auskleidung der Gelenkkapsel produziert, die deshalb *Synovialmembran* genannt wird. *Synovia* ähnelt in der Zusammensetzung dem Blutplasma, sie enthält außerdem noch *Hyaluronsäure*.

Diese Hyaluronsäuremoleküle sind groß, sie machen die Synovia viskös, ohne sie hätte die eiklarartig leicht zähflüssige Gelenkflüssigkeit nur mehr wässrige Konsistenz und könnte ihre Funktionen im Gelenk nicht mehr erfüllen. Sie dient, wie gesagt, dazu, den Knorpel gleitfähig zu halten, zu schützen und zu ernähren. Gelenkkapsel und Synovialmembran sind reich mit Nerven und Gefäßen versorgt, jede Verletzung dieser Strukturen löst daher Schmerzen aus.

Auslöser sind dabei entweder direkte Verletzungen oder Überdehnungen durch Reizungen, die eine exzessive Produktion von Gelenkflüssigkeit bewirken. Dieser Schmerz äußert sich in Widerstand gegenüber passiven Bewegungen und in Lahmheiten, gleichzeitig kann man äußerlich oft Entzündungssymptome wie vermehrte Wärme und Schwellungen feststellen.

Die Gelenkkapsel umschließt das Gelenk, sie setzt an den beteiligten Knochen gelenknah an der Beinhaut an, dem *Periost*. Bei Verletzungen ist diese Befestigung nicht selten betroffen. Die meisten Gelenke erhalten durch Seitenbänder oder auch, wie im Schultergelenk, durch Muskeln zusätzliche Stabilität. Werden Gelenkkapsel oder Bänder verletzt, besteht in deren gereiztem Ansatzbereich an der Beinhaut die Gefahr einer *Exostosenbildung*. Solche knöchernen Zubildungen können die Bewegungen des Pferdes beeinträchtigen, wenn sie mit anderen Strukturen in Konflikt geraten. Aus diesen Fakten ergibt sich das richtige Vorgehen bei Gelenkverletzungen:

- Eine **genaue Diagnose**; wenn notwendig, werden Röntgenaufnahmen angefertigt.
- Die **Ruhigstellung** des traumatisierten Gelenks mit weitestmöglicher Annäherung getrennter Gewebe.
- Die bestmögliche **Unterstützung der natürlichen Heilungsvorgänge**.

Vernachlässigt man auch nur einen dieser Punkte, steigt das Risiko, daß das Gelenk chronisch verändert wird und es dadurch zu irreversiblen Schäden kommt.


# Verstauchungen und Zerrungen

Diese Schäden gehören zu den primären Gelenkverletzungen. Ein Gelenk kann nur dann korrekt funktionieren, wenn seine normale anatomische Struktur noch intakt ist. Verletzungen heilen nur dann spontan aus, wenn ständige Bewegungen dieses Bereichs das nicht verhindern.

### Definition

Unter einem primären Gelenktrauma versteht man eine durch äußere Einflüsse eingetretene Verletzung des Gelenks selbst oder der unmittelbar damit zusammenhängenden Gebilde, wie der Gelenkkapsel oder der Seitenbänder.

Die Umstände, unter denen es zu Zerrungen und Verstauchungen kommt, sind folgende:

- Schnelle Arbeit auf unebenem Boden, besonders wenn das Pferd dabei in ein Loch tritt.
- Schiefes Auftreten bei Stellungsfehlern oder schlechtem Beschlag.
- Ein plötzliches seitwärtiges Ausbalancieren, beispielsweise dann, wenn ein Pferd im Verlauf eines Rennens von einem anderen angerempelt wird.
- Schlechte Bodenverhältnisse an der Landungsstelle nach einem Sprung.
- Längeres Traben entlang einer Böschung oder auch schiefgelaufene Eisen.

## Symptome

Üblicherweise ist das betroffene Gelenk warm und geschwollen, bei der Betastung am aufgehobenen Bein zeigt das Pferd Schmerzreaktionen und wehrt sich gegen den Versuch, das Gelenk mit der Hand passiv zu bewegen. Es lahmt beim Vortraben. Wenn über den Grad der Schädigung Zweifel bestehen, sind Röntgenaufnahmen zur Abklärung essentiell. In vielen Fällen wird man schon deshalb sofort zur Röntgenuntersuchung übergehen, weil unmittelbar nach dem Unfall gezeigte starke Schmerzen und die bei einer flüchtigen Untersuchung bereits erkennbaren Schäden dies dringend geraten erscheinen lassen.

Durch Verletzungen der Seitenbänder kann das Gelenk seine seitliche Stabilität verlieren. Wird es in solchen Fällen nicht unverzüglich mittels entsprechender Stützverbände immobilisiert, besteht die Gefahr einer Verschiebung oder sogar einer Auskugelung.

## Therapie

Grundsätzlich wird ein verletztes Gelenk sofort ruhiggestellt (Verband), bei Bedarf werden schmerzlindernde Medikamente gegeben, das Pferd erhält Boxenruhe. Geeignete physikalische Maßnahmen, wie beispielsweise auch Ultraschall oder Laser, helfen bei der Beschleunigung der natürlichen Heilungsvorgänge. Als erste Hilfe kann Kälteanwendung (Wasser oder Eis) die entstehenden Entzündungssymptome eindämmen.

Im allgemeinen heilen verletzte Gewebe komplikationslos ab, wenn die Teile in Normalposition fixiert werden und in den ersten Tagen jede Bewegung der verletzten Strukturen verhindert wird.

Abhängig vom Grad der Schädigung mag es in manchen Fällen förderlich sein, das Tier bereits früh kontrolliert leicht zu bewegen, in anderen ist eine komplette Ruhigstellung über längere Zeit nötig. Die Schmerzreaktion des Pferdes gibt uns dabei meist gewisse Richtlinien.

Jedes Pferd, dessen Lahmheit sich bei kurzem Schrittführen bessert, wird durch diese kontrollierte Bewegung kaum Schaden erleiden. Ist das jedoch nicht der Fall, müssen eventuell noch genauere Untersuchungen durchgeführt werden. Keinesfalls darf man ein lahmes Pferd zum Gehen veranlassen, ehe nicht das volle Ausmaß des Schadens bekannt ist. Zum Einsatz von Entzündungshemmern wird man sich nur dann entschließen, wenn eine Schmerzlinderung unerläßlich erscheint. Schließlich dient der Schmerz als körpereigenes Warnsystem und verhindert, daß verletzte Teile unnötig belastet und damit die Schäden noch vergrößert werden.

# Degenerative Gelenkerkrankungen

Der Fachmann beschreibt damit degenerative Veränderungen am Knorpel und auch an Knochen und Gelenkkapsel, die zur Ablösung kleiner Teile führen können.

### Definition

Die Knorpeldegeneration bei dieser Erkrankung entsteht möglicherweise als Folge einer veränderten Gelenkflüssigkeit. Diese resultiert ihrerseits aus einer Entzündung der Synovialmembran selbst oder der Gelenkkapsel. Dabei werden *Proteoglycane* frei. Das sind Abbauprodukte des Knorpels, sie unterhalten die entzündlichen Reaktionen dann immer weiter. Im späteren Verlauf kommt es auch zu Knochenschäden.

### Ursachen

Die wahrscheinlichste Ursache sind direkte Gelenkverletzungen. Gebäudefehler oder exzessive Erschütterungen können ebenfalls eine Rolle bei der Entstehung spielen.

*Osteoarthritiden* sehen wir meistens bei älteren Pferden, obwohl auch jüngere daran erkranken können, speziell junge Rennpferde sind nicht selten davon betroffen. Die Veränderungen sind irreversibel und verschlechtern sich kontinuierlich, wenn der Prozeß erst einmal begonnen hat. Am häufigsten findet man degenerative Erkrankungen im Karpalgelenk von Rennpferden, da bei ihnen dieses Gelenk bei schneller Arbeit überdurchschnittlich belastet wird. Generell treten Osteoarthritiden häufiger im unteren Beinbereich auf als oberhalb von Vorderfußwurzel- oder Sprunggelenk. Das könnte darauf hin- weisen, daß bei ihrer Entstehung ständige Prellungen zumindest mit beteiligt sind.

## Symptome

Meist kommt es zur Vergrößerung der Gelenkkapsel, die vermehrt mit Synovia gefüllt ist. Chronische Veränderungen schränken die Beweglichkeit ein, die Pferde reagieren dann im allgemeinen auf Beugeproben mit einer verstärkten Lahmheit.

Äußerlich sichtbare Zeichen sind, wie gesagt, eine vermehrte Kapselfüllung, aber in schwereren Fällen findet man auch Knochenzubildungen oder Entzündungswärme. Die vermehrte Wärme kann, ebenso wie die Schmerzen, nach einer Ruheperiode verschwunden sein, die Tiere beginnen aber wieder zu lahmen, wenn sie erneut gearbeitet werden. Die Symptome werden meist besonders deutlich, wenn das Pferd kürzere Zeit scharf antrainiert, dann einige Zeit stehen gelassen und anschließend erneut gearbeitet wird.

Untersucht man ein Pferd, das bereits sichtbar veränderte Gelenke hat, ist es besonders wichtig, jedes auffällige Gelenk ausführlich durchzuuntersuchen, bevor man es für funktionstüchtig erklärt. Unter Umständen sind sogar Röntgenaufnahmen notwendig, um sich eine fundierte Meinung bilden zu können.

Zu Beginn einer Gelenkerkrankung müssen nicht in jedem Fall bereits röntgenologisch sichtbare Veränderungen vorliegen. Zuerst sind die Hauptindikatoren klinische Entzündungszeichen wie Wärme, sichtbare oder ertastbare Schwellungen und Schmerzäußerungen bei passiver Bewegung.

Es gibt auch Fälle, bei denen zwar schon eine Lahmheit auftritt, das Gelenk aber noch normal beweglich ist.

Die angesprochenen röntgenologischen Veränderungen umfassen einen verschmälerten Gelenkzwischenraum, da der im Röntgen normalerweise unsichtbare Knorpel nicht mehr im Originalzustand vorliegt, Schädigung der Struktur des gelenknahen Knochens und Exostosenbildungen (Knochenzubildungen) im Randbereich der Gelenkfläche.

## Therapie

Zuerst sollten die zugrundeliegenden Ursachen abgestellt, beispielsweise Stellungsanomalien durch einen Korrekturbeschlag weitestmöglich behoben werden. Wichtig ist ebenfalls, daß jede Gelenkverletzung schnell und ausreichend therapiert wird, um so die Gefahr zu minimieren, daß aus akuten Schäden chronische Probleme werden. Der Einsatz von Laser und Ultraschall

**172** kann meist die vollständige Ausheilung fördern, vorausgesetzt daß das Pferd erst dann wieder zur Arbeit herangezogen wird, wenn das Gewebe völlig regeneriert ist. Diese sehr effektiven Therapien bergen allerdings ein gewisses Risiko in sich:

Durch den schnellen Abbau der Entzündungssymptome erscheint die Heilung funktionell fortgeschrittener, als sie es in Wirklichkeit strukturell ist. Deshalb ist es sehr wichtig, daß die Pferde strikte Boxenruhe erhalten und nur kontrolliert und schonend gearbeitet, besser nur geführt werden, zumindest solange im betroffenen Bereich noch eine leichte Wärmeentwicklung spürbar ist.

In chronischen Fällen sind die eingetretenen Veränderungen im allgemeinen irreversibel, im günstigsten Fall werden die verschiedenen Therapien immer wieder für eine Reduktion der Entzündungssymptome sorgen, akute Schmerzen lindern und das betroffene Tier so beschränkt einsatzfähig erhalten.

Besonders die diversen physikalischen Behandlungsmaßnahmen bewähren sich zur Schmerzlinderung. Die betroffenen Pferde können oft weiterhin ein aktives Leben führen, wenn es vermutlich auch nur selten gelingt, den zugrundeliegenden pathologischen Prozeß wirklich zu beeinflussen.

Durch den Einsatz von Entzündungshemmern kann ähnliches erreicht werden, allerdings ebenfalls ohne die Veränderungen selbst zu vermindern. Bei Großpferden verwendet man dazu meist Phenylbutazon, ohne daß größere Nebenwirkungen auftreten, während Ponys eine längerfristige Behandlung schlechter zu tolerieren scheinen. Bei der Planung einer Langzeittherapie sollte darauf unbedingt Rücksicht genommen werden.

Außerdem darf man nicht vergessen, daß der Einsatz schmerzstillender Medikamente das Fortschreiten des Degenerationsprozesses nicht unterbindet, der nun unbemerkt weiterläuft, so daß es in manchen Fällen sogar zu Folgeschäden an weiter entfernten Strukturen kommen kann. Die Schmerzlinderung gelingt leider auch nicht immer in ausreichendem Maße, je nach Grad und Lokalisation der Schädigung.

Die Gabe von Hyaluronsäure direkt in das Gelenk oder die intravenöse Injektion von speziellen Hyaluronsäurepräparaten hat eine reparative Wirkung auf den Knorpel und kann fallweise wieder eine normale Gelenkfunktion herstellen. Eine Analyse der Gelenkflüssigkeit zeigt, ob man sich von dieser Therapie Vorteile versprechen kann. In chronischen Fällen bewirkt sie meist zumindest eine Erleichterung der Symptome. Diese wirksame Behandlung ist allerdings recht kostspielig.

Keine der erwähnten Maßnahmen ist ein Allheilmittel und ihr Effekt daher oft nur kurzzeitig.

Das Innere eines Gelenks ist physiologischerweise steril, bietet aber mit seiner Synovia (Gelenkschmiere) ein ideales Nährmedium für eingedrungene Mikroorganismen und damit für Infektionen.

## Definition

Bei älteren Pferden kommt es durch *penetrierende* Wunden zum Eintritt von Keimen ins Gelenkinnere. Fohlen erkranken unmittelbar nach der Geburt durch *systemische Infektionen*, die sie sich bei der Geburt zugezogen haben, meist dient der Nabel als Eintrittspforte. Immunschwache Fohlen sind hier besonders anfällig. Dazu kommt es, wenn sie nach der Geburt nicht ausreichend *Kolostrum* aufgenommen haben oder wenn die Mutterstute vorher nicht rechtzeitig an die Keime des Abfohlstalles adaptiert wurde.

## Symptome

Erwachsene Pferde zeigen akute Lahmheit, Schmerzen, Schwellungen und oft auch eine erhöhte Körpertemperatur. Schwer betroffene Tiere fressen schlecht.

Fohlenlähme ist meist ebenfalls mit einem Appetitverlust verbunden, soweit die Gelenkmanifestation auf eine Allgemeininfektion zurückgeht. Die Tiere erscheinen teilnahmslos, saugen kaum mehr und haben Fieber. Wenn

*Bei Fohlenlähme schwillt oft mehr als ein Gelenk an. Am häufigsten sind Fessel, Knie, Sprunggelenk und Vorderfußwurzelgelenk betroffen. Seltener kommt es zu Infektionen von Krongelenk, Ellbogen, Schulter oder Hüfte.*

erste Gelenksymptome auftreten, ist die Erkrankung bereits weit fortge-
schritten. Die Infektion schädigt die Synovialmembran, den Knorpel und den
Knochen. Die Diagnose wird aufgrund der Symptome gestellt und anhand
von Synoviaproben erhärtet. Unter Umständen kann man die Gelenkflüssigkeit bei offenen Wunden direkt beurteilen, wenn sie aus der Verletzung austritt. Infizierte Gelenke von Fohlen können aufplatzen, wobei infektiöses Material frei wird. Das Blutbild weist eine erhöhte Zahl weißer Blutkörperchen
und einen erhöhten Fibrinogengehalt auf. In Zweifelsfällen kann das Gelenk
punktiert werden. Infizierte Gelenkflüssigkeit ist verfärbt und kann eiterähn-
lich aussehen oder unangenehm riechen. Die Synovia weist bei der mikro-
skopischen Untersuchung einen erhöhten Anteil von Leukozyten und eventuell auch Keime auf. Eine Kultur dieser Erreger gelingt nicht immer, ein
negativer Ausgang eines Kulturversuchs ist daher keinesfalls ein Beweis
dafür, daß keine Infektion vorliegt.

### Therapie

Bei erwachsenen Tieren ist eine sofortige intensive Antibiotikatherapie notwendig, um die Gelenkinfektion zu bekämpfen. Damit kann meist nicht zu-
gewartet werden, bis es gelungen ist, die Erreger zu identifizieren und ein An-
tibiogramm anzulegen, um das optimale Antibiotikum herauszufinden. In der
Zwischenzeit müssen bereits Breitspektrum-Antibiotika angewendet werden,
um Zeit zu gewinnen.

In manchen Fällen ist eine zusätzliche lokale Behandlung notwendig, bei
der das Gelenk wiederholt gespült wird, um infektiöses Material und schädigende Knorpelabbauprodukte zu entfernen.

Bei an Fohlenlähme erkrankten Fohlen ist die wichtigste Maßnahme eine
Verbesserung des Immunstatus durch eine Plasmaübertragung von der Mutterstute. Diese einfache Prozedur kann ohne komplizierte Ausstattung durchgeführt werden. Auch hier ist eine intensive Antibiotikatherapie unerläßlich.
Manche Fohlen erholen sich danach gut und ohne Spätfolgen, vielen gelingt
dies aber nicht. Vereinzelt müssen sogar Tiere eingeschläfert werden, um
ihnen weitere Leiden zu ersparen.

# Einzelne Gelenke

Die Gelenke werden unter anderem auch nach ihrer mechanischen Funktion
eingeteilt. Ein Schlittengelenk, *Articulatio plana*, hat eine nahezu ebene
Oberfläche und ist nur minimal beweglich. Dazu gehört beispielsweise die

zwischen der unteren Reihe der *Karpalknochen* und dem Röhrbein.

Ein sogenannter *Ginglymus*, ein Scharniergelenk, hat nur eine Bewegungsebene: Beugung und Streckung. Scharniergelenke sind der Ellbogen oder das oberste Gelenk im Sprunggelenkbereich, das *Tibiotarsalgelenk*.

Bei einem Dreh- oder Zapfengelenk, einer *Articulatio trochoidea*, rotiert ein Knochen ringförmig um den Knochenzapfen des zweiten. Das *Atlantoaxialgelenk* ist ein solches, also das Gelenk zwischen den ersten zwei Halswirbeln.

Als *Articulatio sphaeroidea* bezeichnet man ein Kugelgelenk, etwa das Hüftgelenk. Dieses Gelenk hat die größte Beweglichkeit von allen Gelenktypen, beim Pferd ist sie allerdings durch kräftige Bänder erheblich eingeschränkt.

Die meisten Gelenke des Körpers, wie auch alle obengenannten Gelenke, sind echte oder synoviale Gelenke. Sie bestehen typischerweise aus zwei Gelenkflächen mit dem ihnen aufliegenden Knorpel und einer Kapsel mit Synovialmembran und sind mit Gelenkflüssigkeit gefüllt. Die folgende detaillierte Auflistung der Gelenke der Vorderbeine beginnt am Huf und schreitet nach oben fort, so wie auch bei der Untersuchung vorgegangen wird.

## Hufgelenk

Typ: *Ginglymus.*
Bewegung: Beugung und Streckung.
Knochen: Kronbein, Hufbein und Strahlbein.
Anatomische Strukturen: Gelenkkapsel, zwei Seitenbänder und ein Band am Strahlbein.

### Typische Probleme:

● Verstauchungen oder Zerrungen des Gelenks oder des zugehörigen Bandapparates.
● *Degenerative Arthritiden* einschließlich der Hufgelenkschale.

### Weitere Diagnosen:

● Hufinfektionen, die auch Knochen und andere tieferliegende Strukturen ergreifen können.
● Hufrollenentzündung.
● Hufbeinentzündung.

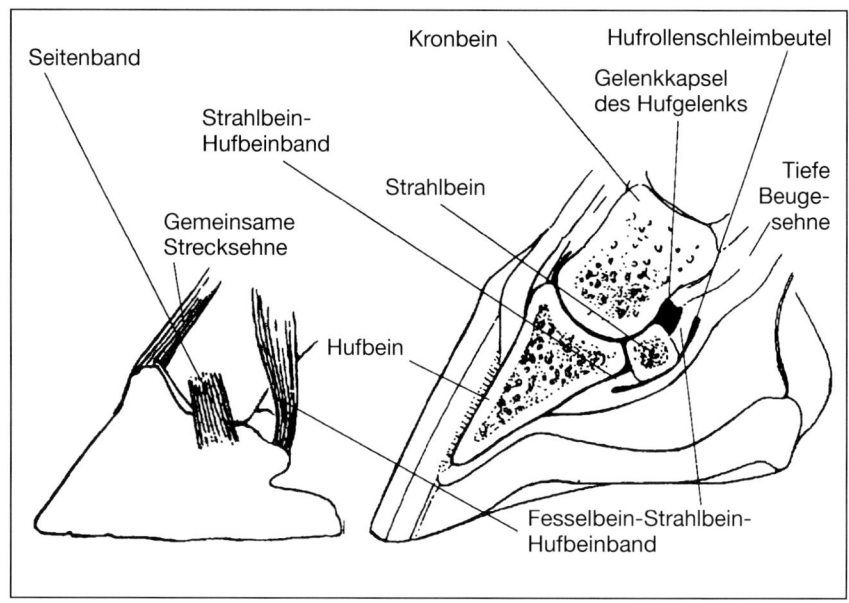

*Details des Hufgelenks und seiner Bänder*

- Hufrehe.
- Hufknorpelverknöcherung.
- Steingallen oder andere Probleme im Bereich der Hufsohle.
- Hufbein- und Strahlbeinbrüche.
- Hufkrebs.

## Krongelenk

Typ: *Ginglymus.*

Bewegung: Begrenzte Beugung und Streckung, passiv ist auch ein geringes Maß an Rotation (Drehung) möglich.

Knochen: Fesselbein und Kronbein.

Anatomische Strukturen: Gelenkkapsel, zwei Seitenbänder und vier weitere Bänder.

### Typische Probleme:

- Verstauchungen oder Zerrungen des Gelenks oder des zugehörigen Bandapparates.
- Degenerative Arthritiden einschließlich der Krongelenkschale.

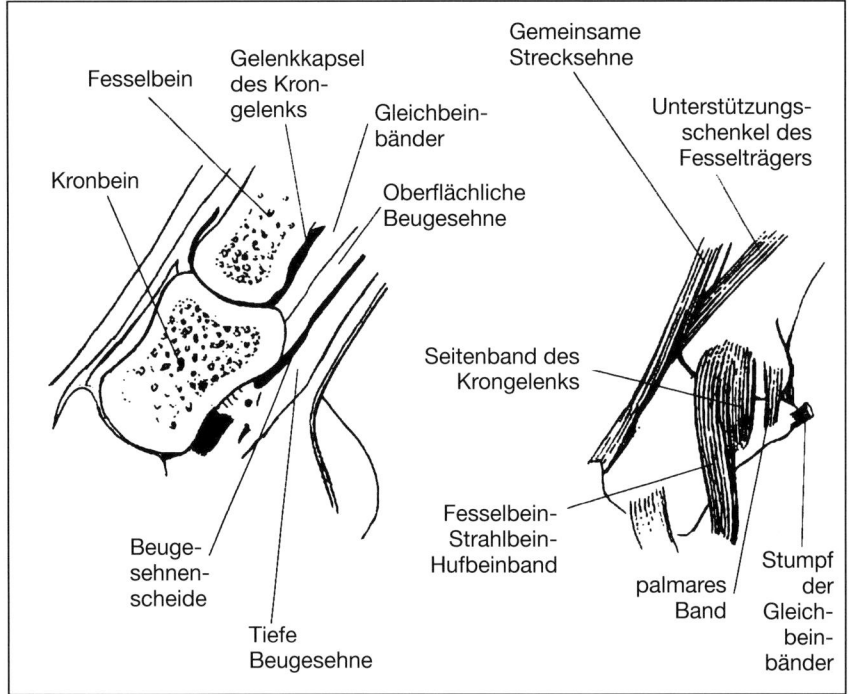

*Details des Krongelenks und seiner Bänder*

## Weitere Diagnosen:

- Zerrungen der Gleichbeinbänder.
- Brüche des Fesselbeins und
- Brüche des Kronbeins.

## Fesselgelenk

Typ: *Ginglymus.*

Bewegung: Beugung und Streckung. Die Normalstellung des Gelenks im Stehen ist eine teilweise Streckung. Passiv ist eine geringgradige Rotation möglich.

Knochen: Röhrbein, Fesselbein und zwei Gleichbeine.

Anatomische Strukturen: Gelenkkapsel, zwei Seitenbänder, acht Gleichbeinbänder, der Fesselträger, oberflächliche und tiefe Beugesehne mit charakteristischem Verlauf, beide Sehnen werden durch das Ringband in Position gehalten und stabilisieren das Gelenk zusätzlich.

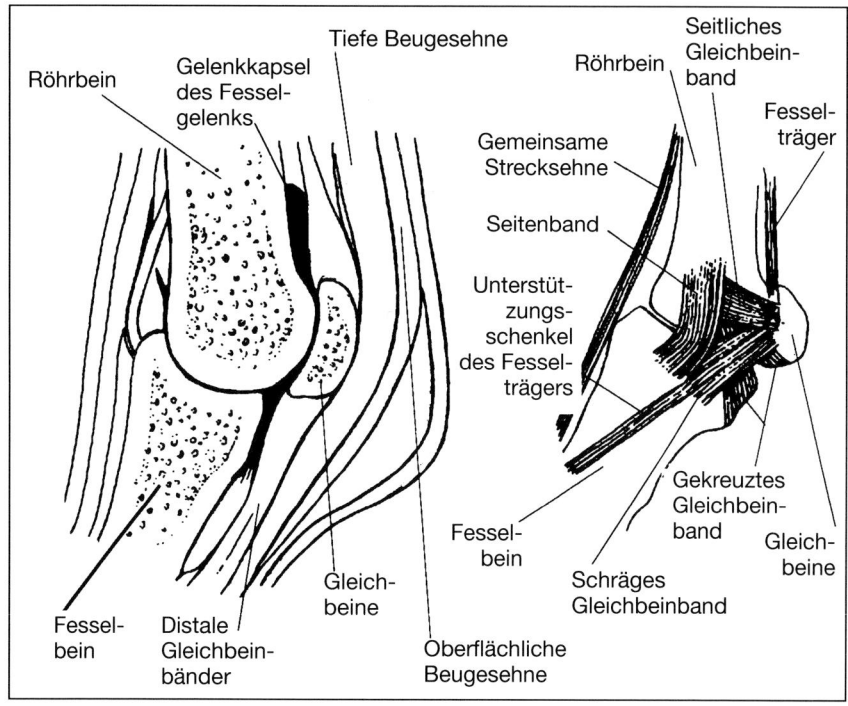

*Details des Fesselgelenks und seiner Bänder*

## Typische Probleme:

● Verstauchungen oder Zerrungen des Gelenks oder des zugehörigen Bandapparates.
● Degenerative Arthritiden.

## Weitere Diagnosen:

● *Osteochondrosis dissecans* (OD).
● Beugeanomalien.
● Villöse Synovialitis (Entzündung der Synovialzotten).
● Fesselgelenksgallen.

## Karpalgelenk (Vorderfußwurzelgelenk)

Typ: Das Gelenk, das auch Knie oder Vorderknie genannt wird, setzt sich aus
drei Untereinheiten zusammen:

- dem *Radiokarpalgelenk* zwischen dem Unterarm und der oberen Reihe
der Karpalknochen,
- dem *Interkarpalgelenk* zwischen den zwei Reihen der Karpalknochen,
- dem *Karpometakarpalgelenk* zwischen der unteren Karpalknochenreihe
und den drei Metakarpalknochen (Röhrbein und zwei Griffelbeine).

Bewegung: Prinzipiell Beugung und Streckung, passiv auch eine leichte
Rotationsbewegung. Praktisch liegt die gesamte Beweglichkeit im Radiokar-
pal- und Interkarpalgelenk.

Knochen: Normalerweise sieben Karpalknochen, oben schließt der Unterarm an und unten die drei Metakarpalknochen.

Anatomische Strukturen: Die Gelenkkapsel ist vorne mit den Strecksen-
nen verbunden und formt hinten die Vorderseite des Karpaltunnels. Sie erstreckt sich als distales Unterstützungsband weiter hinab bis zur Mitte des
Röhrbeins und hat hier Verbindung mit der tiefen Beugesehne. Den drei Gelenketagen entsprechen drei Gelenkausbuchtungen der Kapsel, wobei die
unteren zwei Teile miteinander in Verbindung stehen. Dazu kommen zwei
Seitenbänder und diverse Bandverbindungen zwischen den einzelnen benachbarten Karpalknochen.

*Details des Vorderfußwurzelgelenks in Seitenansicht (links) und Frontalansicht (rechts)*

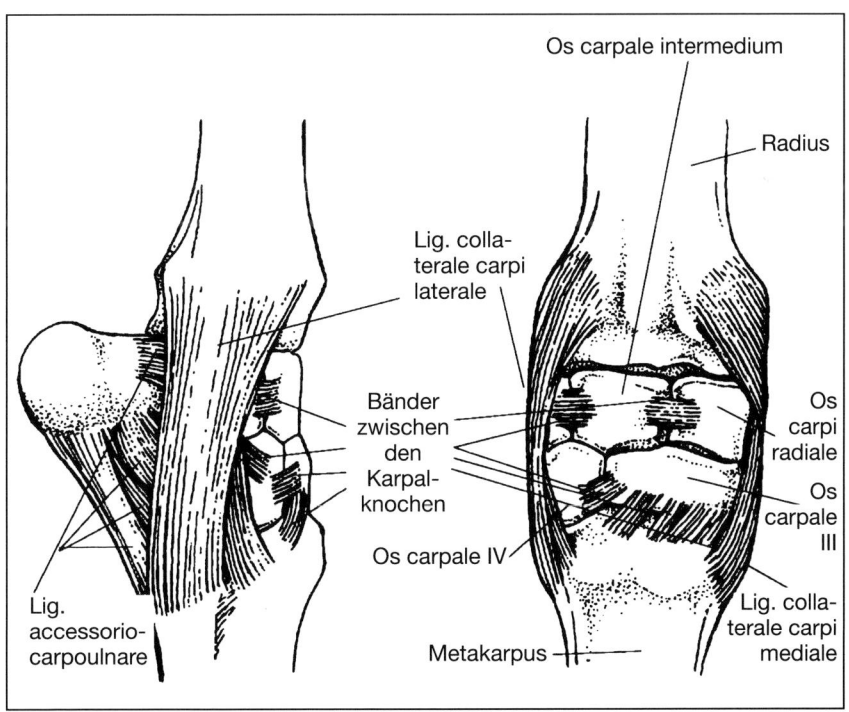

Typische Probleme:

- Verstauchungen oder Zerrungen des Gelenks oder des zugehörigen Bandapparates.
- Degenerative Arthritiden.
- Verletzungen durch axiale Kompression oder Quetschwunden nach Stürzen, mit oder ohne Infektion.
- Entwicklungsstörungen und Stellungsfehler.
- Brüche.
- *Osteochondrosis dissecans* (OD).

Weitere Diagnosen:

- Entzündung der Sehnenscheiden der Strecksehnen.
- Überbeine.
- Zerrungen der Unterstützungsbänder.

## Ellbogengelenk

Typ: *Ginglymus.*

Bewegung: Beugung und Streckung, bei der Streckung ist eine gewisse Auswärtsbewegung möglich.

Knochen: Oberarm, Elle, Speiche.

Anatomische Strukturen: Gelenkkapsel, zwei Seitenbänder. Elle und Speiche sind durch das *Ligamentum interosseum antebrachii* fest verbunden, das beim älteren Pferd verknöchert. Zusätzlich gibt es ein diagonal verlaufendes Band, das nicht verkalkt.

Typische Probleme:

- Verstauchungen oder Zerrungen des Gelenks oder des zugehörigen Bandapparates.
- Degenerative Arthritiden.
- *Osteochondrosis dissecans* (OD).

Weitere Diagnosen:

- Stollbeule.
- Bruch des Ellbogenhöckers.
- Trennung von Elle und Speiche.

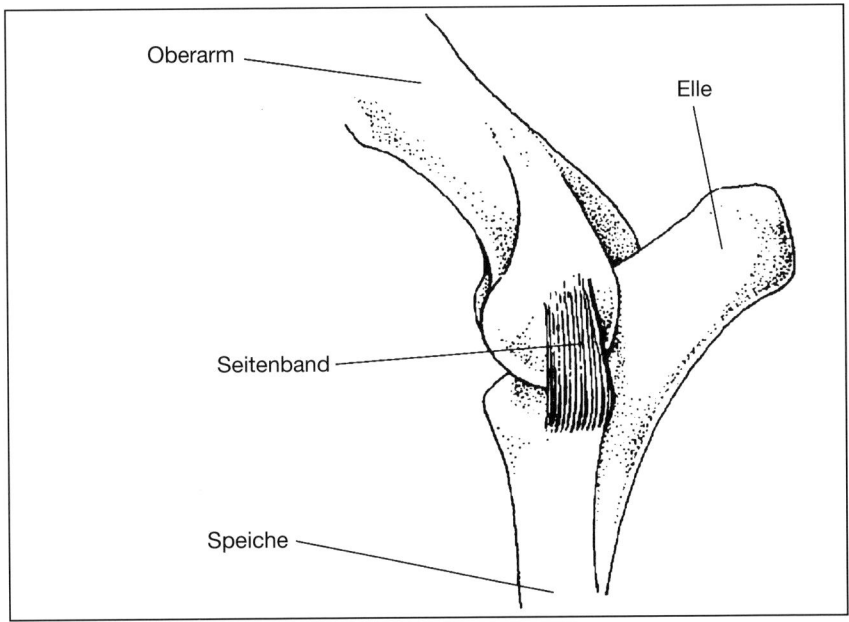

*Das Ellbogengelenk in Seitenansicht. Zusätzlich zum hier dargestellten Seitenband gibt es noch eine feste Bandverbindung zwischen Elle und Speiche.*

## Schultergelenk

Typ: Kugelgelenk.

Bewegung: Hauptsächlich Beugung und Streckung, geringe Rotation, Rückwärtsdrehen und Einwärtsdrehen.

Knochen: Schulterblatt und Oberarm.

Anatomische Strukturen: Gelenkkapsel; es gibt keine Seitenbänder, das Gelenk wird durch die darüberliegenden Muskeln stabilisiert, so daß es nur sehr selten zu einer Verschiebung kommt. Zwischen der Vorderkante des Oberarms und dem *Musculus biceps brachii* liegt ein Schleimbeutel.

<u>Typische Probleme:</u>

● Verstauchungen oder Zerrungen des Gelenks oder der zugehörigen Strukturen einschließlich Verrenkungen.
● Direkte Traumen durch Anschlagen an Tür- oder Zaunpfosten bis hin zu Frakturen.
● Degenerative Arthritiden.
● *Osteochondrosis dissecans* (OD).

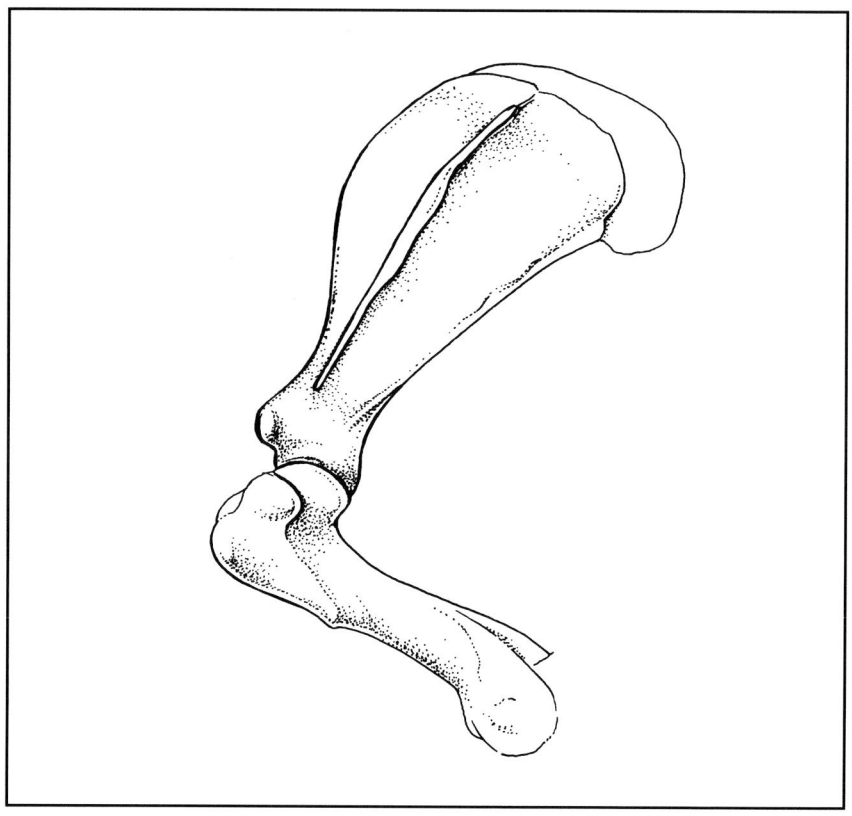

*Das Schultergelenk zwischen Schulterblatt und Oberarm. Hier sind keine Bänder ausgebildet, das Gelenk wird durch die umliegende Muskulatur ausreichend unterstützt.*

Weitere Diagnosen:

● Entzündung des Schleimbeutels.
● Nerven- oder Muskelverletzungen in diesem Gebiet.
   Huf-, Kron- und Fesselgelenk des Hinterbeins entsprechen jeweils dem des Vorderbeins.

## Sprunggelenk

Typ: Wie beim Vorderfußwurzelgelenk gibt es drei Gelenketagen:
● das *Tibiotarsalgelenk* zwischen Unterschenkel und Tarsalknochen,
● das *Intertarsalgelenk* zwischen den Reihen der Tarsalknochen,

- das *Tarsometatarsalgelenk* zwischen der unteren Reihe sowie Röhrbein und zwei seitlichen Griffelbeinen.

Das Tibiotarsalgelenk ist ein Ginglymus und hat die bei weitem größte Beweglichkeit. Alle anderen Gelenke sind Gleitgelenke mit nur minimaler Beweglichkeit.

Bewegung: Großteils Beugung und Streckung.

Knochen: Unterschenkel, sechs Tarsalknochen und Röhrbein mit zwei Griffelbeinen.

Anatomische Strukturen: Die Gelenkkapsel umgibt das Gelenk und setzt sich an der Hinterseite nach unten als Unterstützungsband fort. Sie hat vier Ausbuchtungen, von denen die oberen zwei kommunizieren, die unteren zwei nicht. Es gibt zwei äußere und zwei innere Seitenbänder, zusätzlich noch ein vorderes und ein rückwärtiges Band. Außerdem gibt es zahlreiche kurze Bänder zwischen den einzelnen Tarsalknochen.

## Typische Probleme:

- Verstauchungen oder Zerrungen des Gelenks oder des zugehörigen Bandapparates.

*Details des Sprunggelenks mit einigen Bändern in Seitenansicht (links) und von vorne (rechts)*

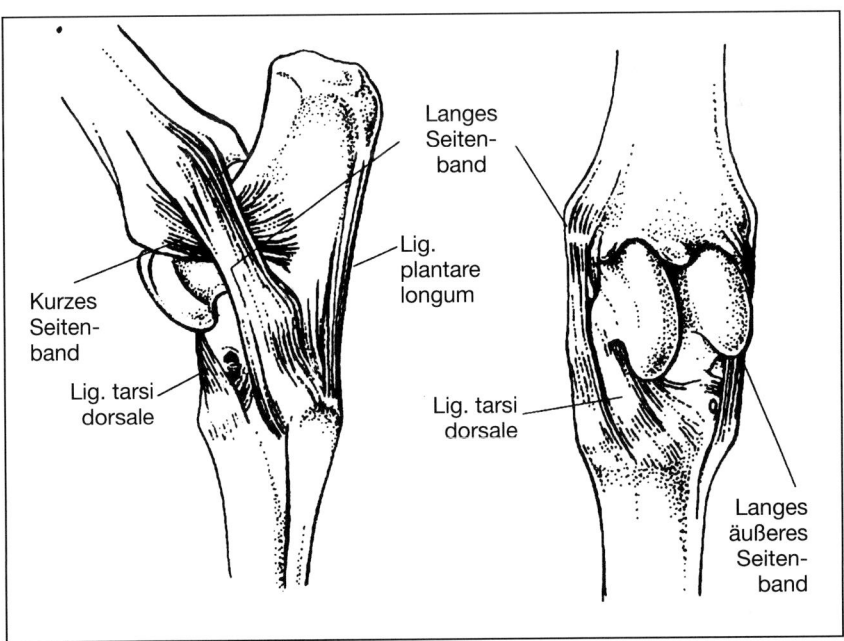

Langes
Seiten-
band

Lig.
plantare
longum

Kurzes
Seiten-
band

Lig. tarsi
dorsale

Lig. tarsi
dorsale

Langes
äußeres
Seiten-
band

● Degenerative Arthritiden einschließlich des Knochenspats.
● *Osteochondrosis dissecans* (OD).
● Vermehrte Kapselfüllung, Kreuzgalle.
● Entwicklungsanomalien und Stellungsfehler.

Weitere Diagnosen:

● Hasenhacke.
● Kurbengalle.
● Verlagerung der oberflächlichen Beugesehne.
● Riß der Achillessehne.

Die **Kreuzgalle** ist eine Erweiterung des oberen Teils der Sprungelenkkapsel und entsteht durch Verletzungen, möglicherweise auch durch die kombinierte Einwirkung von erschütterungs- und gebäudebedingten Belastungen des Gelenks. Auch Entwicklungsstörungen aufgrund unausgewogener Fütterung können dabei eine Rolle spielen. Die Erweiterung, die hinten oben beidseitig

*Die Kapselfüllung der Kreuzgalle wird an drei Stellen sichtbar (Pfeile), beidseitig vor dem Sprunggelenkhöcker (links) und unten innen an der Vorderseite des Gelenks (rechts).*

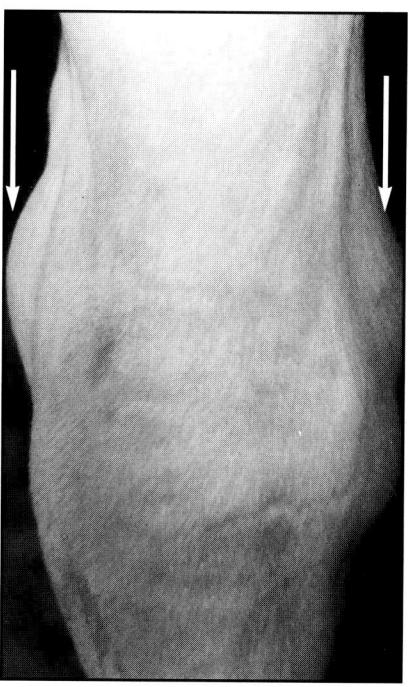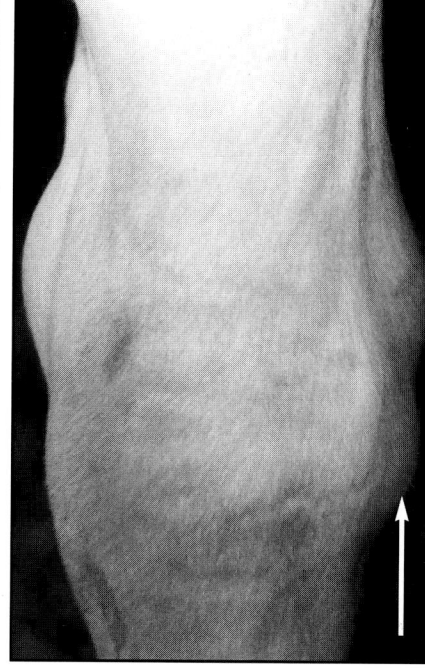

vor dem Sprunggelenkhöcker und außerdem *anteriomedial* (unten, vorne-in-
nen) am Gelenk deutlich erkennbar ist, wird als Folge einer Entzündung der
Synovialmembran oder der Gelenkkapsel selbst angesehen und sollte entsprechend sorgfältig behandelt werden. Treten Lahmheiten auf, muß das Gelenk geröntgt werden. Die Behandlung folgt den allgemeinen Richtlinien für
Gelenkprobleme.

# Kniegelenk

Typ: Das Kniegelenk selbst kann in seiner Gesamtfunktion als *Ginglymus*
angesehen werden, es besteht allerdings aus zwei Untereinheiten, die miteinander in Verbindung stehen, dem *Femoropatellargelenk* und dem *Femorotibialgelenk.*

Das **Femoropatellargelenk** entspricht einem beweglichen Schlittengelenk, die Kniescheibe dient der mächtigen Oberschenkelmuskulatur als Sesambein.

Bewegung: Hauptsächlich Beugung und Streckung.

Knochen: Oberschenkel, Unterschenkel und Kniescheibe.

Anatomische Strukturen: Die Gelenkkapsel hat zwei Abteilungen, die oft
durch eine schlitzförmige Öffnung miteinander in Verbindung stehen. Es gibt
zwei *Femoropatellarbänder* innen und außen und drei Bänder, die die Kniescheibe mit der Vorderseite des Unterschenkels verbinden.

Im **Femorotibialgelenk** befinden sich zwei scheibenförmige knorpelige
Menisken, die als ausgleichendes Polster zwischen den Knochenenden dienen, daher ist die Kapsel hier in zwei Abschnitte unterteilt.

Es gibt je ein inneres und ein äußeres Seitenband sowie innerhalb des Ge-
lenkspaltes noch zwei Kreuzbänder, die sich zwischen den Kapselabteilun-
gen hindurchziehen. Das äußere dieser Bänder hält Ober- und Unterschenkel
zusammen.

## Typische Probleme:

● Verstauchungen oder Zerrungen des Gelenks oder des zugehörigen Band-
  apparates.
● *Osteochondrosis dissecans* (OD).
● Degenerative Arthritiden.
● Riß der Kreuzbänder.
● Verletzungen mit oder ohne Infektion.
● Verlagerung oder Fixierung der Kniescheibe.
● Brüche.

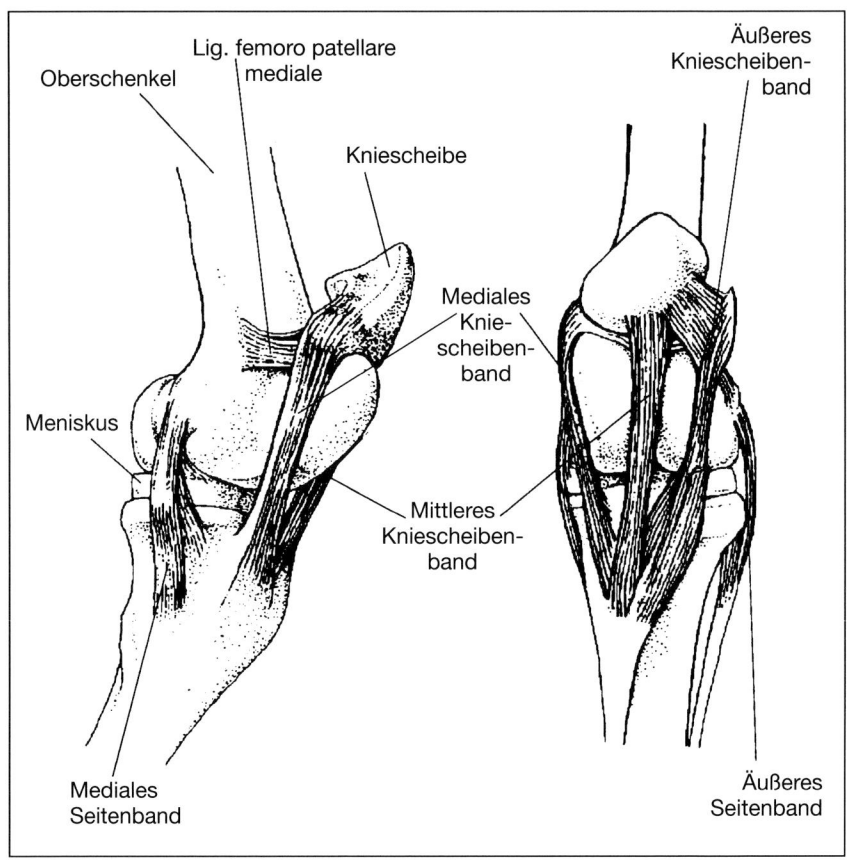

Oberschenkel

Lig. femoro patellare mediale

Kniescheibe

Äußeres Kniescheibenband

Mediales Knie-scheibenband

Meniskus

Mittleres Kniescheibenband

Mediales Seitenband

Äußeres Seitenband

*Details des Kniegelenks mit seinen Bändern in Seiten- und Frontalansicht*

## Weitere Diagnosen:

● Subchondrale Knochenzysten, die unter Umständen auch mit dem Gelenk kommunizieren können.
● Ruptur der muskulösen Verbindung zwischen Hüfte und Kniegelenk.

## Hüftgelenk

Typ: Kugelgelenk.

Bewegung: Beugung und Streckung sowie Abduktion, Adduktion und Rotation.

Knochen: Das *Acetabulum* (Hüftgelenkspfanne) des Beckens und der *Femur* (Oberschenkelknochen).

Anatomische Strukturen: Die Gelenkkapsel, ein Band, das den Ober-
schenkelkopf in der Gelenkpfanne umschließt (*Ligamentum transversum acetabuli*), eines, das die Abduktion begrenzt (*Ligamentum accessorium ossis femoris*), und eine schwächere, gefäßführende Verbindung zwischen Oberschenkelkopf und Gelenkpfanne.

## Typische Probleme:

- Verstauchungen oder Zerrungen des Gelenks oder des Bandapparates.
- *Osteochondrosis dissecans* (OD).
- Degenerative Arthritiden.
- Riß des *Ligamentum transversum acetabuli*.

## Weitere Diagnosen:

- Brüche des Beckens oder Absprengungen im *Acetabulum*.
- Muskelverletzungen im Hüftbereich.

*Das Hüftgelenk in Seitenansicht*

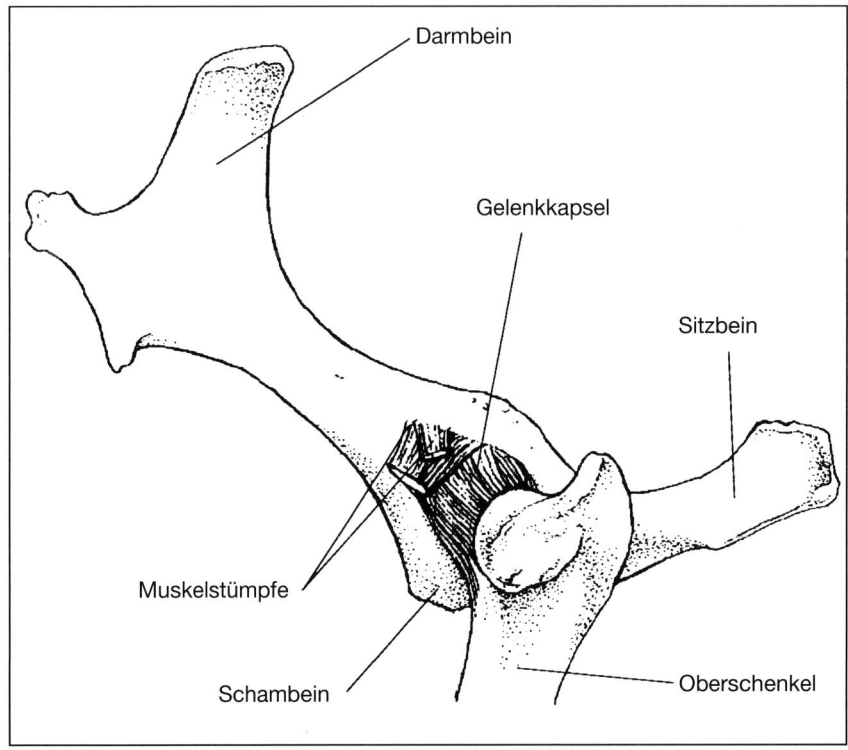

Typ: Ein straffes Gelenk.

Bewegung: Fast ohne Bewegung. Dieses Gelenk hat die Aufgabe, eine stabile Verbindung zwischen den beteiligten Knochen zu schaffen.

Knochen: *Sakrum* und *Ilium* (Kreuzbein und Darmbein des Beckens).

Anatomische Strukturen: Gelenkkapsel, eine feste, bindegewebige Verbindung und die *Ligamenta sacroiliaca*.

## Typische Probleme:

● Verstauchungen oder Zerrungen des Gelenks oder des zugehörigen Bandapparates.

● *Subluxation* (zeitweise oder andauernde Verrenkung).

## Weitere Diagnosen:

● Verletzungen in der umgebenden Muskulatur.

● Verletzungen der angrenzenden Wirbelsäulenstrukturen.

Lahmheiten werden anhand der anatomischen Veränderungen zugeordnet, die sich aufgrund von Problemen im Iliosakralgelenk ergeben. Meist besteht

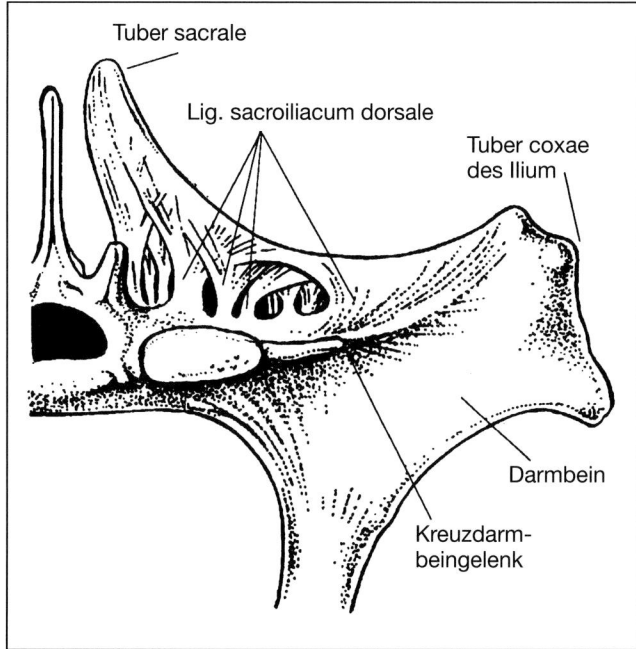

Tuber sacrale

Lig. sacroiliacum dorsale

Tuber coxae des Ilium

Darmbein

Kreuzdarm-beingelenk

*Das Becken mit dem Kreuzdarm-beingelenk von schräg vorne gesehen*

auf der betroffenen Seite ein deutlicher Muskelschwund, und ein Durchtasten der über dem Gelenk liegenden Muskulatur erzeugt Schmerzreaktionen.

Die Behandlung umfaßt die Anwendung von Laser und Ultraschall, um die anfänglichen Entzündungssymptome und Schmerzen zu lindern, sowie eine anschließende Stimulation mit Elektroreizgeräten vom Faradayschen Typ, um die normale Muskelfunktion wieder herzustellen.

## *Luxation* (Ausrenkung, Verrenkung)

Eine *Luxation* oder *Dislokation* eines Gelenks tritt auf, wenn die festigenden Strukturen, Seitenbänder und ähnliches, verletzt sind und das Gelenk dadurch instabil wird. Die am Gelenk beteiligten Knochen verschieben sich dabei gegeneinander. Eine Luxation ist eine extreme Situation, bei der die Knochen baldmöglichst wieder in ihre Normalstellung zurückverlagert werden müssen. Danach ist ein stabiler Stützverband notwendig, soweit er an der entsprechenden Stelle angelegt werden kann, und bei Bedarf werden zusätzlich noch entzündungshemmende und schmerzstillende Medikamente eingesetzt.

## *Subluxation* (Verstauchung)

Mit diesem Ausdruck beschreibt man eine Situation, in der die Knochenenden nur für einen kurzen Moment ihre korrekte Position verlassen, aber gleich wieder in sie zurückschnappen, ohne daß es zu stärkeren Verletzungen an den verbindenden Strukturen kommt. Diese werden dabei allerdings unweigerlich überdehnt.

# Zentralnervensystem und Skelettmuskulatur

Jede Körperbewegung erfolgt unter Kontrolle des Nervensystems. Dieses veranlaßt die einzelnen Muskeln zu koordinierten Kontraktionen, die die Knochen und damit die Körperteile in ihren Gelenken bewegen.

## Wirbelsäule

Der Schädel und die Wirbelsäule sind die knöcherne Schutzhülle des Gehirns und des Rückenmarks, also des Zentralnervensystems. Dieses besteht aus Nervenbündeln und kontrolliert praktisch alle Körperaktivitäten. Die Wirbelsäule besteht aus verschiedenen Einzelknochen, den Wirbeln, die man je nach ihrer Position bezeichnet. Sie unterscheiden sich strukturell etwas voneinander, je nach der jeweiligen Körpergegend und deren funktionellen Erfordernissen. Grundsätzlich hat jeder Wirbel drei Anteile: Wirbelkörper, Wirbelbogen und drei Dornfortsätze. Die Wirbelsäule besteht aus folgenden Abschnitten:

### Halswirbelsäule

Sie besteht aus sieben Wirbeln, von denen sich die ersten zwei in ihrem Aussehen erheblich von allen anderen unterscheiden. Der erste Halswirbel, der *Atlas*, hat keinen Wirbelkörper, sondern gleicht einer kurzen Knochenmanschette, die seitlich je einen breiten flügelartigen Fortsatz hat. Der Wirbel ähnelt in seiner Form am ehesten einem Schildkrötenpanzer. Vorne artikuliert der Atlas mit dem Hinterhauptbein des Schädels.

Als zweiter Halswirbel folgt ihm der *Axis*, welcher einen dornartigen Fortsatz aufweist, der sich nach vorne bis in den unteren Teil des Atlaskanals erstreckt und dort durch ein Band gehalten wird. Seine spezielle Struktur bietet eine Achse, um die herum der Atlas Drehbewegungen ausführen kann. Der Axis hat einen besonders ausgeprägten Dornfortsatz, der als Ansatzfläche für einen Teil des Nackenbandes dient. Dieses Band verläuft vom Widerrist aus innerhalb des Halskammes bis zum Schädel und bietet Kopf und Hals eine stabile Aufhängung.

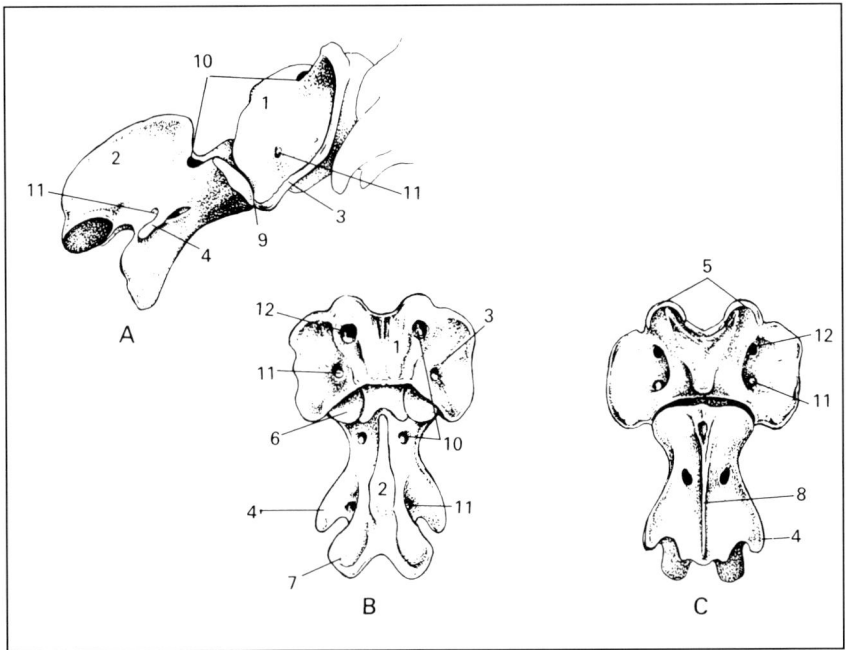

A) *Seitenansicht von Atlas und Dreher; B) Obere Ansicht; C) Untere Ansicht;*
*1 Tuberculum dorsale des Atlas, 2 Processus spinosus des Drehers, 3 Atlasflü-*
*gel, 4 Querfortsatz des Drehers, 5 Gelenkflächen des Hinterhauptgelenks,*
*6 kranialer Gelenkfortsatz des Drehers, 7 kaudales Ende des Drehers, 8 Ven-*
*tralkamm des Drehers, 9 Dens axis, Zapfen, ragt in Atlaskanal, 10 seitliche*
*Foramen des Querfortsatzes, 11 Foramen transversum, 12 Foramen alare*

Die weiteren Halswirbel entsprechen dem Grundbauplan mit einem Wirbelkörper, auf dem sich der Wirbelbogen erhebt, der den Wirbelkanal mit dem
Rückenmark umschließt und der zuoberst den Dornfortsatz trägt. Außerdem
gibt es beidseitig je einen breiten, flachen Querfortsatz. Diese kann man seitlich durch die Halsmuskulatur hindurch ertasten.

## Brustwirbelsäule

Sie setzt sich beim Pferd aus achtzehn Wirbeln zusammen, zwischen jeweils
zwei Wirbeln befindet sich beiderseits die Artikulationsstelle für eine Rippe.
Die Wirbelkörper der Brustwirbel sind kürzer als die der Halswirbel, und ihre Dornfortsätze sind besonders hoch, am längsten sind sie in der Widerristregion. Die Querfortsätze sind dagegen relativ kurz.

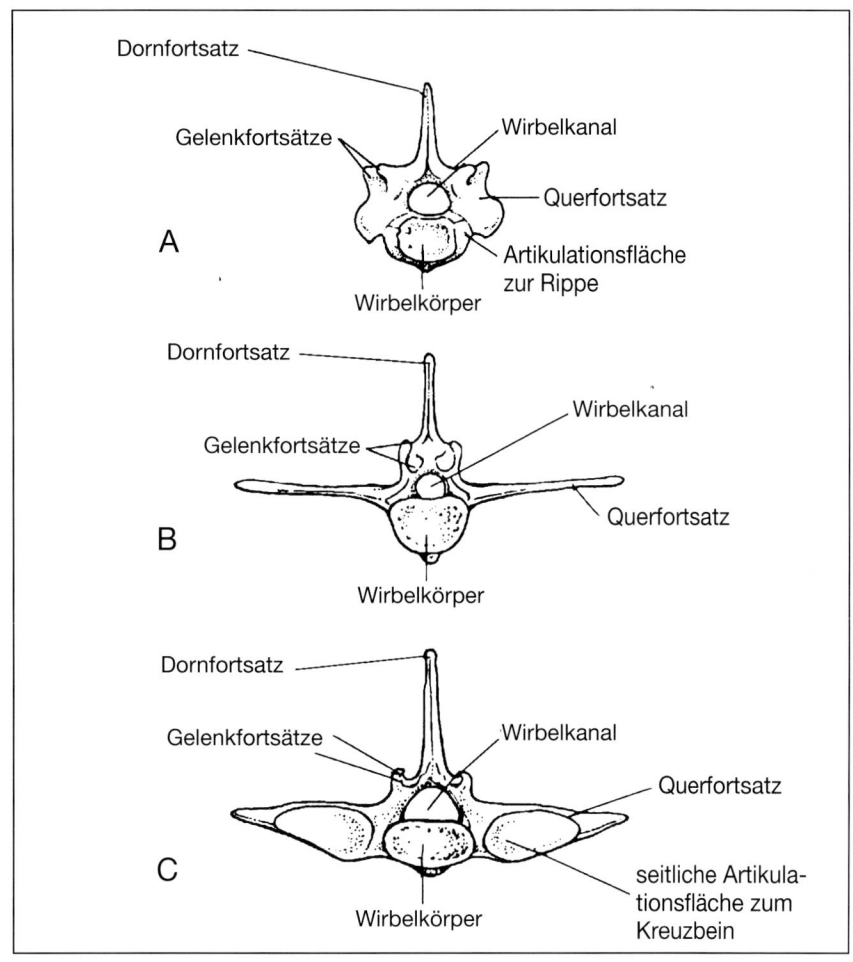

*Wirbel von hinten gesehen: A) Erster Brustwirbel; B) Erster Lendenwirbel; C) Letzter Lendenwirbel*

## Lendenwirbelsäule

Die meisten Pferde besitzen sechs Lendenwirbel, einige von ihnen aber nur fünf. Die Dornfortsätze entsprechen in ihrer Höhe denen im hinteren Teil der Brustwirbelsäule. Die Lendenwirbel haben besonders stark ausgeprägte, lange und breite Querfortsätze. Sie bieten der hier besonders notwendigen stützenden Muskulatur eine breite Ansatzfläche, denn die Wirbelsäule durchzieht zwischen der letzten Rippe und dem Kreuzbein als einziges tragendes knöchernes Element den Körper. Die Querfortsätze der letzten drei Lendenwirbel bilden Gelenkflächen aus und artikulieren als echte Gelenke untereinander und mit dem Kreuzbein. Später verknöchern diese Verbindungen, dieser Prozeß kann bereits bei Zweijährigen beginnen.

## Kreuzbein

Das Kreuzbein, wissenschaftlich *Os sacrum* genannt, besteht aus fünf miteinander verwachsenen Wirbeln. Seine Form ähnelt einem Dreieck. Es formt das Dach des Beckenringes und liegt hinten geringfügig höher als vorne. Das straffe Iliosakralgelenk bildet die Verbindung zum *Os ilium*, dem Darmbein. Die Verbindung zum letzten Lendenwirbel besteht aus einem zentralen und zwei seitlichen, echten Gelenken, die im allgemeinen während des ganzen Pferdelebens als solche erhalten bleiben. Die Wirbelsäule des Pferdes ist, mit Ausnahme der flexiblen Halswirbelsäule, insgesamt recht stabil und wenig beweglich.

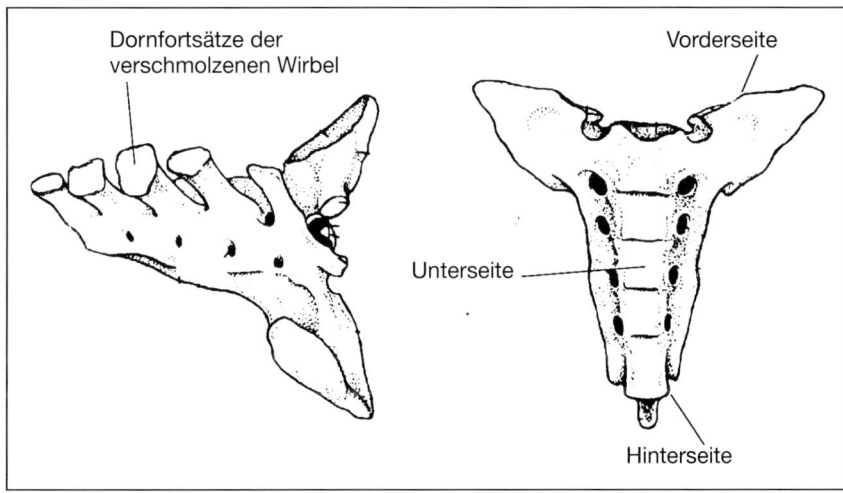

Das Kreuzbein von schräg oben und unten

## Schwanzwirbel

Meist gibt es achtzehn Schwanzwirbel, von denen die letzten nur noch aus Knochenstäben bestehen, die durch Knorpelscheiben verbunden sind. Zwischen den Wirbelkörpern liegt jeweils eine knorpelige Bandscheibe. Die Wirbel sind miteinander durch Fortsätze gelenkig verbunden und werden durch je drei Bänder stabilisiert. Weiter gibt es Gelenkkapseln, auf den Dorn-

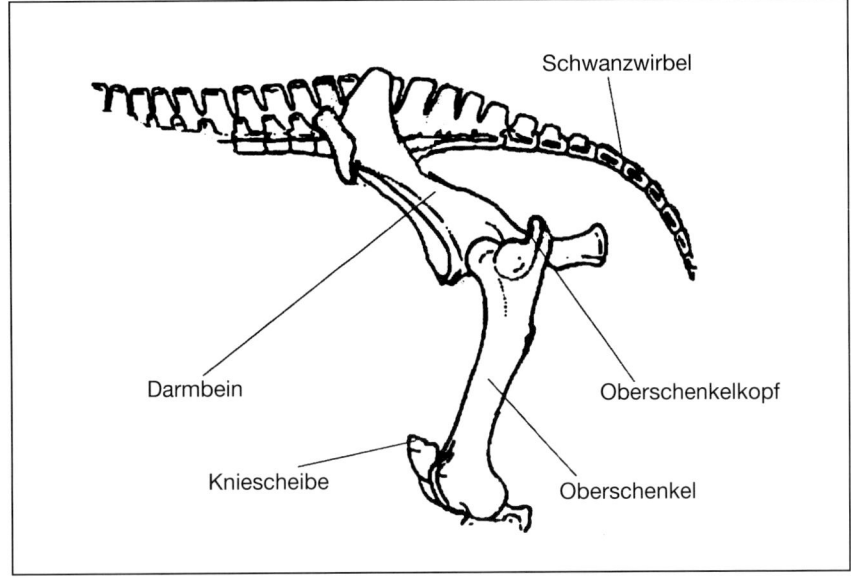

*Das Skelett der Beckenregion, schematisch*

Within the image (labels): Schwanzwirbel, Darmbein, Oberschenkelkopf, Kniescheibe, Oberschenkel

fortsätzen liegt das *Ligamentum supraspinosum*, ein Band, das im Halsbereich selbständig verläuft und das *Ligamentum nuchae* (Nackenband) bildet.

Insgesamt treten im Verlauf der Wirbelsäule 42 Paar Spinalnerven (Rückenmarksnerven) zwischen den Wirbeln aus, die mit ihren Aufzweigungen als dem Willen unterworfene, willkürliche Nerven die Muskeln versorgen. Hier verlaufen auch die sensiblen Fasern, die Meldungen über äußere Reize wie Berührung, Hitze, Kälte oder Schmerz an das Zentralnervensystem weiterleiten und Reaktionen, beispielsweise Ausweichbewegungen, auslösen. Zu den möglichen Veränderungen gehören auch vegetative Reaktionen wie die wechselnde Durchblutung bestimmter Körperteile.

# Verschiedene Rückenformen

Nicht jede Abweichung von der idealen Rückenform ist gleich als Erkrankung oder Anomalie anzusehen, es gibt hier durchaus individuelle Abweichungen, die noch als physiologisch angesehen werden können. Beim sogenannten Karpfenrücken formen die Dornfortsätze der hinteren Brustwirbel und der Lendenwirbel in der Seitenansicht eine mehr oder weniger deutliche konvexe Aufwölbung. Im allgemeinen entsteht dadurch keine Beeinträchtigung. Beim Senkrücken ist im Gegensatz dazu das Rückenprofil konkav eingesenkt. Letzterer kann in ausgeprägten Fällen zu einer Schwächung der normalen Funktionen des Rückens führen und in Extremfällen sogar Lahmheiten verursachen.

# Zentralnervensystem

Die Innervierung der willkürlich beeinflußbaren Muskulatur durch motorische Nerven erlaubt es dem Tier, sich bewußt zu bewegen und dabei Bezug auf seine Umwelt zu nehmen. Für eine koordinierte Bewegung benötigt jeder Muskel seine eigene Nervenversorgung und dazu komplizierte Zwischenverschaltungen im Bereich des Rückenmarks und im Gehirn. Vorwärtsschlendern und Absprung, Flucht, Ausweichreaktionen und vieles mehr wird vom Zentralnervensystem gesteuert.

Nerven können mechanisch verletzt werden, dadurch kommt es meist zu einer Lähmung, einer *Paralyse*, wie sie im Schulter-Ellenbogen- und Unterarmbereich bei einer Verletzung des *Nervus radialis* entsteht. Zu ähnlichen Verletzungen kann es überall dort kommen, wo Nerven exponiert dicht über einer harten knöchernen Unterlage verlaufen.

## Reflexbögen

Das Nervensystem arbeitet überwiegend unter Einsatz von Reflexen, das sind unwillkürliche Antworten auf bestimmte Situationen. Diese Automatismen, die auf unterschiedlichem Niveau ablaufen, meist als einfache Reflexbögen, sorgen für die Koordination der Muskeln untereinander und vereinfachen und beschleunigen die Reaktionen.

Ein Reflexbogen besteht aus einer vorbestimmten Reihe von Nervenbahnen. Ein äußerer Reiz läuft hier entlang bis ins entsprechende Rückenmarkssegment, und automatisch erfolgt dort eine Umschaltung auf eine motorische Reaktion, bevor der Reiz noch im Gehirn bewußt verarbeitet worden ist. Das passiert beispielsweise dann, wenn ein unfixiertes Tier den Einstich einer Injektionsnadel am Bein mit einem sofortigen reflektorischen Wegziehen des Beines beantwortet. Diese Aktion läuft unwillkürlich ab, sie ist eine spontane Folge des Reizes, ohne daß das Tier dabei bewußt handelt. Die Muskelkontraktion wird über einen Reflexbogen ausgelöst. Danach kann sich das Pferd durchaus noch bewußt entschließen, abwehrend auszuschlagen, das ist dann eine willkürliche Handlung, die direkt vom Gehirn aus gesteuert wird.

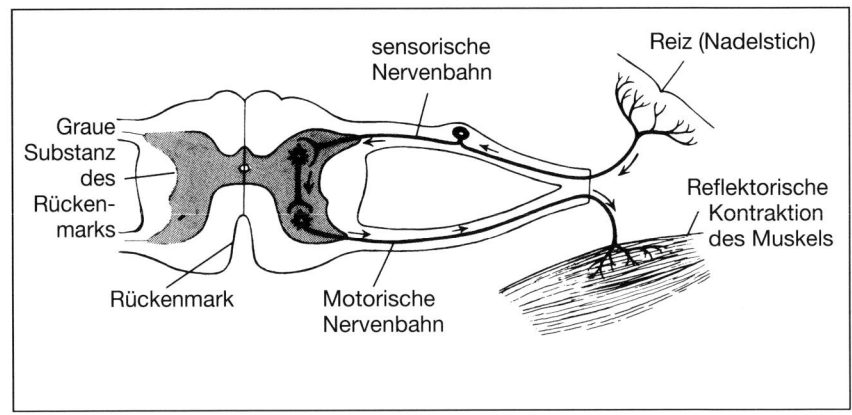

*Der Reflexbogen*

Andere Reflexe sind komplexer als der vorher beschriebene, so gibt es im Muskel Sinnesorgane, die seine Spannung wahrnehmen. Dadurch kann eine Steuerung anderer Muskeln erfolgen, indem der Reflex beispielsweise dafür sorgt, daß während der Anspannung eines Beugemuskels die Streckmuskeln des gleichen Beines entspannt werden. Auch die Koordination zwischen den Gliedmaßen wird von Reflexen beeinflußt.

Der Gang des Pferdes wird in seinen Grundzügen reflektorisch gesteuert. Achten Sie einmal darauf, wie sich die Vorderbeine im Schritt bewegen: Eines wird angehoben und leicht gebeugt vorgeführt, während sich gleichzeitig das andere streckt und das Gewicht aufnimmt. Jede Aktion ruft als Teil eines Reflexbogens die entsprechende Reaktion hervor. Dabei bleibt alles ständig der übergeordneten Kontrolle durch höhere Zentren im Gehirn unterstellt. Diese können die lokalen Reflexe überstimmen. Hier wird bewußt entschieden, welche Bewegungen durchgeführt werden sollen, ob das Tier beispielsweise ausweicht oder nur langsamer wird, wenn etwas Beunruhigendes in Sicht kommt, und so weiter.

Wenn jede Einzelheit einer Aktion immer erst bewußt detailliert geplant und ebenso ausgeführt werden müßte, würde wenig Bewegung zustande kommen. Deshalb sind Reflexe ein wichtiger Bestandteil der nervalen Steuerung, sie entlasten das Zentralnervensystem ganz wesentlich. Dieses verarbeitet die verschiedenen Sinneseindrücke, die entsprechend beantwortet werden, und überwacht die Reflextätigkeit. Reflexe fallen als normale Komponente der koordinierten Vorwärtsbewegung meist erst dann auf, wenn sie nicht mehr korrekt ablaufen. Bisher mühelos erscheinende Bewegungen werden unkoordiniert oder fallen ganz aus. Solche Ausfallserscheinungen können ein Zeichen für Verletzungen oder Erkrankungen in verschiedenen Teilen der Nervenbahnen und des Zentralnervensystems sein und haben daher eine große diagnostische Bedeutung.

## Wirbelsäulenbedingte Probleme

In Fachkreisen wird seit langem die Bedeutung der Wirbelsäule als Lahmheitsursache diskutiert. Das Wissen um die Zusammenhänge auf diesem Gebiet wächst derzeit schnell an.

### Definition

Lahmheiten aufgrund von Wirbelsäulenerkrankungen kommen bei Pferden in allen Einsatzbereichen vor, am häufigsten aber bei Renn- und Turnierpferden, besonders wenn sie zum Springen eingesetzt werden. Die Probleme entstehen durch kleinste Verschiebungen der Wirbel aus ihrer Normalposition, dadurch werden die austretenden Spinalnerven leicht gereizt, und es kommt in der Folge zu Muskelverspannungen und Schmerzen.

### Ursachen

Der häufigste Auslöser sind plötzliche unkoordinierte Bewegungen, besonders beim Springen. Die normale Tendenz der Wirbelsäule, sich im Bereich von Brust- und Lendenwirbeln und im Übergang zum Kreuzbein zum Schutz des Rückenmarks und der inneren Strukturen bei schnellen Gangarten und Sprüngen durch allseitigen Muskelzug zu versteifen, fördert die Anfälligkeit. Bei der Vorwärtsbewegung ermöglicht eine Abwärtsbiegung der Wirbelsäule ein weiteres Ausgreifen, und auch beim Springen kommt es abwechselnd zu Abwärts- und Aufwärtsbiegung. Exzessive Bewegungen können dabei zu Verletzungen führen. Diese unwillkommenen Einflüsse auf die Wirbelsäule werden unter Umständen durch das Reitergewicht noch verstärkt.

### Symptome

Diese sind abhängig davon, welche Wirbel im einzelnen betroffen sind. Der Schweregrad der gezeigten Symptome variiert, von kaum merkbaren Veränderungen des Ganges bis hin zu deutlichen Lahmheiten. Die wirbelsäulenbedingten Lahmheiten sind meist Hangbeinlahmheiten, bei denen die Länge und die Richtung der Vorführphase verändert ist. Das für Stützbeinlahmheiten typische Nicken des Kopfes ist hier weniger zu erwarten, auch wenn die Aktion des Pferdes bereits deutlich beeinträchtigt ist. Oft entsteht eine diago-

nale Lahmheit, bei der sich ein Vorderbein und das Hinterbein der gegenüberliegenden Seite nicht mehr normal bewegen.

Die exakte Diagnose erhält man durch genaue Beobachtung der Bewegungen des Pferdes und durch Abtasten der Wirbelsäule, man kann so die Verletzung exakt lokalisieren. Bei Problemen in der Halswirbelsäule neigen die
Pferde oft dazu, ein Bein zu schonen, und können den Hals zur einen Seite
schlechter biegen als zur anderen. Schmerzreaktionen des Tieres beim Durchtasten und Verspannungen in einzelnen Muskelpartien sind weitere mögliche
Symptome.

Bei Problemen im Rumpfbereich erkennt man die betroffene Stelle meist
an der mehr oder weniger heftigen Reaktion des Pferdes beim Abtasten. In
schweren Fällen kann es durch Muskelkrämpfe auch zu sichtbaren Veränderungen der Rückenlinie kommen. Bei länger bestehenden Problemen kommt
es oft zu Muskelschwund im schmerzhaften, nicht mehr normal bewegten
Bereich. Dadurch wird der Rücken noch auffälliger verändert. Eine primäre
Muskelverletzung kann auch gleichzeitig mit der Rückenverletzung entstanden sein, hier entsteht eher eine Schwellung statt einer Atrophie (Schwund).

## Therapie

Korrektive Manipulationen stellen die normale Funktion des Rückens in
einem großen Prozentsatz der Fälle wieder her, soweit bis dahin noch keine
ernsthafte Zerstörung spinaler Strukturen stattgefunden hat. Eventuell dane-
ben auftretende Muskelverletzungen sollten am besten gleichzeitig therapiert
werden. Manche Pferde scheinen für Wirbelsäulenprobleme besonders anfällig zu sein, in vielen Fällen werden sie bereits regelmäßig vorbeugend behandelt. Viele Spitzenpferde haben Rückenprobleme, die aber durch ständige
Beobachtung und vorbeugende Maßnahmen unter Kontrolle zu halten sind.

# Wobblersyndrom

Das Wobblersyndrom, eine Fehlentwicklung der Halswirbel, kennt man bereits seit vielen Jahren, allerdings versteht man seine Entstehung erst in letzter Zeit besser.

## Definition

Ein Wobbler ist ein Pferd, das an *spinaler Ataxie* leidet, das bedeutet, daß es
besonders in der Hinterhand Koordinationsprobleme aufweist. Seine Aktion
wirkt wackelig und unkontrolliert.

Diese Störungen sind auf Kompressionen des Rückenmarks in der Halsgegend zurückzuführen. Dazu kann es einerseits durch Entwicklungsstörungen der Halswirbel kommen, andererseits als Folge von Verletzungen.

Zumeist erkranken junge Pferde. Man findet Wobbler unter Tieren aller Rassen, am häufigsten scheinen jedoch Vollblüter betroffen zu sein. Besonders große, schnell wachsende Tiere sind stark gefährdet. Tritt das Problem erstmals in reiferem Alter auf, vermutet man eher Verletzungen als Ursachen.

## Symptome

Die Erscheinungen treten plötzlich auf. Die häufigsten Symptome sind unkoordinierte Bewegungen der Hinterhand und eine mangelnde Fähigkeit, die Hinterbeine korrekt zu setzen, wenn man das Pferd scharf wendet oder rückwärts richtet. Da die Erkrankung durch eine Einengung des Rückenmarks ausgelöst wird, ist die nervale Kontrolle der Körperbewegungen beeinträchtigt. Willkürbewegungen sind nur mehr eingeschränkt möglich, das Pferd zeigt dies bei Tests deutlich, die plötzliche Seitwärtsverschiebungen verlangen: Es gelingt ihm dabei nur mehr schlecht, seine Balance zu halten. Es tendiert dazu, bei der Arbeit zu stolpern und zu stürzen. Die Erkrankung verläuft im allgemeinen progressiv (sich kontinuierlich verschlimmernd), in späteren Stadien sind auch die Vorderbeine zunehmend betroffen.

## Therapie

Die Ataxie ist unheilbar, obwohl manche Tiere so weit stabil bleiben, daß sie zur Zucht eingesetzt werden könnten. Es besteht allerdings der Verdacht, daß die Anlage zur Entstehung einer spinalen Ataxie ererbt ist, so ist eine Zuchtverwendung wenig sinnvoll. Eine andere Theorie vermutet einen Zusammenhang mit Entwicklungsstörungen wie *Osteochondrosis dissecans*, deren Erscheinungen gelegentlich parallel auftreten. Bei Arabern und Morgan Horses erkranken Jungtiere im ersten Lebensjahr gelegentlich an Koordinationsstörungen, die ebenfalls auf Anomalien der Halswirbelsäule zurückgehen.

# Streukrampf

Die englische Bezeichnung „*shivering*" dieser Erscheinung beschreibt gleichzeitig die Symptome, sie sind allerdings nicht mit dem üblichen Schüttelfrost gleichzusetzen, wie der Name vermuten ließe.

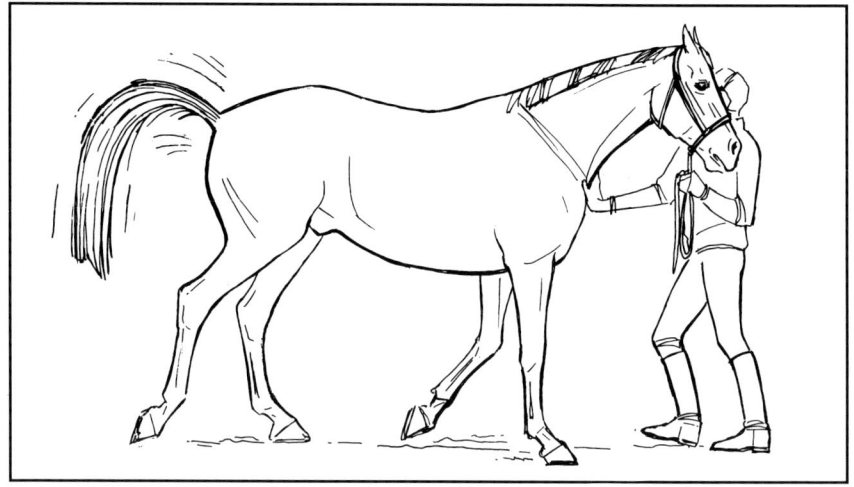

*Beim Streukrampf hebt das Pferd während des Rückwärtsrichtens den charakteristisch zitternden Schweif*

## Definition

Bei dieser Erkrankung unbekannter Ursache zeigt das betroffene Pferd charakteristische zitternde Bewegungen der Hinterbeine und des Schweifes. Der dabei vorliegende Koordinationsverlust läßt Ursachen, die im Nervensystem liegen, vermuten.

## Symptome

Die Tiere können fallweise bereits beim normalen Vorwärtsführen Veränderungen zeigen, ein Hinterbein wird plötzlich vermehrt seitlich angehoben und für einige Zeit ausgeprägt zitternd in die Höhe gehalten, gleichzeitig hebt das Pferd den ebenfalls zitternden Schweif.

Wenn man das Pferd rückwärts richtet, lassen sich diese Erscheinungen provozieren, besonders die typische Schweifhaltung wird dabei noch deutlicher. In scharfen Wendungen hat das betroffene Pferd unter Umständen Koordinationsprobleme.

## Therapie

Obwohl keine Behandlung möglich ist, können leichter erkrankte Tiere in manchen Fällen noch geritten werden. Eine Ankaufuntersuchung würden sie allerdings nicht als gesund passieren.

Auch hier beschreibt der Name (auch Zuckfuß genannt) typische Krankheitserscheinungen, die leicht erkennbar sind.

## Definition

Ein oder beide Hinterbeine werden übertrieben angehoben, die Aktion wirkt
unnatürlich, das betroffene Bein wird dabei deutlich unfreiwillig ruckartig
angezogen.

Die genaue Ursache der Erkrankung ist unbekannt, obwohl die Symptome
eine nervale Veränderung nahelegen.

## Symptome

Es können ein oder beide Hinterbeine betroffen sein. Beim Vorführen hebt
das Pferd ein Bein stark an, das dabei zu zittern scheint.

Besonders die ersten Schritte sind meist auffällig verändert, bevor sich das
Pferd etwas einläuft. Die Ganganomalie kann unterschiedlich stark ausgeprägt sein, in frühen Stadien sind die Anzeichen oft noch recht gering. Anders
als beim Streukrampf, dessen mehr generalisierte Symptome auf eine zentral-
nervöse Ursache schließen lassen, bleiben die Erscheinungen des Hahnen-
tritts praktisch immer rein auf das betroffene Bein beschränkt.

*Ein Pferd, das an Zuckfuß leidet, hebt das Bein besonders beim Antreten unfreiwillig
stark an, oft zittert der Fuß dabei.*

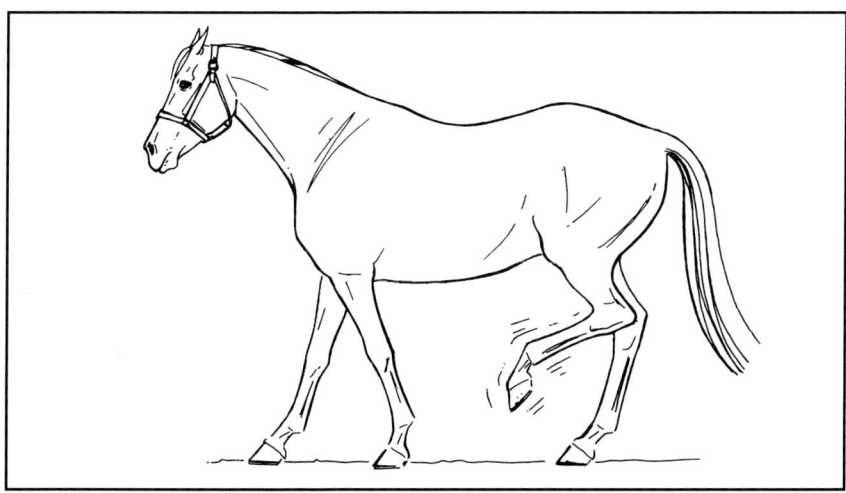

In manchen Fällen kann eine Durchtrennung der Sehne des *Musculus extensor digitalis lateralis* eine Besserung bewirken.

In anderen Fällen scheint dieser aber nicht der Auslöser zu sein. Die Erkrankung kann sich im Lauf der Zeit verschlechtern, obwohl manche Pferde durchaus einsatzfähig bleiben und sogar Rennen laufen.

In Australien und selten auch in anderen Ländern können ähnliche, wenn auch noch ausgeprägtere klinische Symptome bei Weidepferden durch eine Vergiftung mit bestimmten Pflanzen hervorgerufen werden. Diese Tiere erholen sich nach Wochen bis Monaten spontan wieder, wenn sie keinen Weidegang mehr bekommen.

## Radialislähmung

### Definition

Die *Radialislähmung* mit ihren charakteristischen Erscheinungen entsteht durch Verletzungen des *Nervus radialis* im Schulter-Oberarm-Bereich. Dieser Nerv versorgt die Streckmuskulatur von Ellbogengelenk, Vorderfußwurzelgelenk und Fessel. Ein Ausfall des Nervs bewirkt eine schlaffe Lähmung, eine *Paralyse* der entsprechenden Muskeln. Das Bein hängt in leichter Beugestellung herab und kann nicht mehr gestreckt oder aufgesetzt werden.

### Ursachen

Die Verletzung geschieht meist in Form eines direkten Schlages, sei es durch einen Sturz oder durch Anrennen an eine Wand oder einen Zaun. Die gequetschte Stelle des Nervs liegt im allgemeinen dort, wo dieser den Oberarmknochen kreuzt. Auch eine weitere Stelle, über der ersten Rippe, ist besonders exponiert und damit anfällig.

### Symptome

Die Symptome einer Radialislähmung sind leicht zu erkennen. Der Ellenbogen befindet sich deutlich unterhalb seiner Normalposition, das Bein hängt leicht gebeugt oder schlaff herab, und das Pferd ist unfähig, es vorzustellen. Das Bein wird nicht belastet. Wenn sich das Tier überhaupt vorwärts bewegt, schleift das Bein dabei über den Boden. Eine Paralyse ist dadurch charakterisiert, daß die Muskulatur schlaff erscheint und teilweise oder völlig bewe-

gungsunfähig ist, je nach dem Schweregrad der Verletzung und nach der be-
reits stattgefundenen Regeneration. Manchmal kommt es auch zu einem Sensibilitätsverlust im Bereich der Nervenversorgung.

## Therapie

Durch physiotherapeutische Maßnahmen wird versucht, die Heilung anzuregen und die Funktion der paralysierten Muskulatur wiederherzustellen. Eine komplette Durchtrennung des Nervs würde eine hoffnungslose Prognose bedeuten, oft liegt aber nur eine Quetschung vor, die nach entsprechender Behandlung wieder ausheilt.

Nervengewebe regeneriert sehr langsam, aber das Resultat ist meist so zufriedenstellend, daß sich der Behandlungsaufwand lohnt. Die Rehabilitation des Muskels durch Anwendung einer Reizstromtherapie zeigt aber erst dann Erfolg, wenn die Nervenfunktion bereits partiell wiederhergestellt ist, da die Muskelkontraktion von einer intakten Nervenversorgung abhängig ist.

## Femoralislähmung

Auch hier liegt eine Nervenlähmung vor, sie betrifft in diesem Fall den wichtigen Nerv, der den großen an der Kniescheibe ansetzenden Hinterhandmuskelkomplex versorgt, den *Musculus quadriceps femoris*. Im Stehen hält das Pferd das betroffene Bein leicht gewinkelt, fallweise hängt dabei die gelähmte Muskelpartie oberhalb des Knies schlaff herab. Beim Gehen ist das Vorführen nur mehr eingeschränkt möglich. Verdachtsweise kommt ein Riß des Quadriceps-Muskels in Frage. Die Behandlung folgt denselben Richtlinien wie bei der Radialislähmung.

## Subscapularislähmung

Bei Lähmungen dieses Schulternervs kommt es bald zu einem Schwund der von ihm versorgten Muskeln auf dem Schulterblatt, die sich abbauen (atrophieren).

## Ursachen

Die auslösende Nervenschädigung passiert meist, wenn das Pferd an etwas Hartes, etwa einen Türpfosten, anrennt, fällt oder im Wettkampf (Rennen oder Polo) von einem anderen Pferd gerammt wird.

Ist der Nerv für einige Zeit inaktiv gewesen, entsteht eine auffällige Atrophie (Schwund) der die Schulter bedeckenden Muskeln. Die Schulter erscheint abgemagert und flach, mit einer deutlich sichtbaren *Spina scapulae* (Schulterblattgräte; ein Knochenvorsprung). Die Diagnose ist leicht zu treffen.

## Therapie

Es wird so behandelt wie eine Radialislähmung. Wenn sich das Nervengewebe regeneriert hat, hilft eine Reizstromtherapie dabei, die Muskelaktivität wiederherzustellen. Der Erfolg stellt sich nur sehr langsam ein und kann in manchen Fällen sogar ganz ausbleiben. Wie immer ist eine Muskelbehandlung erst dann effektiv, wenn der Nerv bereits wieder funktionstüchtig ist.

# Skelettmuskulatur

Die Skelettmuskulatur steht unter der willkürlichen Kontrolle des Zentralnervensystems. Alle Muskeln, die der Fortbewegung dienen, gehören dazu. Die Bewegungsgrundtypen umfassen *Flexion* (Beugung), *Extension* (Streckung), *Abduktion* (Abstellen)und *Adduktion* (Heranziehen).

Der Muskelbauch, der aus Faserbündeln zusammengesetzt ist, bildet die Hauptmasse des Muskels. Diese Fasern sind für die Funktion des Muskels verantwortlich, sie ziehen sich bei der Kontraktion zusammen und verlängern sich bei der Relaxation (Entspannung). Muskeln sind mit ihren jeweiligen Enden an Knochen befestigt, die sie, wenn ein dazwischen gekoppeltes Gelenk das ermöglicht, durch ihre Kontraktion gegeneinander bewegen können. Einige Muskeln, dazu gehören vor allem die Muskeln der Extremitäten (Gliedmaßen), setzen sich am unteren Ende als Sehnen von unterschiedlicher Länge fort. Dadurch können sie fallweise auch an Knochen ansetzen, die nicht unmittelbar aneinander grenzen.

Beispielsweise entspringt der tiefe Beuger der Vorhand, der *Musculus extensor digitalis profundus* am Oberarm, und seine Endsehne setzt schließlich am untersten Zehenglied, am Hufbein, an. Bei seiner Kontraktion bewegt er deshalb alle dazwischen befindlichen Gelenke. Flexoren (Beugemuskeln) verlaufen jeweils an der Rückseite des Beines, sie heben es vom Boden ab und winkeln es, in Vorbereitung für die nächste Phase des Schrittes, an.

Gliedmaßenextensoren (Strecker) befinden sich an der Vorderseite des Beines, sie lassen es vorgreifen und strecken es aus.

*Das Hinterbein in verschiedenen Bewegungsphasen: Streckung nach vorne (links), Stützbeinphase (Mitte), Streckung nach hinten (rechts)*

*Passive Rotation der aufgehobenen Vordergliedmaße (oben). Abduktion nach außen (links im Bild) und Adduktion nach innen (rechts im Bild)*

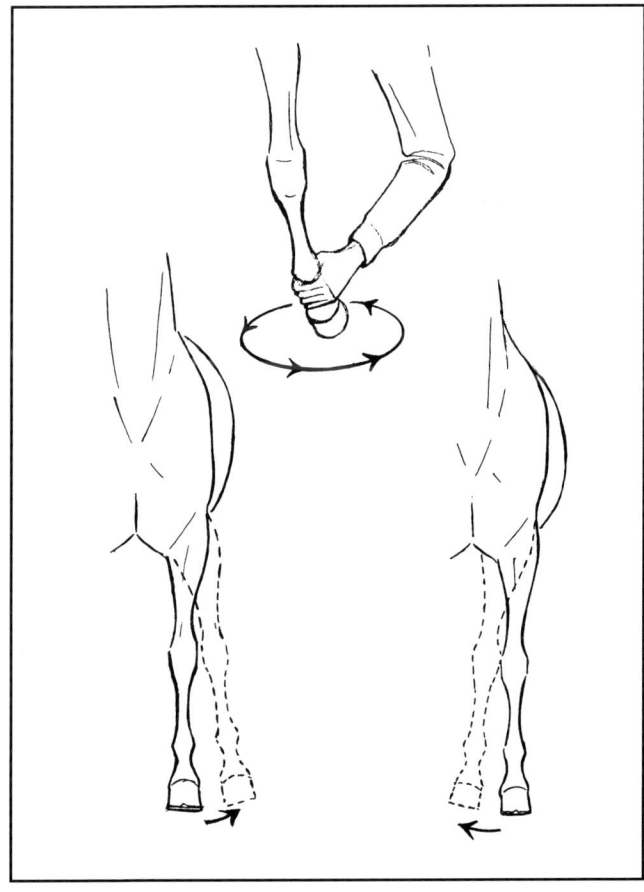

**206** Adduktoren ziehen das Bein von der Seite weiter in Richtung der Körpermittelachse, Abduktoren spreizen es vermehrt seitlich ab. Die Aktivität jedes einzelnen Muskels verläuft beim gesunden Pferd stets in Übereinstimmung mit der Bewegung aller anderen Muskeln. Muskeln, die in gleicher Weise wirken, bezeichnet man als *Agonisten* oder *Synergisten*, Muskeln mit gegenläufiger Wirkung, wie beispielsweise Beuger und Strecker des gleichen Beines, nennt man *Antagonisten*.

Jeder Muskel hat eine reiche Gefäßversorgung, da er bei seiner energieaufwendigen Aktivität auf eine ausreichende Zufuhr nährstoff- und sauerstoffreichen Blutes angewiesen ist.

Bei langsamer Arbeit erfolgt der Energieumsatz *aerob*, das heißt, daß die Sauerstoffversorgung mit dem Verbrauch Schritt hält und die Aktivität demnach über längere Zeit durchgehalten werden kann.

Bei schneller Arbeit ist das nicht mehr möglich, der Muskel geht eine sogenannte Sauerstoffschuld ein, die Energiebereitstellung wird dadurch ineffizienter, der Muskel arbeitet jetzt für kurze Zeit *anaerob*. Der Muskelfarbstoff, das Myoglobin, hat eine große Bindungsfähigkeit für Sauerstoff. Jeder Muskel hat seine eigene Nervenversorgung, die die Reize des Zentralnervensystems an ihn vermittelt und für die kontrollierte Willkürmotorik zuständig ist. Eine große Zahl lokaler Reflexe sorgt dabei für den reibungslosen Ablauf weitgehend automatisierter Bewegungsabläufe, so daß sich die zentrale Steuerung nur mehr auf die Feinanpassung und auf bewußte Entscheidungen konzentrieren kann.

## Muskelfasertypen

Die Skelettmuskulatur besteht aus sogenannter quergestreifter Muskulatur, wie sie ähnlich sonst nur mehr beim ständig aktiven, aber unwillkürlich arbeitenden Herzmuskel vorkommt. Die Eingeweidemuskulatur, als sogenannte glatte Muskulatur, weist diese charakteristische Feinstruktur nicht auf.

In jedem *quergestreiften Muskel* des Pferdes gibt es drei verschieden spezialisierte Fasertypen, die alle eine etwas unterschiedliche Funktion haben. Die athletischen Fähigkeiten des Tieres werden davon beeinflußt, mit welchem Anteil jeder dieser Typen in seinen einzelnen Muskeln vorkommt.

- Fasern vom Typ I haben reichlich Muskelfarbstoff, sie sind dadurch rot gefärbt. Ihre Energiebereitstellung und ihre Kontraktion verlaufen langsam, sie arbeiten völlig aerob und ermüden kaum. Hat ein Tier besonders viele Fasern dieses Typs in seiner Muskulatur, ist es prädestiniert für ruhige Ausdauerleistungen, wie sie bei Distanzbewerben verlangt werden.
- Typ II-A Fasern sind schnelle weiße Fasern, die wenig Farbstoff enthalten

und die sehr leicht ermüden, ihre Arbeitsweise ist überwiegend anaerob.
Sie werden bei kurzer, kraftvoller Aktivität eingesetzt, man könnte sie als
»Sprinterfasern« bezeichnen.

● Typ II-B Fasern sind ebenfalls hell und arbeiten schnell, sie haben eine besonders hohe oxidative Kapazität und ermüden dadurch weniger leicht als die II-A Fasern. Sie kommen überwiegend bei schneller Arbeit, die länger andauert, zum Einsatz.

Jeder Muskel enthält alle drei Typen von Muskelfasern, ihr Anteil entscheidet über dessen individuelle Leistungsfähigkeit, als Galopper, Traber, Distanz- oder Wanderreitpferd.

# Muskelverletzungen

Bisher fanden Muskelprobleme als Lahmheitsursache wenig Beachtung, beim heutigen Wissensstand über die Häufigkeit von Muskelverletzungen sollte die Situation diesbezüglich neu beurteilt werden.

## Primäre Muskelverletzungen und Zerrungen

Primäre Muskelverletzungen treten bei Pferden, wie auch bei menschlichen Sportlern, immer wieder auf. Bei Sportpferden kommt es im Verlauf des Trainings nicht selten zur Zerreißung kleinster Muskelfasergruppen. Bei schwereren Verletzungen sind größere Muskelbündel oder sogar ganze Muskeln betroffen. Aus den zerstörten Blutgefäßen der Rißstelle tritt Blut aus, ein Blutgerinnsel entsteht. Als Reaktion auf den entstandenen Schmerz wird der verletzte Muskel vom Körper ruhiggestellt und sozusagen aus dem Kreislauf der normalen bewußten und reflektorischen Tätigkeit ausgeschaltet. Um diesen Verlust zu kompensieren, werden statt dessen andere Muskelgruppen aktiviert. Das führt unweigerlich zu einer Veränderung der Aktion des Pferdes, wie klein diese auch immer sein mag. Dadurch ändert sich die Gewichtsverteilung und die Position, in der der Huf aufgesetzt wird, und es kann leicht zu sekundären Verletzungen anderer Strukturen kommen. Primäre Muskelverletzungen, die auf unkomplizierte Muskelfaserrisse zurückgehen, sind die bei weitem häufigsten, außerdem gibt es sekundäre Muskelverletzungen, die meist mit Verletzungen der darunterliegenden Skelettanteile vergesellschaftet sind. Bei Beckenbrüchen ist es die Regel, daß gleichzeitig schwere Verletzungen der mächtigen Hinterhandmuskeln vorliegen.

Bei chronischen Muskelverletzungen kommt es oft zu einer Atrophie

(Schwund) der betreffenden Muskeln. Am auffälligsten ist das im Bereich der Schulter oder oben an der Kruppenmuskulatur, die pathologische Abflachung der inaktiven Muskelbäuche erinnert an die Veränderungen bei einer Paralyse.

Gründe für einen Schwund von Muskelmasse, eine Muskelatrophie, sind:
- Inaktivität durch Schmerzen oder durch Ausfall des versorgenden Nervs,
- längerfristige Ruhigstellung in einem festen Stützverband,
- altersbedingter Abbau an Körpersubstanz, Mangelernährung.

## Ursachen

Man weiß, daß die Größe und Stärke von Muskeln mit fortschreitendem Training zunimmt. Daraus folgt logisch, daß Muskelverletzungen am ehesten solche Muskeln betreffen, welche ihre maximale Ausbildung noch nicht erreicht haben. Typischerweise kommt es während der Arbeit zu Verletzungen, gerade in Phasen, in denen das Pferd abrupt das Tempo wechselt. Auch beim Angaloppieren, beim Beschleunigen oder beim Springen sind die Muskeln besonders belastet. Ermüdete Muskeln (beim untrainierten Tier ermüden sie schneller) sind stärker gefährdet, da die Koordination und die Schnellkraft nachlassen.

Mangelnde Koordination bewirkt auch in der Aufwachphase nach Narkosen ein erhöhtes Verletzungsrisiko, ebenso wie bei plötzlichen Ausgleichsbewegungen, wenn das Pferd ausrutscht oder zu stürzen droht. Auch direkte Verletzungen, wie der Schlag eines anderen Pferdes, können zu Muskelverletzungen führen.

## Symptome

Die größeren Muskeln erleiden öfter Zerrungen. Diese sind deshalb im Bereich von Hals, Schultern, Rücken, Kruppe und Oberschenkel besonders häufig, während Unterarm und Unterschenkel seltener betroffen sind.

Muskelbedingte Lahmheiten werden oft übergangen, da die Pferde, bedingt durch die erwähnten Kompensationsmechanismen, scheinbar bald wieder gerade gehen. Beispielsweise führt eine Verletzung des langen Kopfes des *Musculus triceps brachii*, der zwischen Schulterblatt und Ellenbogen verläuft, dazu, daß das Pferd das Vorderbein nun so gebraucht, daß diese Region nicht benutzt wird. Daraus resultiert eine veränderte Vorhandaktion, die aber nicht unbedingt als Lahmheit erkennbar ist. So wird das Vorderbein statt gerade vorgeführt zu werden, abweichend eine leichte Rotation oder Abduktion ausführen. Bereits bei einer geringen Zahl verletzter Muskelfasern kann sich der betroffene Muskel nicht mehr im vollen Umfang strecken. Er bleibt in

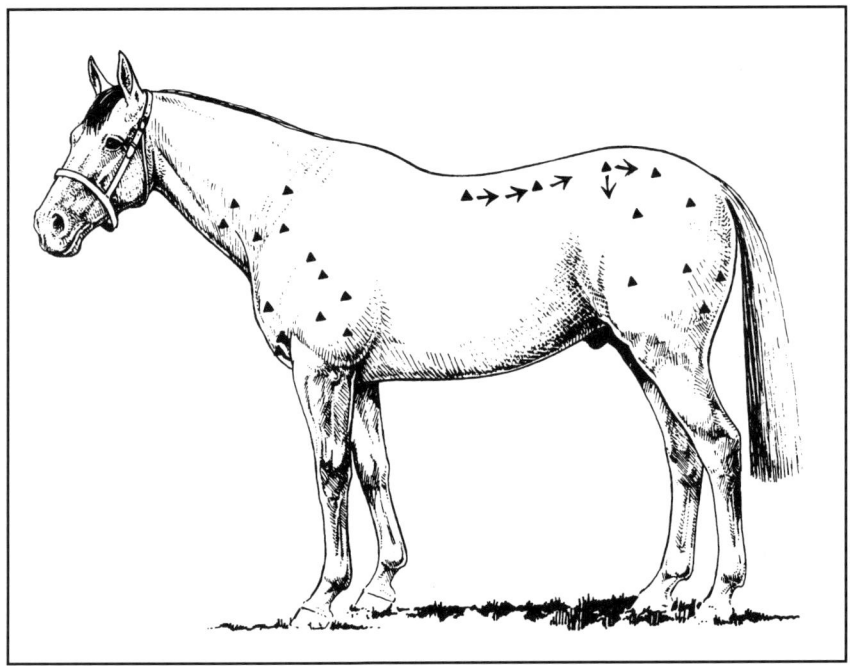

*Die Pfeile zeigen die Stellen, an denen es am häufigsten zu Muskelverletzungen kommt.*

einer teilweisen Kontraktionsstellung fixiert. Die Antriebsrichtung der Extremität wird dadurch beeinflußt, die weniger elastischen Sehnen werden vermehrt belastet, die Gelenke und Bänder leiden ebenfalls unter der dadurch meist entstehenden Schrägbelastung beim Auffußen.

Unmittelbar nach einer Muskelzerrung geht das Pferd deutlich lahm, aber innerhalb kürzester Zeit übernehmen andere Muskeln die Rolle des geschädigten Teils. Dabei können sie überlastet werden und werden ihrerseits anfällig für weitere Verletzungen.

Die erwähnte Lahmheit mit offensichtlichen Schmerzen, die sich unter anderem in einer Stützbeinlahmheit äußern, dauert zumeist nur ein bis zwei Tage an. Auch danach zeigen manche Pferde im Trab oder beim Verstärken noch eine deutlich verkürzte Aktion.

Verletzungen der Lendengegend, der Hinterhand oder des Halses führen dagegen oft zu länger andauernden Problemen.

Als äußeres Zeichen kommt es zu einer Muskelschwellung. Zuverlässigere Hinweise erhält man aus einer Messung der Muskelaktivität mit Hilfe eines Reizstrommeßgeräts, das sowohl für eine exakte Diagnose als auch für die Therapie eingesetzt werden kann. Muskelverletzungen heilen selten spontan aus, und ohne Behandlung wird der Gang des Pferdes oft bleibend verändert. Bei der Diagnose werden auch Ultraschallscanner, Muskelbiopsien und die Analyse von Blutproben eingesetzt. Bereits die erste Untersuchung gibt aber eine schnelle, effiziente Aussage über Art und Ausmaß des Schadens.

## Therapie

Die moderne Therapie von Muskelproblemen schließt auch physikalische Maßnahmen ein, wie beim menschlichen Sportler seit langem üblich. Sehr bewährt hat sich hierbei die Anwendung von Reizstromtherapiegeräten zur Muskelstimulation. Dadurch wird die Reorganisation des zerstörten Gewebes gefördert und der verletzte Muskel schneller wieder zum Einsatz gebracht.

Diese Behandlung sollte von kontrolliertem Training begleitet werden, das die erneute Verwendung des betroffenen Muskels forciert, ohne daß dadurch das Risiko von Folgeverletzungen ansteigt. Diese gezielte Arbeit wird so lange fortgesetzt, bis die Aktion des Pferdes wieder völlig normalisiert ist. Entgegen der landläufigen Meinung verheilen Muskelverletzungen ohne geeignete Therapie nicht, ohne daß Gangbeeinträchtigungen zurückbleiben. Erst die Stimulation von außen veranlaßt den Muskel wieder zu ordnungsgemäßem Arbeiten.

Im verletzten Bereich kann es schließlich sogar zur Bildung von Verkalkungen oder Knorpel kommen, vermutlich besonders dann, wenn primäre Verletzungen nicht beachtet und damit chronisch wurden. Bei Fohlen sind solche Einlagerungen in seltenen Fällen angeboren. Heutzutage werden die verschiedensten Geräte zur Behandlung von Muskelproblemen angeboten. Dadurch können zwar oft Schmerzen gelindert und die Durchblutung gesteigert werden, in vielen Fällen handelt es sich aber nur um kurzfristige Effekte, die nichts zur Wiederherstellung der Muskelfunktion beitragen. Erst eine effektive Stimulierung kann das bewirken.

Liegen gleichzeitig Knochenbrüche vor, wie es oft bei Beckenverletzungen vorkommt, muß mit der Stimulierung von Muskelaktivitäten natürlich gewartet werden, bis der Knochen verheilt ist, da es sonst zu Verschiebungen der Bruchenden und zu einer erheblichen Verschlimmerung der ursprünglichen Verletzung kommen kann.

## Verkalkung und Verknöcherung

Dies entsteht im Rahmen einer *fibrotischen Myopathie*, bei der es zur Einlagerung von Bindegewebe und Knorpel und schließlich zu Verknöcherungen kommt.

Diese Erscheinungen findet man besonders im *Musculus semitendinosus*, *Musculus semimembranosus* und *Musculus biceps femoris* der Hinterhand, sie kommen aber durchaus auch in anderen Regionen vor, wenn dort chronische Muskelverletzungen vorliegen.

## Ursachen

Außer der angeborenen Form bei Fohlen ist diese Erkrankung praktisch immer eine Folge von früheren Muskelzerrungen und Rissen. Wird das verletzte Tier weiter trainiert, erleidet es an den betreffenden Stellen ständig weitere Mikrotraumen. Da diese nur zu schnell vorübergehenden Lahmheiten führen, wird das Problem weiterhin ignoriert, und der Reizzustand wird chronisch.

## Symptome

Meist erkennt man den veränderten Bereich bei der Betrachtung, die normale Körperkontur ist hier deutlich verändert. Beim Durchtasten findet man im Muskel derbe Verdickungen. Bei Hinterhandaffektionen streckt das Pferd unter Umständen das Sprunggelenk etwas stärker und vermittelt so den Anschein, daß dieses Bein weniger korrekt gewinkelt sei. Der Schritt der betroffenen Gliedmaße ist verkürzt, und in einigen Fällen wird das ausgestreckte Bein vor dem Auffußen wieder etwas zurückgezogen. Die Diagnose gelingt mittels elektrischer Stimulationstests leicht und eindeutig.

## Therapie

Die Behandlung folgt den Richtlinien für primäre Muskelverletzungen und benötigt viel Zeit, bis eine völlige Wiederherstellung gelingt.

Bei fortgeschrittenen Veränderungen reichen physikalische Maßnahmen allein nicht mehr aus, es ist nötig, die Einlagerungen vorher chirurgisch zu entfernen. Ein einmal so stark veränderter Muskel erreicht kaum wieder seine ursprüngliche Leistungsfähigkeit. Eine frühzeitige Diagnose und entsprechend rechtzeitige Behandlung beugen solch unangenehmen Folgen am besten vor.

## Definition

Dieser fast sehnig ausgebildete Muskel bildet einen Teil des Spannbandapparates der Hinterhand und ermöglicht es dem Pferd, ohne Muskelanstrengung zu stehen. Durch ihn werden Knie und Sprunggelenk verbunden, so daß sie normalerweise nicht separat gewinkelt werden können. Der *Musculus peroneus tertius* hat seinen Ursprung am unteren Ende des Femur und setzt am oberen Ende des Röhrbeins an.

## Ursachen

Zu einer Ruptur (Muskelriß) kommt es bei plötzlichen Bewegungen oder bei großen Zugbelastungen, beispielsweise wenn das Pferd versucht, ein im Zaun verfangenes Hinterbein wieder loszuzerren.

## Symptome

Das typische Symptom besteht darin, daß das Tier nun Knie und Sprunggelenk unabhängig voneinander bewegt. Wenn man das betroffene Bein nach hinten zieht, sieht man, wie sich in der sonst straffen Achillessehne schlaffe Wellen bilden. Das Pferd lahmt deutlich in allen Gangarten.

## Therapie

Völlige Boxenruhe für mindestens vier Wochen ist unerläßlich, dann kann ein vorsichtiger Versuch unternommen werden, das Pferd wieder anzuarbeiten. Die Prognose für eine völlige Wiederherstellung ist unsicher, vor allem bei großen und schweren Pferden.

# Riß des *M. gastrocnemius*

Dieser Muskel hat, anders als der vorher beschriebene, den üblichen Aufbau aus Muskelbauch mit angeschlossener Sehne.

## Definition

Der *Musculus gastrocnemius* setzt am Sprunggelenkhöcker an. Seine Sehne bildet dort zusammen mit der des oberflächlichen Beugers die Achillessehne.

Überstreckung des Sprunggelenks.

## Symptome

Das Sprunggelenk hängt nach hinten heraus, wenn die Spannung der Achillessehne verlorengeht, und wirkt dadurch stärker gewinkelt als das der gesunden Seite. Allerdings kann das Problem auch beide Hinterbeine gleichzeitig betreffen. Bei einem partiellen Riß kann das Pferd das Bein noch benutzen, wenn auch mit deutlich veränderter Aktion. Bei einem kompletten Abriß der Achillessehne kann die Gliedmaße kein Gewicht mehr aufnehmen.

## Therapie

Jede Gewichtsbelastung zieht die gerissenen Enden der Sehne weiter auseinander, so daß keine Heilung stattfindet. Jede Behandlung wird also zuerst danach trachten, diesen Effekt aufzuheben und die Rißenden einander anzunähern. Ultraschall- oder Lasertherapie unterstützen dann die Gewebeneubildung.

Die Prognose ist eher schlecht, bedingt durch die mechanische Konstruktion der beteiligten Strukturen, da jede Bewegung die Heilung verhindert.

# Weitere Lahmheiten

In diesem Kapitel werden Erscheinungen beschrieben, die sich schwer einem der vorher besprochenen Stichworte zuordnen lassen.

## *Patellaluxation*

Die Patella (Kniescheibe) kann man als großes Sesambein betrachten, das in die Endsehne des *Musculus quadriceps femoris* eingelagert ist. Ein Sesambein bildet sich immer dort als mechanisches Element in einer Sehne, wo es darum geht, dem gelenknah einwirkenden Muskelzug ein stabiles Widerlager zu bieten.

### Definition

Die Fixation der Kniescheibe nach oben ist ein physiologischer Vorgang beim Ruhen des Pferdes. Der Spannbandapparat hält dabei das fixierte Bein des Pferdes ohne aktive Muskelanspannung gestreckt. Das innere Band der Patella fixiert die Patella am Rollkamm des Oberschenkels. In der Vorwärtsbewegung sollte das jedoch nicht passieren. Normalerweise liegt die Patella in einer Furche am unteren Ende des Oberschenkels eingebettet. In dieser Lage wird sie durch verschiedene Bänder stabilisiert. Gleitet sie aus dieser Position auf den mittleren Rollkamm, hängt sich das innere Kniescheibenband dort ein und wird beim versuchten Weiterschreiten gezerrt. Nachdem das Band so überdehnt wurde, rutscht es wesentlich leichter in diese unerwünschte Stellung. Das Problem kann einseitig auftreten, oft sind aber im Verlauf der Zeit beide Hinterbeine betroffen.

### Ursachen

Eine gewisse erbliche Prädisposition könnte dabei eine Rolle spielen, im Einzelfall sind dann die verschiedensten Auslöser beteiligt. Steil gestellte Kniegelenke erscheinen anfälliger, auch Tiere, die an Kondition verloren haben, erkranken häufig. Bei prädisponierten Pferden tritt die Luxation gehäuft nach anstrengender Bergaufarbeit auf.

Das Hinterbein bleibt für Sekunden oder länger in Streckstellung fixiert, das Pferd weigert sich, das Bein zu belasten, solange die Fixation besteht. Knie und Sprunggelenk können nicht gebeugt werden, wohl aber das Fesselgelenk. Treibt man das Tier vorwärts, schleift es das betroffene Bein über den Boden.

Eine stationäre Luxation kann über Stunden bestehen bleiben, in vielen Fällen rutscht die Patella zwar spontan wieder in ihre Normalposition zurück, kann aber jederzeit wieder luxieren. Besonders häufig kommt es beim Antreten aus dem Stand oder bei engen Wendungen dazu. Beim Zurückschnappen der Kniescheibe in die richtige Lage am Oberschenkel hört man oft ein scharfes Klicken.

Das charakteristische Erscheinungsbild der Patellaluxation mit gestreckt fixiertem Hinterbein ist kaum zu verkennen. Diese Position behält das Pferd so lange bei, bis es ihm – oft durch eine plötzliche Bewegung – gelingt, die Kniescheibe mit Hilfe der Oberschenkelmuskulatur wieder in ihre Normallage zu heben. Tiere aller Altersstufen können betroffen sein, bereits vom Jährling an.

## Therapie

Mit Hilfe eines um die Fessel gelegten Seiles, das man anschließend um den Halsansatz herumlegt, kann man versuchen, das Hinterbein vorzuziehen, so daß die Patella zurückschnappt. Der erwünschte Effekt wird unterstützt, indem man gleichzeitig versucht, die Patella hinaufzuschieben und nach außen zu verlagern.

Die Pferde sollten auf Spänen oder ähnlichem Material aufgestallt werden, damit sie sich im Stall trotz ihres Handicaps problemlos bewegen können. Entzündungshemmende Medikamente helfen dabei, die entzündlichen Veränderungen im Gelenk zu begrenzen, auf die Problematik selbst nehmen sie aber keinen Einfluß.

Bei älteren Pferden, bei denen es bereits wiederholt zu einer Patellaluxation gekommen ist, wird man eine operative Durchtrennung des mittleren Kniescheibenbandes erwägen. Die Ergebnisse der Operation sind recht gut, es kann danach keinesfalls mehr zu einer Fixierung des Beins kommen. Allerdings sind andere Veränderungen im Kniebereich damit nicht ausgeschlossen und die Entscheidung zur Operation sollte erst nach sorgfältiger Überlegung getroffen werden.

# Angeborene *Patellaluxation*

Bei neugeborenen Fohlen findet man gelegentlich ein anderes Problem, eine angeborene *Patellaluxation*.

Die Kniescheibe kann zur Mitte oder – häufiger – nach außen verlagert sein. Die Ursache ist in diesem Fall eine fehlerhafte Ausbildung des Oberschenkelendes. Durch chirurgische Korrektur kann ein Therapieversuch gemacht werden.

# Angelaufene Beine

Für diese weitverbreitete Erscheinung gibt es eigentlich keinen medizinischen Fachausdruck, da das Problem auf die verschiedensten Ursachen zurückgehen kann, die oft mehr im Management als in ernsthaften Gesundheitsproblemen begründet liegen.

## Definition

Mit dem Ausdruck »angelaufene Beine« wird die passive Füllung der unteren Beinabschnitte bei aufgestallten Pferden beschrieben, bei denen es zu unterschiedlich starken Schwellungen kommen kann, welche die äußerlichen Konturen der einzelnen anatomischen Strukturen zunehmend verwischen. Das geschieht durch Zirkulationsstörungen, bei denen sich Flüssigkeit staut, statt wieder in den Blutkreislauf zurückzuströmen. Diese Anschwellungen sind meist als harmlos anzusehen und verschwinden bei der Arbeit schnell wieder.

## Ursachen

Bei Pferden ohne ausreichende Bewegung bilden sich Stauungen fast immer nur als Folge von Zirkulationsstörungen. Auch giftbildende Prozesse im Darmtrakt bei Verdauungsproblemen können den Flüssigkeitsaustritt aus den Blutgefäßen verstärken. So kann ein Einstreuwechsel oder eine Überfütterung ebenfalls zu vermehrt angelaufenen Beinen führen.

Bei Herz-Kreislauf-Problemen sind geschwollene Gliedmaßen das äußerlich auffälligste, häufig auftretende Symptom und bei einer bestimmten viralen Infektionskrankheit ebenfalls, bei der *Equinen infektiösen Arteritis*.

Die Anschwellung ist meist morgens am deutlichsten und bessert sich, wenn das Pferd bewegt wird. Treten diese Erscheinungen nur einmalig auf, braucht man sie nicht als beunruhigend zu bewerten, obwohl es bei Turnier- oder Rennpferden meist gleichzeitig zu einer gewissen Leistungseinbuße kommt. Für die Beurteilung ist es wichtig, daß stets mehrere Beine angeschwollen sind. Wenn nur eine Extremität anläuft, muß man damit rechnen, daß dem andere ernsthaftere Ursachen zugrunde liegen, wie beispielsweise eine lokale Infektion.

## Therapie

Milde Abführmittel können zum Einsatz kommen, um den Darmtrakt und den Flüssigkeitshaushalt zu entlasten, sie sollten allerdings nur sparsam verwendet werden. Das Pferd wird anschließend mit gutem Heu und kleinen Haferportionen wieder angefüttert.

Bei intensiv mit Kraftfutter ernährten Tieren sollte man die Ration etwas kürzen oder das Futter wechseln, wenn angelaufene Beine auftreten. Nach kleinen Verletzungen kommt es oft zu angelaufenen Beinen, wenn diese die Durchblutung der Gliedmaße beeinträchtigen. Diese Schwellungen benötigen etwas länger, bis sie verschwinden, die Pferde können aber meist trotzdem gearbeitet werden.

Wenn die Ursache Kreislaufstörungen sind, ist die Situation ernster. Eine tierärztliche Durchuntersuchung von Herz und Kreislauf ist anzuraten, und eine eventuelle Therapie sollte unverzüglich begonnen werden.

# *Phlegmone* (Einschuß)

Hierbei schwillt gewöhnlich nur ein Bein stark an, oft ein Hinterbein.

## Definition

Als Phlegmone bezeichnet man eine Entzündung eines oder mehrerer Lymphgefäße. Diese sammeln im Endstrombereich die Gewebeflüssigkeit, filtern sie auf dem Weg durch Lymphknoten und münden schließlich in das venöse Blutgefäßsystem. Andere transportieren Nährstoffe aus Leber und Darmtrakt bis in die Venen.

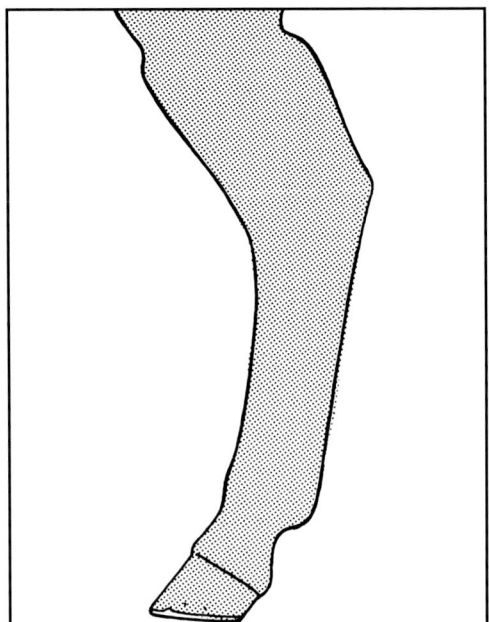

*Die starke Schwellung bei einer Phlegmone (Einschuß) verwischt die normalen Gliedmaßenkonturen*

Die Lymphknoten fangen auch Fremdstoffe (Mikroorganismen) aus der Körperflüssigkeit ab und verhindern so, daß diese weiter in den Körper vordringen.

Bei einer Entzündung der Lymphgefäße ist der Abfluß gestört, die resultierende Schwellung kann vom Kronrand bis hinauf zu Knie oder Ellenbogen reichen.

## Ursachen

Dem Auftreten einer Phlegmone geht meist eine Verletzung voraus – oft so klein, daß sie übersehen wird. Sie tritt hauptsächlich bei aufgestallten Pferden auf, die ausschließlich Heu und Kraftfutter erhalten. Das läßt auf eine gewisse Mitbeteiligung diätetischer Ursachen schließen.

## Symptome

Eine enorme Schwellung des ganzen Beins dehnt die Haut bis an die Grenzen ihrer Elastizität, in schweren Fällen kommt es sogar zu Dehnungsrissen. Meist ist der Verlauf der Lymphbahnen schmerzhaft. Die Körpertemperatur ist oft erhöht, es kommt vor, daß ein Pferd schwitzt. Es lahmt auf dem betroffenen Bein.

Die Art der Umfangsvermehrung legt die Diagnose Phlegmone auf den er-

sten Blick nahe, man darf diese Erkrankung aber keinesfalls mit direkt trau-
matisch bedingten Schwellungen verwechseln.

<u>Therapie</u>

Antihistamine und Entzündungshemmer sind in solchen Fällen die Medikamente der Wahl, sie dämmen die entzündlichen Gewebeveränderungen möglichst ein.

In manchen Fällen ist diese Behandlung ausreichend rasch wirksam. Fut-
termittel, die die Darmtätigkeit fördern, und eventuell auch der Einsatz harn-
treibender Medikamente können unterstützend wirken. Das Tier darf vorsichtig bewegt werden, um den Flüssigkeitsabfluß zu fördern.

Besonders bei verschleppten Fällen kommt es leicht zu einer Verhärtung
des Bindegewebes, eine gewisse Umfangsvermehrung bleibt bestehen. Es
kann immer wieder zu Rückfällen kommen, die zu weiteren Zubildungen
führen. Solcherart betroffene Pferde sollten regelmäßig bewegt und an Ruhe-
tagen zumindest einige Zeit longiert werden.

# *Osteomyelitis*

Als *Osteomyelitis* wird eine bis ins Knocheninnere eingedrungene Infektion bezeichnet, die durch tief reichende Wunden und Knochenverletzungen
entsteht. Bei Fohlen mit unzureichendem Immunschutz erreichen die Erreger
das Knochenmark auf dem Blutweg.

Eine intensive Antibiotikatherapie ist angezeigt, zusätzlich wird, soweit
nicht bereits geschehen, eine gründliche Säuberung des Wundbereichs vorgenommen, bei der infiziertes Gewebe und Fremdkörper sorgfältig entfernt
werden.

Fohlen werden mit Antibiotika und Blutserum der Mutter therapiert.

*Frakturen* (Brüche)

Zu Knochenbrüchen kommt es durch direkte Verletzungen, die Frakturformen teilt man folgendermaßen ein:

**Einfache Frakturen:** Hier liegen zwei Bruchstücke vor, die Haut ist intakt, bei komplizierten Frakturen durchdringt der gebrochene Knochen die Haut. Weiter unterscheidet man **Trümmerbrüche**, bei denen der Knochen in mehreren Teilen vorliegt, und **unvollständige Brüche**, bei denen die Frakturlinie nicht den gesamten Knochen durchdringt, der seine Form daher weitgehend behält. Sind die Bruchenden gegeneinander verschoben, nennt man das **Dislokation**, die Enden müssen in die Normalstellung reponiert werden, bevor der Bruch operativ oder durch Verbände fixiert wird und die Heilung einsetzen kann.

Verläuft die Frakturlinie bis in ein Gelenk, liegt eine **intraartikuläre Fraktur** vor. Hier kommt es in der Folge meist zu Gelenkerkrankungen mit

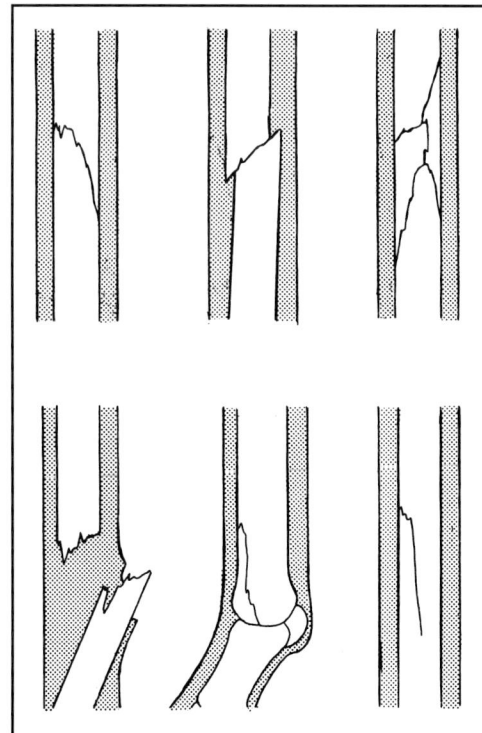

*Verschiedene Brüche am Beispiel des Röhrbeins, obere und untere Reihe jeweils von links: einfacher Bruch ohne Verschiebung; mit Verschiebung der Bruchenden; Trümmerbruch: offener Bruch, die Knochenenden durchdringen die Haut; Bruch, der in das Gelenk reicht; inkompletter Bruch, der Bruchspalt durchzieht den Knochen nicht ganz.*

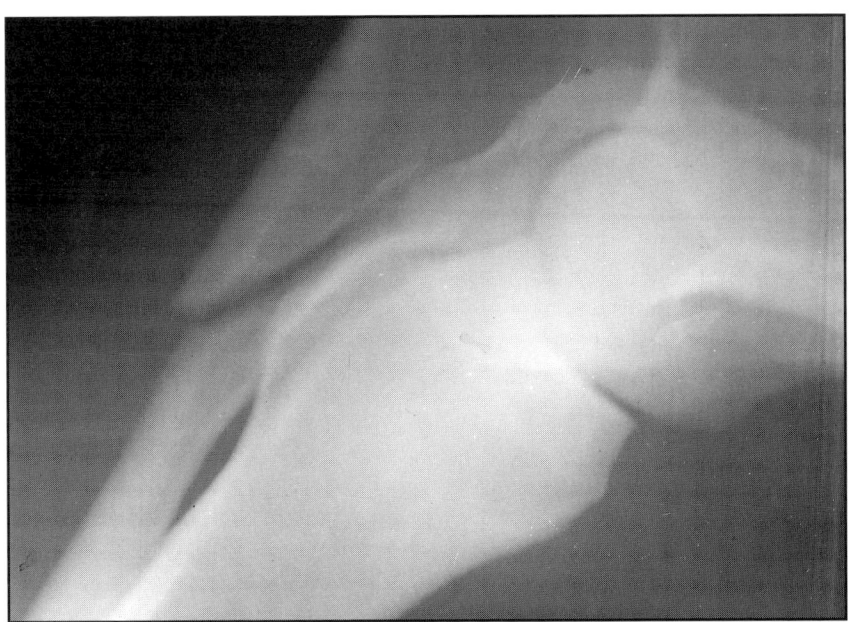

*Röntgenaufnahme einer Ulnafraktur (Bruch der Elle)*

*Kontrollröntgen des Bruchs nach der Ver-plattung; die Schrauben reichen in die Speiche*

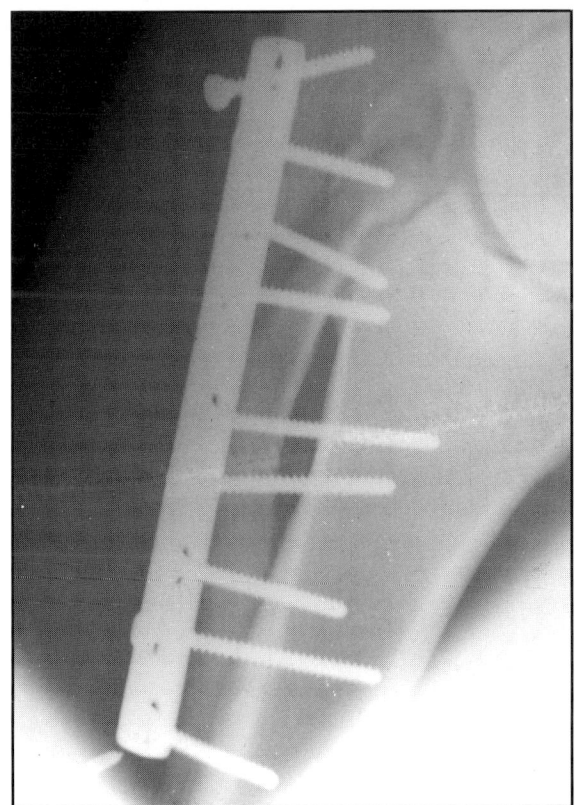

**222** Exostosenbildung (Knochenwucherungen). Die Erfolgsaussichten bei der Heilung von Frakturen der langen Röhrenknochen der Gliedmaßen sind durch die Natur des Pferdes und durch sein hohes Körpergewicht limitiert. Beides stellt fast unlösbare mechanische Anforderungen an die Stützeinrichtungen, was die Möglichkeit einer stabilen Fixierung der Bruchenden anbelangt. Die meisten Pferde widersetzen sich einer Fixierung in entlastenden Schlingen. Da für eine erfolgreiche Heilung eine absolute Ruhigstellung und Entlastung des gebrochenen Knochens essentiell ist, wird in der modernen Tiermedizin die Hoffnung oft auf chirurgische Maßnahmen gesetzt. Eine gelungene Osteosynthese stabilisiert in Verbindung mit Stützverbänden heute erfolgreich viele Brüche, die früher ein Todesurteil bedeutet hätten.

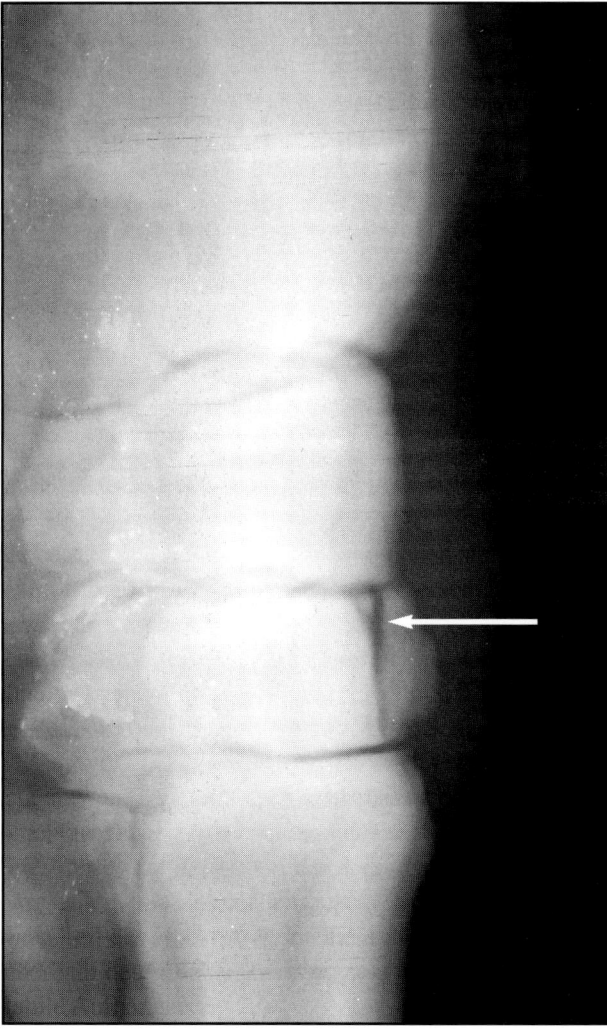

*Röntgenaufnahme einer Slab-Fraktur (Pfeil) des dritten Karpalknochens*

*Rechte Seite: Kontrollröntgen nach der operativen Fixierung des Teilstückes mit einer Schraube*

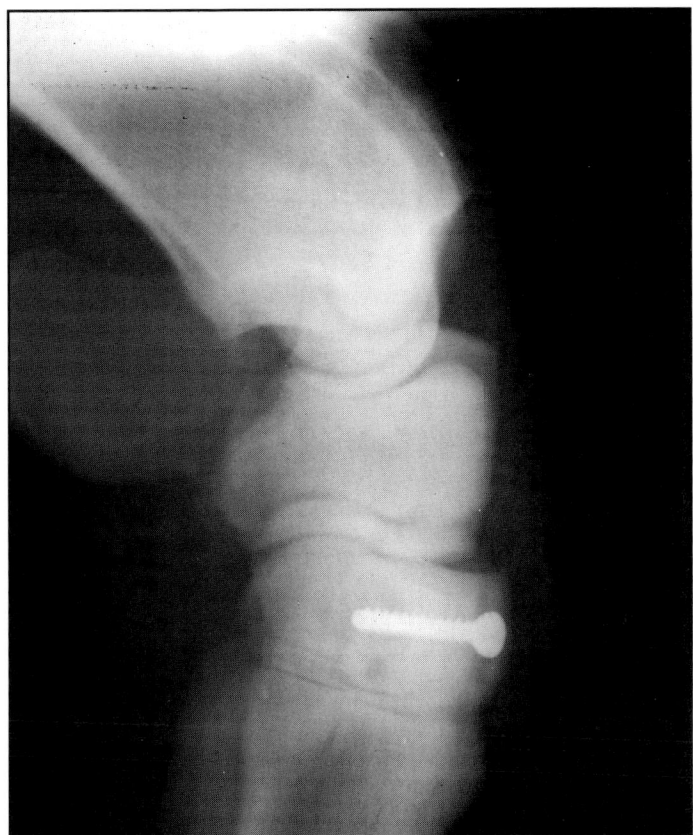

Um Pferde vor Schmerzen, Angst und Schockreaktionen zu bewahren, müssen immer noch manche erlöst werden, wenn das exakte Ausmaß des Schadens festgestellt worden ist. Auch wenn die Prognose für ein annähernd normales Leben des Tieres nach der Heilung schlecht ist, sollte das Tier vor weiteren Leiden bewahrt werden.

Die Heilungschancen für Frakturen der kleinen Knochen, wie Fesselbein, Gleichbeine, Karpal- und Sprunggelenkknochen, sind gut, viele Pferde werden sogar wieder voll einsatzfähig. Auch schwere Beckenfrakturen, bei denen in der Bewegung Krepitationsgeräusche (Knirschen) hörbar sind, heilen in einem hohen Prozentsatz der Fälle aus, wenn die Tiere lange genug ruhiggestellt werden. Speziell bei Frakturen des Röhrbeins können operative Fixierungsmaßnahmen wie Platten und Schrauben das Bein so weit stabilisieren, daß in einigen Fällen eine Heilung möglich wird. Die bis heute bekannten Werkstoffe besitzen nicht die Festigkeit, die notwendig wäre, um große Knochen wie den Femur oder Humerus zu fixieren, zumal Pferde nicht zulassen, daß ein Teil ihres Körpergewichts von Schlingen übernommen wird.

Bei allen akuten Verletzungen, bei denen das Pferd große Schmerzen zeigt und unwillig erscheint, das betroffene Bein zu belasten, muß man an eine Fraktur denken. Bei vollständigen Brüchen großer Knochen ist die Diagnose leicht zu treffen, aber unvollständige Durchtrennungen, bei denen die Bruchenden nicht gegeneinander verschoben sind, bieten größere Probleme. Meist sind sogar beim Röhrbein Röntgenaufnahmen aus mehreren Richtungen nötig, ehe die Diagnose feststeht. Generell sollten immer, wenn ein Frakturverdacht vorliegt, sicherheitshalber Röntgenaufnahmen angefertigt werden, vor allem wenn akut hochgradige Schmerzen auftreten, auch wenn keine weiteren Hinweise an der verdächtigen Stelle festzustellen sind, wie zum Beispiel ungewöhnliche Beweglichkeit oder Krepitationsgeräusche beim passiven Bewegen. Übersieht man hier etwas, kann das später zu wesentlich größeren Problemen führen.

Nicht jeder frische Bruch ist im Röntgenbild ohne weiteres zu erkennen, speziell Sprünge oder *Fissuren* (Risse) ohne Verschiebung der Bruchenden sind oft praktisch unsichtbar. Bessern sich die klinischen Symptome nicht wesentlich, wird man deshalb nach etwa einer Woche Boxenruhe im Stützverband erneut röntgen. Durch die Umbauprozesse der beginnenden Heilung wird ein eventuell doch vorliegender Bruchspalt nun auffällig breiter und kann bemerkt werden.

Eine neue Möglichkeit, Vorgänge im Knochen aufzuklären, bietet die Szintigraphie. Bestimmte radioaktive Materialien reichern sich im Knochen dort an, wo vermehrt Umbauprozesse stattfinden. Durch spezielle Kameras können die verschiedenen Strahlungsmengen dokumentiert werden.

# Frakturen einzelner Knochen

Bei ausgewachsenen Pferden bedeuten Brüche von Schulterblatt, Oberarm und Speiche praktisch immer das Todesurteil für das betroffene Tier, obwohl bei Fohlen der Versuch gemacht werden kann, diese Frakturen operativ zu fixieren.

Frakturen von Elle und Wadenbein, die weniger gewichtsbelastet sind, haben eine bessere Prognose. Chirurgisches Eingreifen ist gewöhnlich auch bei Brüchen der Karpalgelenkknochen erfolgreich.

Die kleinen Absprengsel bei *Chipfrakturen* können durch arthroskopische Eingriffe schonend entfernt werden, so daß die Pferde in vielen Fällen bald wieder einsatzfähig werden.

Die größeren Abrißteile einer *Slab-Fraktur* werden nicht entfernt, sondern am Ausgangsknochen angeschraubt.

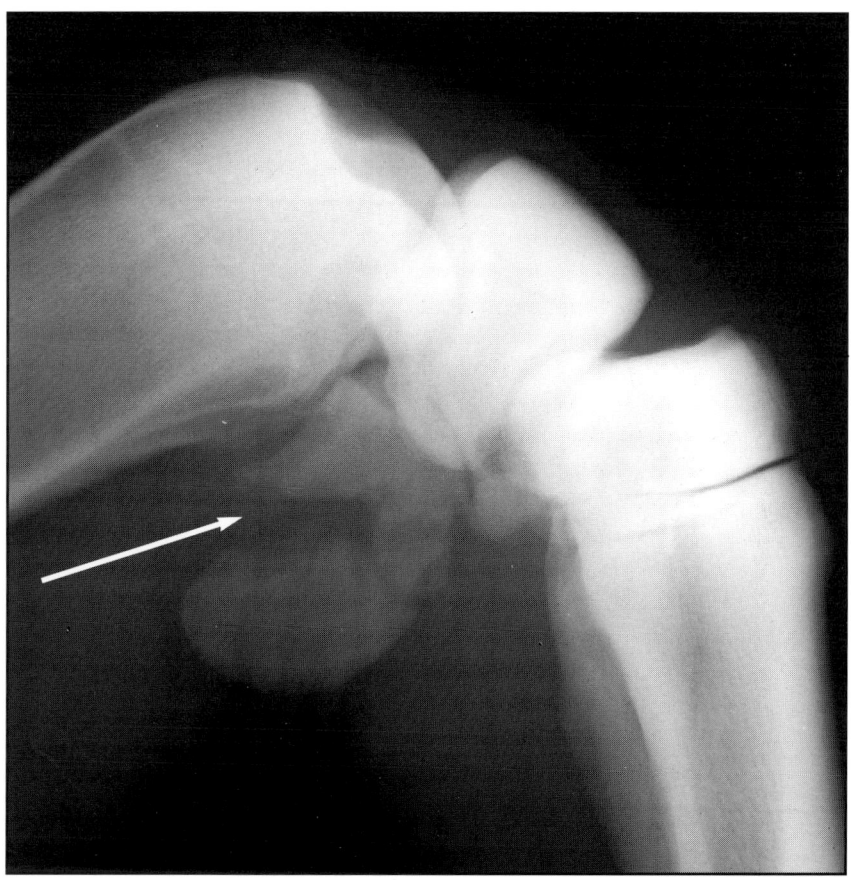

*Röntgenaufnahme eines Vorderfußwurzelgelenks in Beugehaltung, Bruch des Erbs-*
*beins (Pfeil)*

**Röhrbeinfrakturen** werden operativ versorgt, solange nicht zu viele
Bruchstücke entstanden sind und die Haut unverletzt geblieben ist. Die Un-
versehrtheit der Sehnen und Bänder in dieser Region muß für die Prognose
ebenfalls in Erwägung gezogen werden. Zur weitmöglichen Stabilisierung
der Bruchstücke verwendet der Chirurg Platten und Schrauben.

Bei **Griffelbeinfrakturen** genügen in Einzelfällen Stützverbände und Boxenruhe zur Ausheilung, oft wird aber das untere lose Bruchstück operativ
entfernt werden müssen, um den Dauerreiz zu beenden.

**Gleichbeinfrakturen** stellen sich als Abrißfrakturen kleinerer Teile oder
als Spaltung des gesamten Knochens dar. Werden chirurgische Maßnahmen
notwendig, können kleinere Chips entfernt oder größere Teile miteinander
verschraubt werden, oft genügen aber auch Stützverbände.

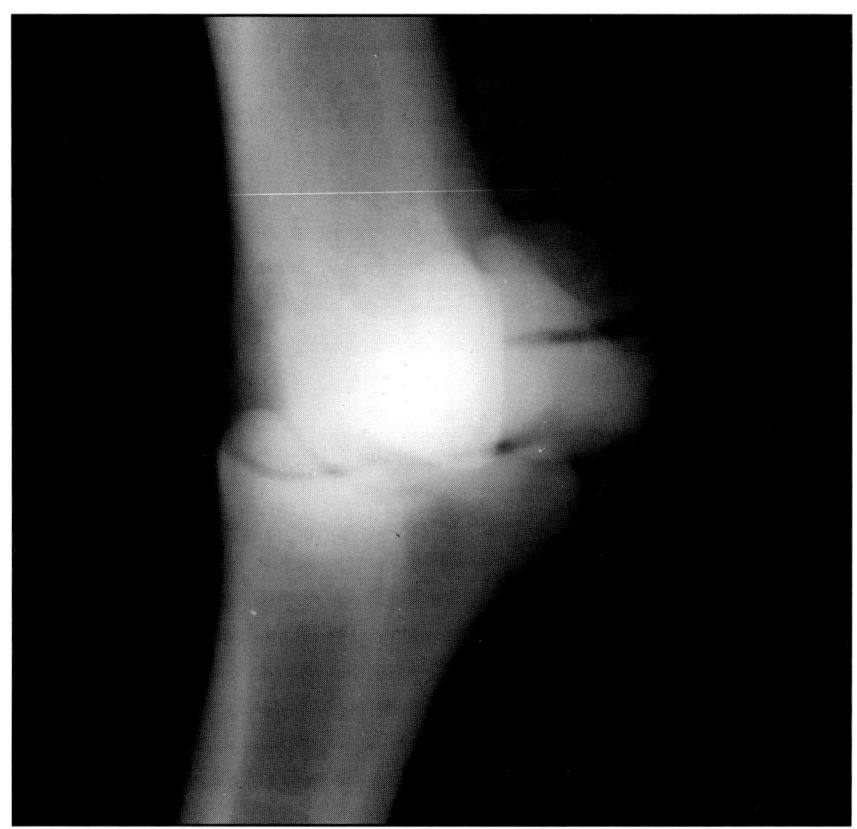

*Diese Röntgenaufnahme eines Fesselgelenks zeigt einen Gleichbeinbruch.*

**Fesselbeinfrakturen** sind bei Leistungspferden nicht selten. Sind die Bruchstücke nicht verschoben, genügt in vielen Fällen Boxenruhe. Kompliziertere Brüche werden verschraubt oder eingegipst.

Brüche des **Kronbeins** sind selten und solche des Hufbeins heilen meist zufriedenstellend aus, solange das Strahlbein nicht beteiligt ist.

Bei **Strahlbeinfrakturen** kann in einigen Fällen die Chirurgie Heilungschancen bieten.

**Beckenbrüche**, auch solche mit deutlicher Krepitation der Bruchstücke, heilen im allgemeinen folgenlos ab, solange das Pferd ausreichend lange ruhiggestellt werden kann. Zur Diagnose verwendet der Tierarzt diese Krepitationsgeräusche, zu deren Feststellung gelegentlich eine rektale Untersuchung notwendig wird, während der er das Hinterbein der verdächtigen Seite passiv bewegen läßt, um die Geräusche zu provozieren. Betroffene Pferde lahmen bereits im Schritt deutlich, wenn auch nicht hochgradig, sie belasten die verletzte Seite nur wenig.

Zu **Patellafrakturen**, also Brüchen der Kniescheibe, kommt es meist durch einen Schlag auf das Knie. Chirurgische Maßnahmen können manchmal erfolgreich sein.

Das gleiche gilt für **Sprunggelenkfrakturen**, die gelegentlich auch konventionell behandelt werden. In komplizierteren Fällen ist die Prognose eher schlecht, fast immer kommt es in der Folge zu degenerativen Gelenkveränderungen. Die Entscheidung für eine Therapie muß jedenfalls genau abgewogen werden.

**Wirbelfrakturen** haben meist eine hoffnungslose Prognose, besonders wenn der Wirbelkanal oder das Rückenmark selbst betroffen sind. Sind nur Dornfortsätze gebrochen, können diese unter Umständen komplikationslos wieder verheilen, wenn das Pferd Boxenruhe erhält. Frakturen im Bereich des Kreuzbeins bieten bei Beteiligung des hintersten Ausläufers des Rückenmarks ebenfalls eine schlechte Prognose.

# Frakturheilung

Es gibt Studien darüber, daß Magnetfeldtherapie und eventuell auch Strombehandlung die Bruchheilung fördern kann. Für einen Erfolg dieser Maßnahmen ist es wichtig, daß keine Infektion vorliegt, auch müssen die Teile vorher entsprechend immobilisiert werden. Die besten Ergebnisse erzielt man an Stellen, die ohnehin eine recht gute Prognose für eine komplette Ausheilung bieten, also bei den kleineren Knochen im und unterhalb des Sprung- und Vorderfußwurzelgelenks. Die beschriebenen physikalischen Therapien unterstützen und beschleunigen beim korrekt versorgten Bruch die Neuorganisation im Gewebe, es kommt kaum mehr dazu, daß sich die Bruchenden nicht vereinigen.

Bei Problemen im Bereich von Hufbein und Gleichbeinen kann auch der Laser erfolgversprechend eingesetzt werden, was bisher wenig bekannt ist.

Regelmäßige Hufpflege ist für das Wohlbefinden jedes Pferdes unerläßlich, denn wie man von alters her weiß: Ohne Huf kein Pferd.

Das gilt ganz besonders für Reitpferde und für Tiere, die überwiegend auf hartem Boden eingesetzt werden. Regelmäßiges Ausschneiden ist aber für Fohlen und Jungtiere genauso wichtig wie allgemein für alle Weidepferde. Unbeschlagene ältere Pferde leiden häufig unter spröden, brüchigen Hufen, und diese splittern am Tragrand leicht aus, wenn der Untergrund trocken ist. Werden Jungtiere regelmäßig ausgeschnitten und wird dabei auf eine korrekte Fußstellung geachtet, kann in den meisten Fällen das Auftreten von entwicklungsbedingten Störungen vermieden werden. Die in der Jugend aufgewendete Sorgfalt wirkt sich lebenslang positiv auf das Gebäude des Pferdes aus.

Der Beschlag soll die Hufe vor der ständigen Abnutzung durch harte oder schmirgelnde Oberflächen schützen, den Tragrand vor dem Aussplittern bewahren und durch das Anheben der Sohle über den Boden die Wahrscheinlichkeit vermindern, daß es zu Druckstellen kommt. Dabei bleiben im Idealfall die natürliche Balance des Hufes und der normale Hufmechanismus erhalten.

Das bedeutet, daß der Strahl breit genug bleibt, so daß keinesfalls ein Zwanghuf entsteht, da sonst die Blutzirkulation des Hufes und die Absorption von Erschütterungen beeinträchtigt würden. Die Kunst des guten Schmiedes besteht darin, das Eisen dem Huf anzupassen und nicht etwa umgekehrt. Das klingt einfacher, als es in der Praxis ist, und Bequemlichkeit beim Richten der Eisen kann durchaus Lahmheiten zur Folge haben.

Pferde werden entweder warm oder kalt beschlagen.

Der warme Beschlag erfordert eine Feuerstelle, viele Schmiede führen deshalb eine mobile Esse mit. Ein warmes Eisen läßt sich der Hufform genauer anpassen und ist deshalb dem kalten Beschlag vorzuziehen, bei dem die Versuchung doch größer ist, den Huf dem vorgefertigten Eisen anzupassen.

Für den Weidegang nimmt man zumeist die Eisen ab. Manche Robustpferde haben von Natur aus so hartes Hufhorn, daß sie praktisch nie Eisen benötigen, auch nicht, wenn sie geritten werden. Die Mehrzahl der Reitpferde wird allerdings beschlagen.

Beim Weidegang entwickeln sich oft nach kurzer Zeit brüchige, eingeris-

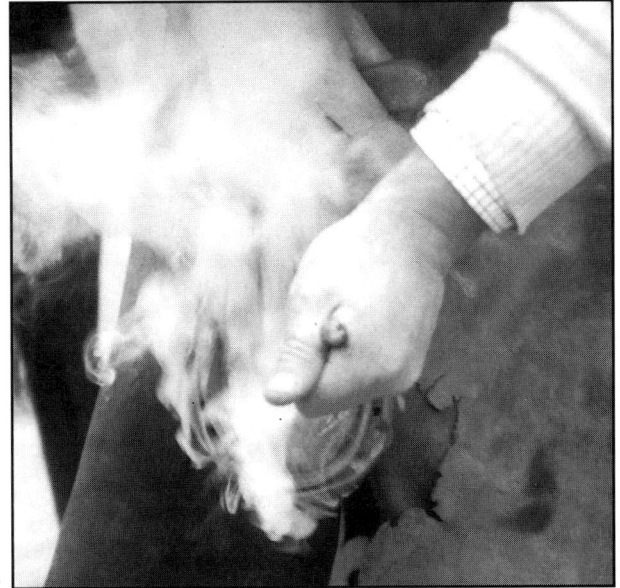

sene Hufe, besonders auf hartem Boden. Vollblüter scheinen dafür besonders anfällig zu seien. Man kann ihnen deshalb zum Schutz Halbeisen auflegen, außer der Besitzer beschließt, daß sich die Hufe einmal völlig vom Einfluß des Beschlages erholen sollen. Hintereisen werden fast immer abgenommen, damit es bei Keilereien zwischen gemeinsam hinausgelassenen Pferden nicht zu schwereren Verletzungen kommt. Auf jeden Fall sollten die Hufe von Weidepferden regelmäßig, also etwa monatlich, kontrolliert und ausgeschnitten oder beraspelt werden, um Hufprobleme zu vermeiden, wenn sie wieder gearbeitet werden.

# Ausschneiden der Hufe bei Jungtieren

Bei Jungtieren ist es besonders wichtig, beim Ausschneiden auf eine korrekte Balance ihrer Extremitäten zu achten. Probleme wie Winkelabweichungen der Gliedmaßenachse können beispielsweise einfach dadurch entstehen, daß der aufgehobene Huf nur nach Augenmaß zurechtgeschnitten wird, ohne auf die Gliedmaßenstellung Rücksicht zu nehmen. Deshalb sollte das Pferd stets zuerst im Stehen genau beurteilt und der Winkel des Hufes zum Boden vermessen werden. Die Stellung der einzelnen Gliedmaßenteile wird dabei genau ins Kalkül gezogen, mit der Zeit entwickelt man dann ein Auge dafür, welche Stellungsabweichungen sich später zu Problemen auswachsen könnten.

Dann wird das Pferd auf ebenem Grund 20 bis 30 Meter vom Betrachter weg und wieder zurück geführt. So kann der Schmied beurteilen, wie es die jeweilige Extremität vorführt und wie es damit auffußt.

Beim **Ausschneiden** wird die Korrektur des Hufes dann genau der jeweiligen Situation angepaßt, generelle Richtlinien gibt es nicht. Als Beispiel sei hier nur kurz erwähnt, daß Hufe, deren Außenseite stärker wächst, außen auch stärker beschnitten werden, um sie wieder in Balance zu bringen. Ein Fohlen oder Jährling, dessen Hufe diese Tendenz zeigen, wird leicht eine zehenweite Stellung entwickeln und dadurch den Huf innen stärker abnutzen. Die entstehende Schrägbelastung drückt einseitig vermehrt auf die Wachstumszonen und kann zu Wachstumsunregelmäßigkeiten führen. Umgekehrt sind bei einer längeren Innenwand die Folgen und auch die Korrekturmaßnahmen genau entgegengesetzt.

Bei ausgeprägten Fehlstellungen wird manchmal ein **Dreivierteleisen** notwendig, um das unregelmäßige Hufwachstum auszugleichen. Wenn man beispielsweise bei zehenweiter Stellung die überlange Außenwand nicht mehr weiter zurückschneiden kann, wird man zusätzlich die Innenseite mit einem Teileisen vor der stärkeren Abnutzung schützen müssen. Das dafür passende Spezialeisen ist leicht und wird zum Trachtenbereich hin immer dünner, nur so erreicht man den erwünschten Effekt.

Für Korrekturbeschläge sollte man stets einen möglichst erfahrenen Schmied heranziehen, der die potentielle Entwicklung des Jungtieres gut abschätzen kann. Stellungskorrekturen sind kein simples Allheilmittel, das jeder Laie anwenden kann. Genauso viel Erfahrung gehört dazu, zu wissen, wann die Korrektur beendet ist und wann wieder zu normalem Ausschneiden zurückgekehrt werden kann. Die Hufe sehr junger Fohlen werden noch nicht beschlagen, hier erweisen sich in manchen Fällen geklebte Plastikschuhe als hilfreich.

## Ausschneiden der Hufe beim erwachsenen Pferd

Für das ausgewachsene Pferd gelten grundsätzlich die gleichen Regeln. Das Tier wird zuerst im Stand und dann im Gang auf ebenem Boden vorgeführt. Leider gehört dieser einfache Vorgang nur mehr sehr selten zu den Routinemaßnahmen der heutigen Schmiede. Die Konsequenz dieser mangelnden Sorgfalt sind in vielen Fällen ein unzureichender Beschlag und daraus resultierende Lahmheiten.

Wie bereits früher betont, ist es wichtig, daß die Balance der kompletten Extremität bei Beschlagsmaßnahmen in Betracht gezogen und beim Ausschneiden bestmöglich erhalten wird. Bei Stellungsfehlern sollte auch bei ausgewachsenen Pferden eine Korrektur angestrebt werden. Verzichtet man

*Vernachlässigte Hufe mit ausgebrochener Wand, langen Zehen und untergeschobenen Trachten; der Huf ist seitlich bereits deutlich über das Eisen hinausgewachsen.*

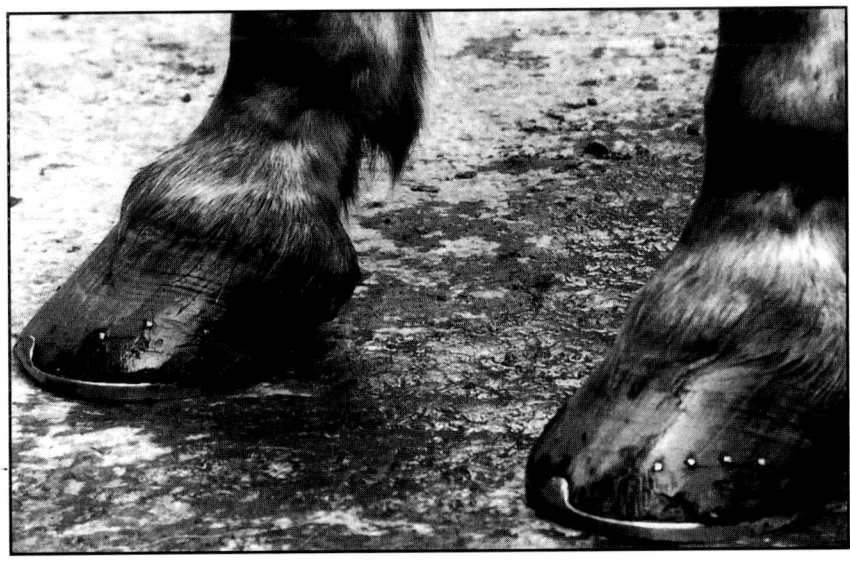

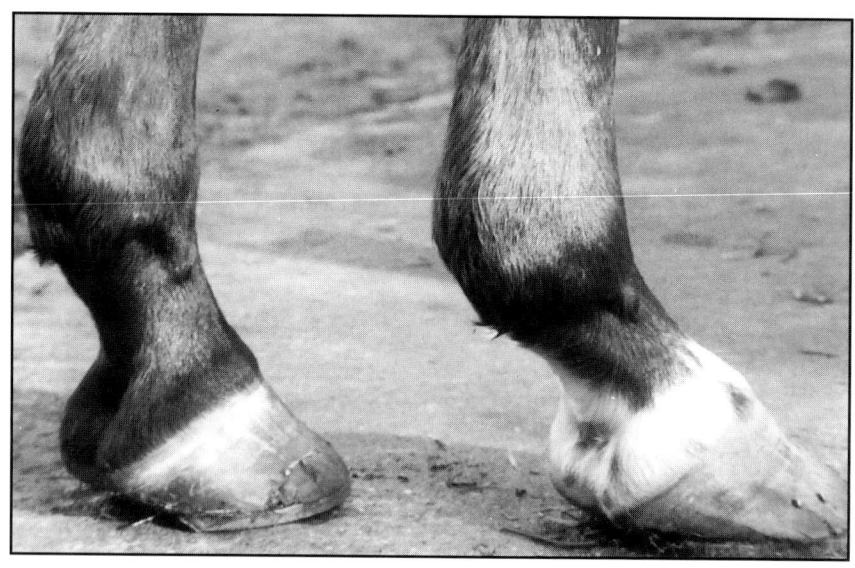

*Überlange Zehen und niedrige Trachten bestimmen auch hier das Bild. Sehnen und Gelenke werden belastet. Der Ballen des rechten Hufs berührt bereits das Eisen.*

*Der linke Vorderhuf trägt einen Korrekturbeschlag mit erhöhtem Außenschenkel.*

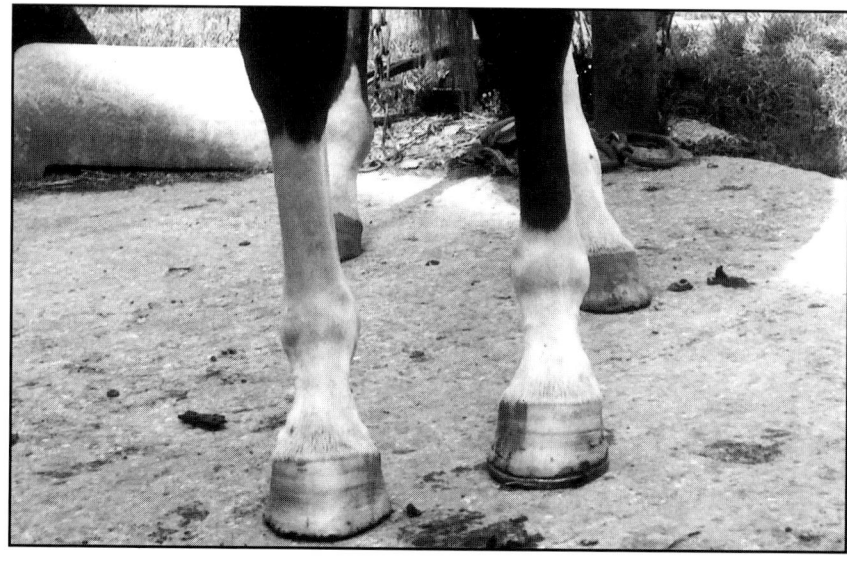

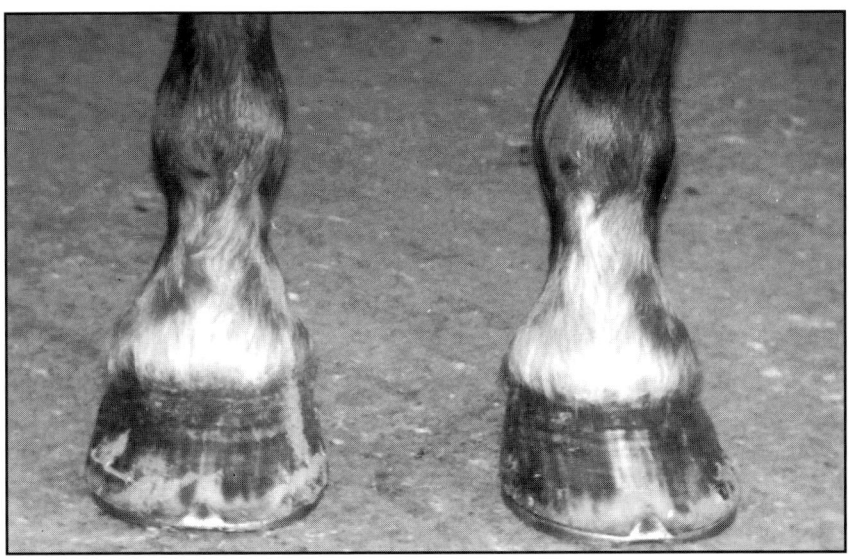

*Die Außenwand des linken Vorderhufs ist ausgestellt, die Zehenachse leicht nach innen gebrochen.*

darauf, kann es durch die entstehende einseitige Belastung später zu Schäden und Lahmheiten kommen, was heute leider häufig passiert.

Als Beispiel soll hier nochmals die häufig auftretende **zehenweite Stellung** dienen. Hier ist es oft notwendig, die weniger wachsende, stärker abgenutzte innere Seitenwand durch einen verdickten Eisenschenkel auszugleichen, da es selten möglich ist, nur mit dem Zurückschneiden der Außenwand das Auswachsen zu erreichen.

Überlange Zehen, besonders in Kombination mit untergeschobenen niedrigen Trachten, belasten das Bein stark, eine baldige Abhilfe ist essentiell. Eisen zur Korrektur der Hufachse haben im Trachtenbereich erhöhte oder abgeflachte Schenkel. Das Gewicht des Pferdes sollte, soweit möglich, nur auf dem Tragrand lasten. Das Eisen darf keinesfalls auf die Sohle drücken, da es sonst zu schmerzhaften Druckstellen kommt, die man beim nächsten Ausschneiden als dunkle Verfärbungen erkennt.

Druckstellen verursachen Lahmheiten, die allerdings auf weichem Untergrund weniger auffallen. Ein Pferd mit Schmerzen im Sohlenbereich versucht diesen zu entlasten und verändert zu diesem Zweck seinen Gang. Das kann gerade bei schneller Arbeit zu ernsthaften Verletzungen führen.

# Hufeisen und Orthopädie

Der normale Reitpferdebeschlag ist ein eisernes Pantoffeleisen, oval, mit flacher Tragfläche, es besteht aus dem Zehenteil und den seitlichen Schenkeln; die Bodenfläche hat einen eingekerbten Falz zur Aufnahme der Nagelköpfe. Renneisen können auch leichtere Eisen sein oder aus Aluminium bestehen. Das Gewicht des Eisens belastet das Bein, und man sollte vermeiden, schwerere Eisen zu verwenden als unbedingt notwendig. Für den alltäglichen Gebrauch werden üblicherweise aber Eisen mit normaler Dicke verwendet, da sie eine wesentlich längere Lebensdauer haben.

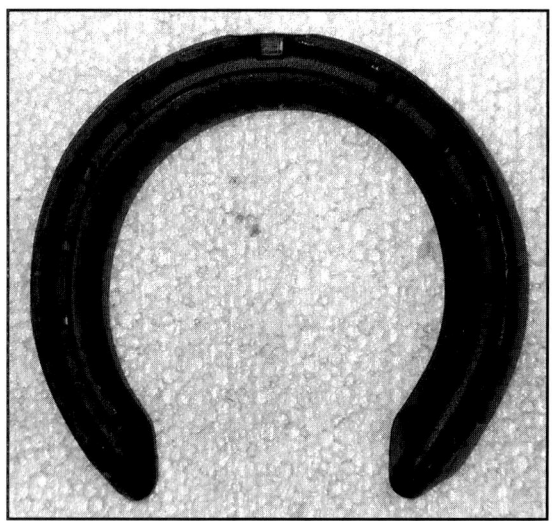

*Bodenfläche eines fabrikneuen Eisens, scharfer Rennbeschlag*

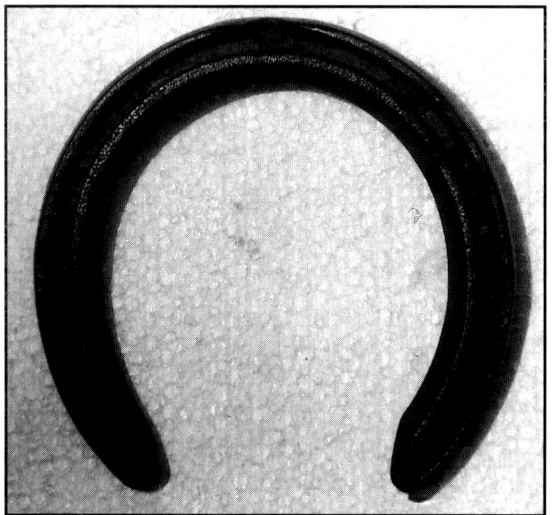

*Der gleiche Eisentyp, diesmal vom Schmied handgefertigt*

Obwohl Pferde regelmäßig umbeschlagen werden sollten, ist es der Alptraum jedes Schmiedes, ständig Eisen erneuern zu müssen, ehe der Huf entsprechend nachgewachsen ist. Daher werden die schneller abgenutzten Renneisen meist für das Training wieder durch normale leichte Eisen ersetzt. Ständig erneutes Nageln schwächt die Hufwand, so daß neue Nägel immer weniger Halt finden.

## Halbmondeisen

Dies sind dünne Eisen, die nur aus dem Zehenteil und dem vorderen Teil der Schenkel bestehen. Sie schützen nur den vorderen Teil des Hufes. Man benutzt sie bei Weidepferden oder zum Anheben der Zehe bei überhöhten Trachten. In diesem Fall ist das Eisen von vorn nach hinten keilförmig abgeflacht.

*Bodenfläche eines Halbmondeisens*

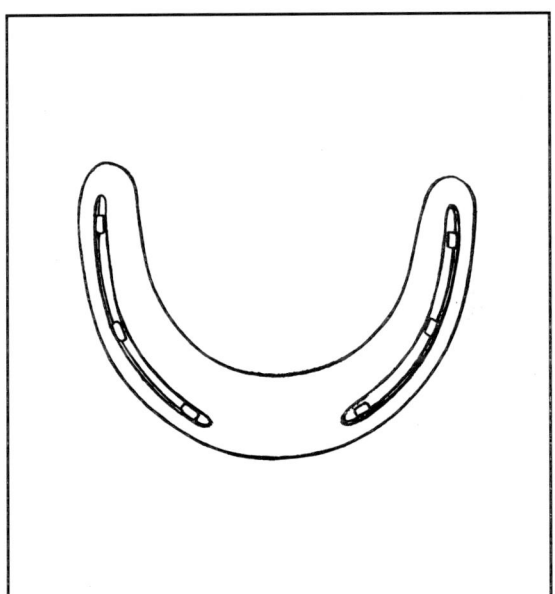

## Dreiviertelseisen

Dieses Eisen hat einen normalen und einen kurzen Schenkel. Er dient dazu, die eisenfreie Seite zu entlasten. Auch für Stellungskorrekturen bei Jungpferden wird es eingesetzt. Hierbei ist der kürzere Schenkel des Eisens keilförmig abgeflacht.

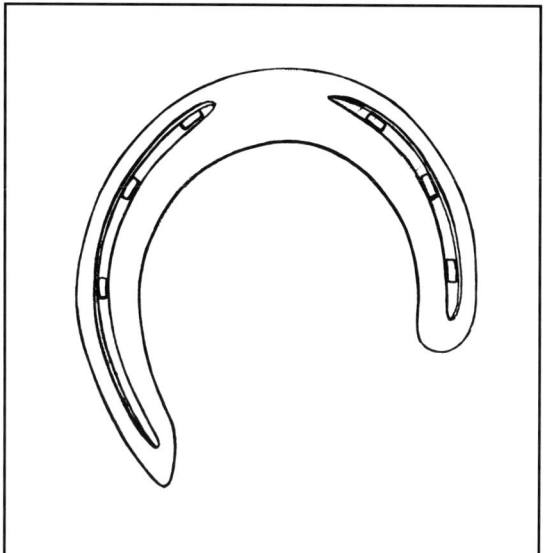

*Das Dreivierteleisen dient meist dazu, Imbalancen des Hufs zu korrigieren.*

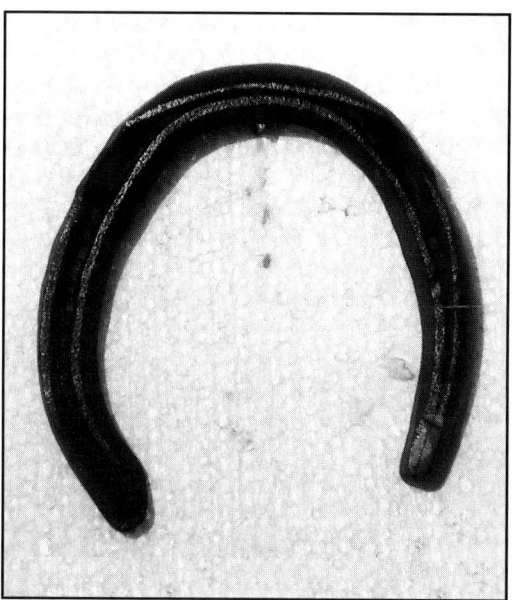

*Ein Dreivierteleisen mit Zehenrichtung und unterschiedlicher Schenkeldicke*

## Geränderte Eisen

Sie werden verwendet, um das Streichen zu verhüten. Der innere Schenkel ist abgeschrägt und schmaler als der äußere, damit er beim Vorführen des Beines nicht an der Nachbargliedmaße anstreift. Den gleichen Effekt erreicht man,

*Auf der Innenseite
bodeneng gerän-
dertes Eisen;
Spezialbeschlag
gegen Streichen*

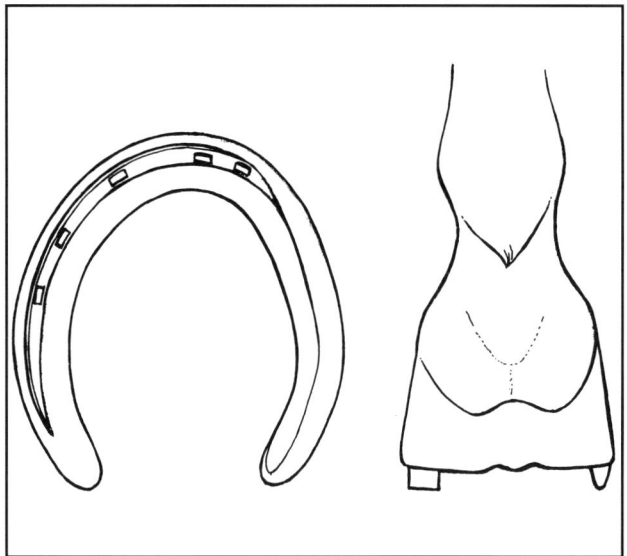

indem das Eisen im betreffenden Bereich enger gelegt wird, so daß es die Hufwand nicht mehr wie regulär vorgeschrieben überragt. Hierbei besteht allerdings die Gefahr, daß das Eisen in diesem Bereich vermehrt auf die Sohle drücken könnte und daß der überstehende Tragrand ausbricht.

## Eisen mit erhöhten Trachten (Abbildung s. Seite 238)

Der hintere Teil der Schenkel ist bei diesen Eisen erhöht, um verletzte Sehnen, Gelenke oder Bänder in der Regenerationsphase zu entlasten. Nach dem Ausheilen wird das Pferd erst allmählich auf einen Normalbeschlag umgestellt, da es sich erst wieder an die veränderte Belastung gewöhnen muß. Wie stark die Trachten erhöht werden, hängt von den Erfordernissen des Einzelfalls ab, bei der Ruhigstellung von Gleichbeinfrakturen kann die Differenz bis zu fünf Zentimetern ausmachen.

## Ledereinlagen

Ledereinlagen sollen Erschütterungen mildern und Sohle und Strahl vor Druckstellen bewahren. Bei flach ausgebildeten Hufen, auf deren Sohlen das Leder fast aufliegt, sind sie wirkungslos, da sie den Druck von Bodenunebenheiten direkt auf die empfindliche Sohle weiterleiten.

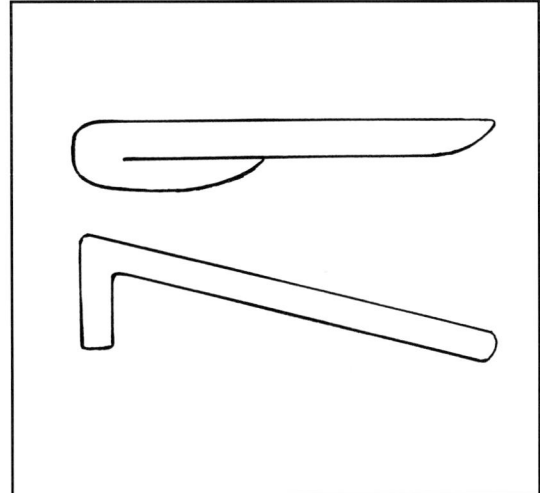

Eisen mit Zehenrichtung und keilförmiger Erhöhung durch die umgeschmiedeten Schenkelenden. Es erleichtert das Abrollen (oben). Diese starke Erhöhung der Trachten kann bei Pferden aus medizinischen Gründen während der Boxenruhe eingesetzt werden (unten).

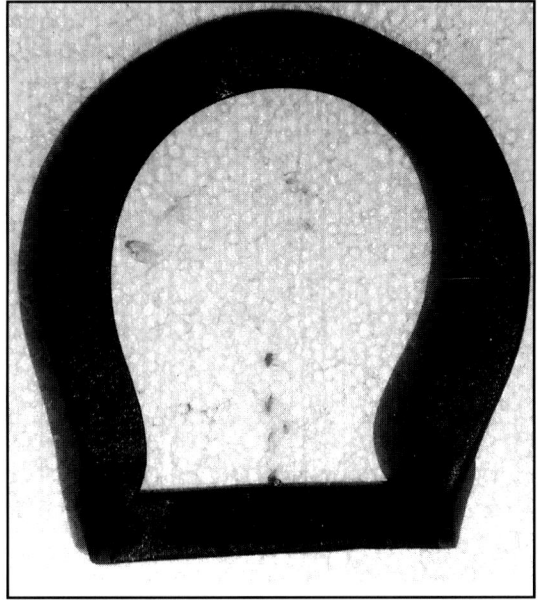

Eisen mit erhöhtem Steg von der Oberseite, es ist ebenfalls zur Entlastung bei Verletzungen bestimmt.

## Plastikeinlagen

Wenn sie durchgehend ausgebildet sind, dienen sie zum Schutz der Sohle wie schon die Lederplatte, sie erhöhen gleichzeitig die Trachten. Man setzt sie bei Pferden mit niedrigen Trachten ein, um die Winkelung des Hufes zum Boden zu verbessern oder auch einmal bei sehr weich gefesselten Tieren. Die Einla-

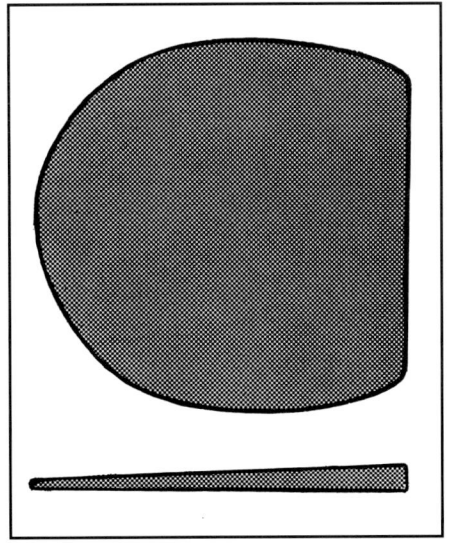

gen sollten regelmäßig herausgenommen werden, da sich unter ihnen Schmutz und Steinchen ansammeln können.

## Gleitschutz

Stollen sind vermutlich das Zweckmäßigste, um zu verhindern, daß Pferde auf rutschigem Boden ausgleiten. Auch in Ländern, in denen die Tiere viel auf Eis und Schnee gehen müssen, werden sie bevorzugt verwendet. Um die Ze-

*Eisen mit Vorrichtung zum Einschrauben von vier Stollen (siehe Detail) zur Arbeit auf rutschigem Boden*

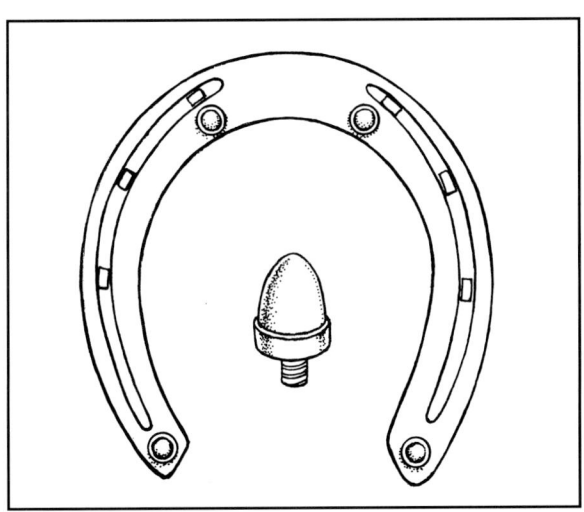

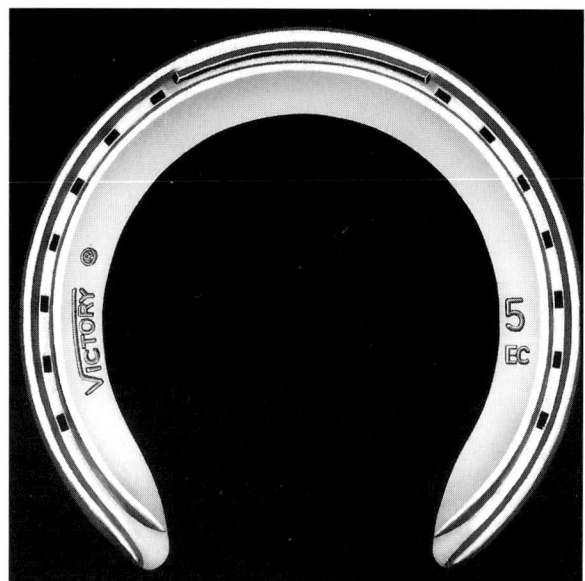

*Vordereisen aus Aluminium mit Stahleinlage für verbesserte Haltbarkeit*

henachse nicht zu verändern, kombiniert man sie bei Wagenpferden mit Zehengriffen, die für Reitpferde in dieser Form nicht verwendbar sind.

Stollen, die ja eigentlich für die Arbeit auf weichem Boden bestimmt sind, wo sie sich eindrücken sollen, verändern auf hartem Untergrund die Fesselstellung des Pferdes und können so zu Zerrungen oder anderen Verletzungen Anlaß geben. Es gibt auch Eisen, deren Unterseite gänzlich rutschhemmend ausgerüstet ist, bei ihnen kommt es zu Schwierigkeiten, wenn sie sich ungleichmäßig abnutzen. Das Pferd steht dann auf einer wackelnden Unterlage, wodurch Gelenkprobleme entstehen können.

## Plastikbeschläge

Wenn ein normaler Beschlag Probleme bereitet, sei es durch die Erzeugung von Druckstellen auf der Sohle oder wenn normales Nageln nicht mehr möglich ist, werden geklebte Plastikeisen verwendet. Deren Haltevorrichtungen verbinden sich gut mit der Hufwand, und das Eisen gibt dem Huf für etwa einen Monat ausreichend Schutz. Für ältere Pferde bilden sie oft die ideale Lösung, wenn sie sorgfältig angepaßt sind, da sie den Tragrand gut unterstützen und die Sohle eher entlasten. Plastikeisen gibt es in den verschiedensten Formen, sogar mit eingelegten Renneisen.

*Renneisen,
Mischung aus
Aluminium und
Kunststoff zum
Aufkleben*

*Modernes
Plastikeisen zum
Aufkleben, die
Haltbarkeit ent-
spricht bereits
der eines kon-
ventionellen Be-
schlags*

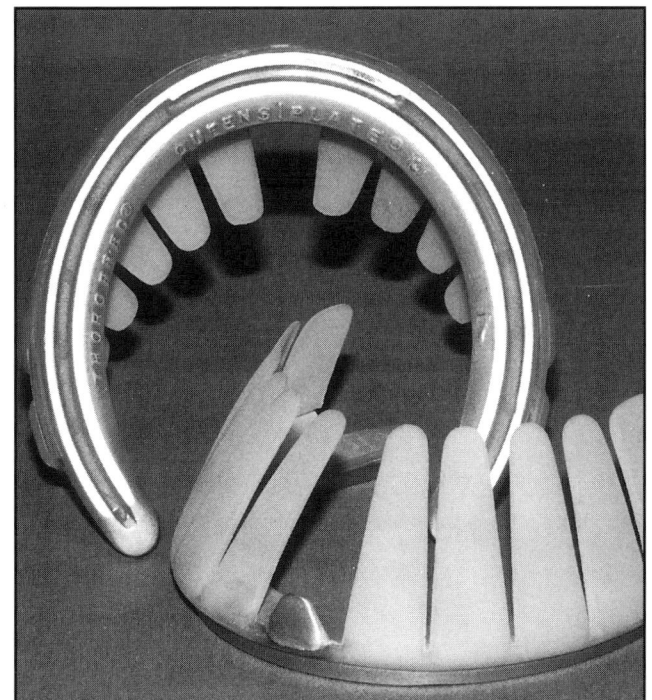

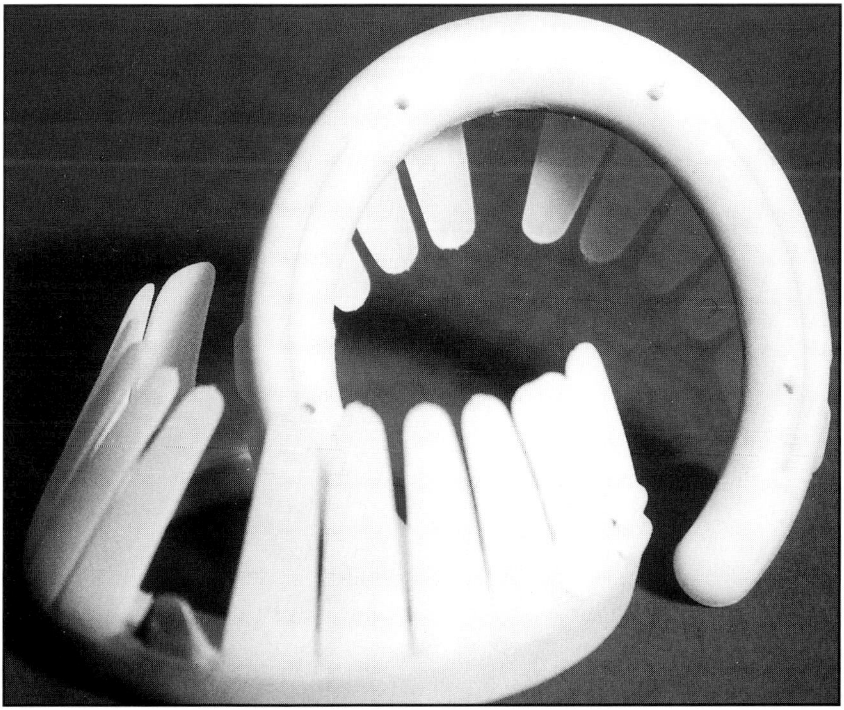

242

*Plastikeisen, am Huf-
modell aufgeklebt*

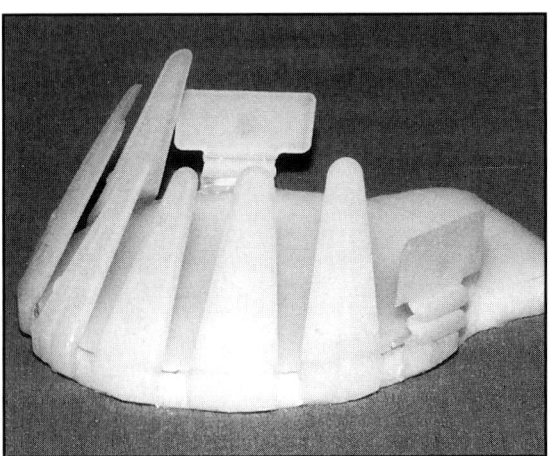

*Spezialkunststoffbeschlag
für medizinische Zwecke,
besonders für Fohlen*

*Plastikbeschlag in einer
Version, die zusätzlich
genagelt werden kann,
Möglichkeit zum Einset-
zen von Stollen.*

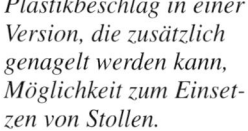
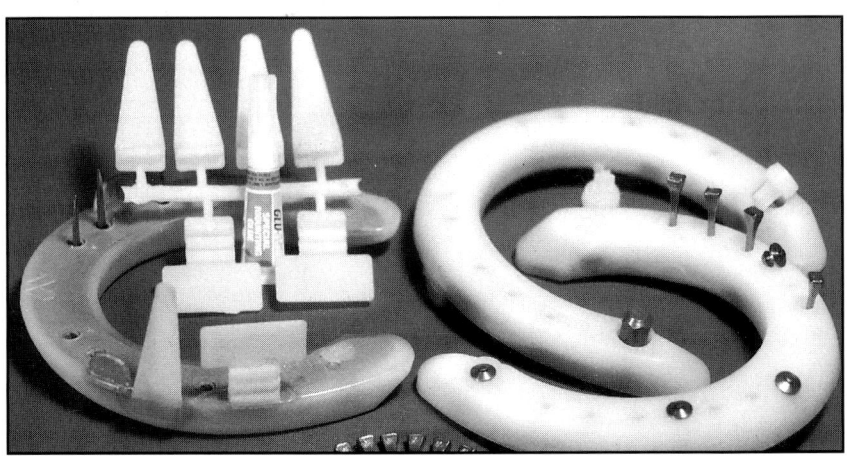

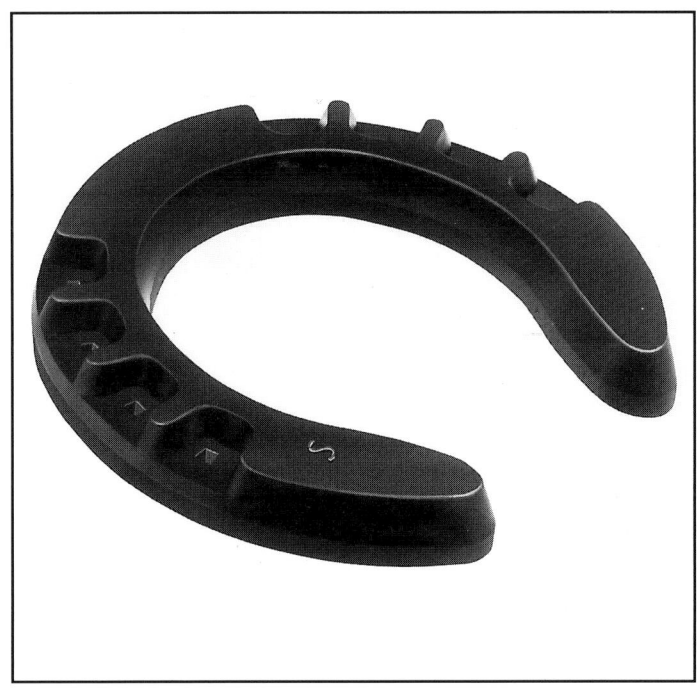

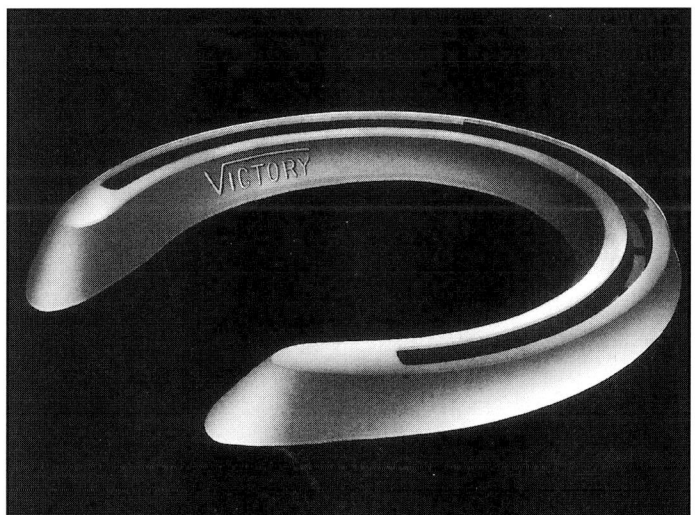

*Oben: Spezialeisen aus Aluminium mit einer stoßabsorbierenden Auflage*

*Unten: Eisen aus einer speziellen leichten Aluminiumlegierung*

## 244 Stegeisen

Eisen mit zusätzlichen Stegen, die vermehrt den Strahl des Pferdes zum Einsatz bringen, werden derzeit wieder häufig bei Rehepferden angewendet, sie sollen die Schmerzen mindern. Sie bestehen aus Eisen oder Plastik. In jedem Fall sollen sie den Strahl stärker belasten, während der Bodenkontakt der Sohle vermindert wird. Diese Eisen haben zudem meist eine deutliche Zehenrichtung, der Vorderteil ist etwas aufgebogen, um das Abrollen des Hufs zu erleichtern. Der Steg oder Einsatz soll die Fläche des frisch ausgeschnittenen Strahls nicht überragen und diesen am aufgehobenen Fuß beim Aufpassen des Eisens berühren.

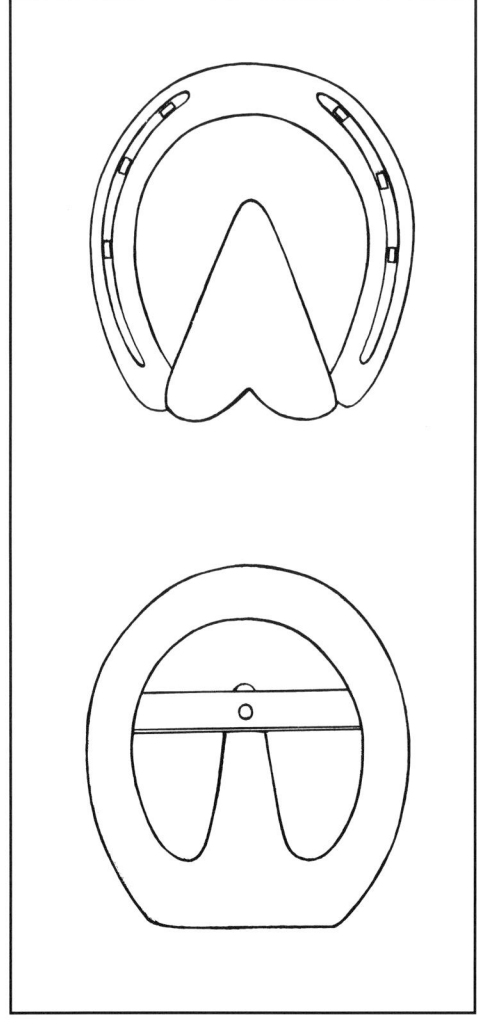

*Zwei Stegeisen: Das obere ganz aus Stahl, mit feststehendem Steg, das untere mit adjustierbarem Steg, Teile davon können aus Plastik bestehen.*

Hierüber gibt es verschiedene Ansichten. Liegt der Steg beim unbelasteten
Huf gerade noch schwebend, ist eine normale Dehnung des Strahls weiterhin
möglich, und der Hufmechanismus bleibt erhalten.

Wenn das Pferd das Eisen als unbequem empfindet, übt der Steg jedenfalls
zuviel Druck aus und sollte neu adjustiert werden.

## Hufeinlagen

Bei akuten Rehefällen werden auch Gipsausgüsse der Sohle als temporäre
keilförmige Stütze verwendet, oder man plaziert unter dem Strahl zusam-
mengerollte Baumwollbandagen in einen Hufverband, um der Gefahr einer
Hufbeinsenkung entgegenzuwirken.

Wie mit den Spezialbeschlägen soll hiermit der Strahl vermehrt zum Tragen herangezogen werden, während man die schmerzhaft veränderte Sohle
entlastet.

## Fehlerhafte Aktion

Stellungsfehler führen meist zu einer unregelmäßigen Gliedmaßenführung
und damit zu einer fehlerhaften Aktion, bei der das Pferd beim Vorführen des
Beines an ein anderes anschlägt. Die Benennung dieser Gangfehler richtet
sich nach der Stelle, an der der Huf das zweite Bein berührt.

**Greifen oder Einhauen** nennt man es, wenn ein Hinterhuf unterhalb des
Vorderfußwurzelgelenks das gleichseitige Vorderbein oder den Huf trifft.
Dieser Ausdruck wird aber auch anderweitig verwendet und ist nicht ganz
spezifisch.

Beim **Streichen** streift der Vorder- oder Hinterhuf beim Vorschwingen das
benachbarte Bein auf unterschiedlicher Höhe, zwischen dem Ballen und dem
Fesselkopf oder bis hinauf zum seitlichen Röhrbein.

Als **Schmieden oder Einhauen** bezeichnet man es, wenn das Pferd beim
Greifen mit der Zehe des Hinterhufs an die Sohle des Vorderhufes schlägt. Es
kann dabei das gleichseitige oder das diagonale Vorderbein treffen.

Diese Erscheinungen treten meistens bei jungen Pferden auf, die ihr
Gleichgewicht noch nicht gefunden haben, besonders wenn sie das erste Mal
beschlagen worden sind. Es kann auch bei Rennen oder bei anderen größeren
Anstrengungen dazu kommen. Oft ist ein Streichen oder Greifen ein Zeichen
für einen nicht optimal ausbalancierten Beschlag oder einen noch nicht kor-
rigierten Stellungsfehler.

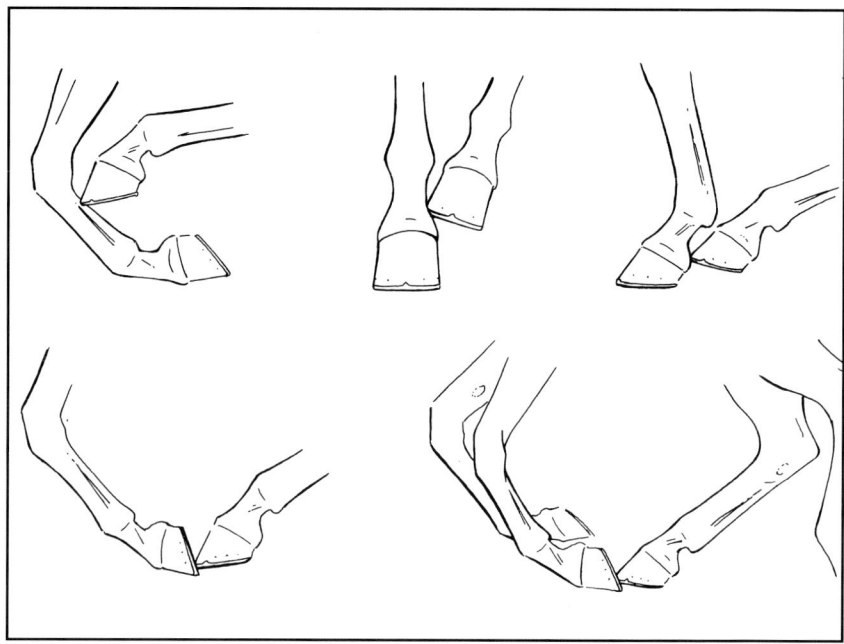

*Fehlerhafte Aktion*
*obere Reihe: Einhauen; Streichen; Greifen;*
*untere Reihe: »Schmieden« im Trab und diagonal im Galopp*

Vorbeugemaßnahmen umfassen eine exakte Analyse der genauen Stelle des Hufes, die anstreift, und wie das geschieht. Nun kann der Beschlag so angepaßt werden, daß der entsprechende Teil etwas zurückgelegt wird. Das getroffene Bein kann seinerseits durch Bandagen, Gamaschen oder ähnliches geschützt werden.

# Physiotherapie

Der Zweck jeder Physiotherapie ist es, die Selbstheilungskräfte des Körpers zu unterstützen und zu fördern. Das kann auf die unterschiedlichste Art und Weise erreicht werden, beginnend von der einfachen Anwendung von Kälte oder Wärme, über die Massage von Muskeln und Bindegewebe oder Manipulationen von Knochen und Gelenken, bis hin zur Verwendung der verschiedensten technischen Hilfsmittel:

Durch **Kühlung,** meist in Form von Eispackungen oder kaltem Abspritzen, werden in akuten Fällen die ersten entzündlichen Reaktionen des Körpers auf eine frische Verletzung vermindert und, abhängig davon, wie rasch die erste Behandlung einsetzte, schnell wieder abgebaut. Eingedämmt werden also die typischen Entzündungssymptome, wie Hitze, Anschwellung und Schmerz.

**Wärme** hat den entgegengesetzten Effekt. Sie erweitert die Blutgefäße und verbessert dadurch die Durchblutung des behandelten Gebietes. Man verwendet sie mit Vorteil zur Aktivierung etwas älterer Verletzungen, allerdings erst nach dem Abklingen der anfänglichen Entzündung. Zudem beschleunigen heiße Bäder, Breiumschläge und ähnliches die Reifung lokaler Infektionen und die Säuberung eines verschmutzten Wundgebietes. Der vermehrte Blutfluß trägt generell zur schnelleren Regeneration bei, wenn es gelingt, die Wärmewirkung von außen bis tief ins verletzte Gewebe eindringen zu lassen. Schmerzhaftes Brennen und Blistern erzeugt nur eine oberflächliche Reaktion, bleibt daher wirkungslos und gilt nach neuer Lehrmeinung als Tierquälerei.

**Massage** eliminiert angesammelte Stoffwechselschlacken aus Muskeln und Bindegewebe und stellt deren normale Funktionen wieder her. Früher gehörte in England das »strapping« zur täglichen Pflege. Hierbei wird die Muskulatur des Pferdes mit einem fest zusammengedrehten Heuwisch kräftig durchgearbeitet. Leider ist dieser nützliche Brauch aus dem heutigen Pferdemanagement weitgehend verschwunden, vielleicht liegt es auch darin begründet, daß derzeit viel öfter Muskelprobleme auftreten. Beim Leistungspferd sollte auf die optimale Funktionsfähigkeit der Muskulatur geachtet werden, diese kann durch regelmäßige Massage gefördert werden, wie es beim menschlichen Leistungssportler längst selbstverständlich geworden ist. Ohne die entsprechende Sorgfalt kann es zu sekundären Problemen an Sehnen und Gelenken kommen.

**Wirbelsäulen- und Gelenkmanipulationen** werden immer öfter vorbeugend oder therapeutisch eingesetzt, obwohl viele Tierärzte diesen Methoden noch etwas skeptisch gegenüberstehen. Manche von ihnen vertreten die Meinung, daß Wirbelsäulenprobleme nur dann vorliegen, wenn es dadurch bereits zu deutlich sichtbaren strukturellen Anomalien gekommen ist, wie man es von Verstauchungen oder Brüchen von Wirbeln kennt. Auch über die normale Beweglichkeit im Bereich der Rumpfwirbelsäule differieren die Ansichten der Experten erheblich.

Worum geht es bei dieser interessanten Diskussion eigentlich? Grundsätzlich um die Frage, ob Rückenschmerzen auftreten können, ohne daß es schon zu sichtbaren Dislokationen (Verschiebungen) gekommen ist. Die Anwort darauf lautet: Ja, natürlich, was jeder, der selbst einmal unter Rückenschmerzen gelitten hat, aus eigener Erfahrung bestätigen kann. Kleinste Verschiebungen in den Wirbelgelenken führen in vielen Fällen zu beträchtlichen Schmerzen, die durch gequetschte Spinalnerven und verspannte Muskeln ausgelöst werden, ohne daß es dort bereits zu klinisch feststellbaren pathologischen Veränderungen kommt.

Gerade bei Sportpferden, deren Wirbelsäule beim Springen beträchtlich beansprucht wird, sind Rückenprobleme recht häufig. Die daraus entstehenden Gangbeeinträchtigungen und Lahmheiten sind für den erfahrenen Betrachter deutlich erkennbar. Wie die Erfahrung lehrt, kann einem hohen Prozentsatz dieser Pferde durch entsprechende Manipulationen schnelle Erleichterung verschafft werden. Um das Problem genau zu lokalisieren und die richtigen Griffe einsetzen zu können, bedarf es allerdings einer speziellen Ausbildung und einiger Erfahrung.

# Ultraschall

Hochfrequente Ultraschallwellen dringen tief ins Gewebe ein, bis zu sieben Zentimeter, nach anderen Angaben sogar bis zu zehn. Damit erreichen sie auch tieferliegende Strukturen wie Sehnen oder Knochen. Durch Ultraschallbehandlung erzielt man eine verbesserte Tiefendurchblutung, was die Absorption von *Ödemen* (Gewebeflüssigkeit) fördert und die Heilung des Gewebes beschleunigt. Auch bei manchen Knochenverletzungen ist eine angemessene Verwendung sehr vorteilhaft. Ausreichend ruhiggestellte Gleichbeinfrakturen (Stützverband) können unter Ultraschalltherapie schneller ausheilen, und die Remineralisierung wird bei einer *Ostitis* (Knochenentzündung) des Hufbeins unterstützt, wie Kontrollröntgen während der Behandlungsphase zeigt.

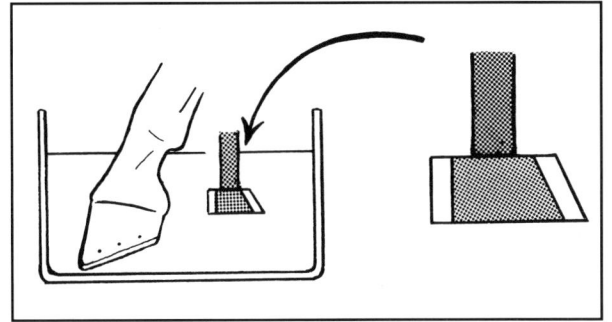

*Ultraschallbehand-
lung des unteren
Beinabschnitts unter
Wasser, das als Über-
tragungsmedium fun-
giert. Der Schallkopf
wird eingetaucht.*

Bei anderen Frakturen kann sich allerdings der Ultraschall anderen Auto-
ren nach auch negativ auswirken. Läßt man sich durch die rasch gemilderten
Symptome über den wirklichen Heilungsverlauf hinwegtäuschen und belastet
das Pferd verfrüht, treten, wie zu erwarten, meist ernsthaftere Folgeschäden
auf.

Bei der Behandlung von Knochen ist es wichtig, daß dafür ausschließlich
der pulsierende Modus gewählt wird und daß der Schallkopf während der
Therapie ständig bewegt wird, um unerwünschte Nebeneffekte durch die entstehende Wärme zu verhindern. Dauer und Stärke der Anwendung sollten
stets so angepaßt werden, daß sich die Behandlung optimal auswirkt.


## Risiken

Folgende Punkte sollten berücksichtigt werden:
● Liegt im behandelten Gebiet irgendwo eine Infektion vor, besteht die Gefahr, daß diese durch die Therapie aufflammt und sich ausbreitet, das kann
sich bis zu einer Septikämie (Blutvergiftung) ausweiten. Ein Infektionsrisiko
muß deshalb vor Behandlungsbeginn stets mit aller Sorgfalt ausgeschlossen
werden. Solange Zweifel bestehen, muß auf den Einsatz von Ultraschall verzichtet werden.
● Bei frischen Entzündungserscheinungen kann die Therapie schmerzhaft
sein und verschlimmernd wirken. Daher ist der Einsatz von Ultraschall in den
ersten ein bis zwei Tagen nach einem Trauma weniger empfehlenswert. Nur
bei geringfügigen Schwellungen kann die Behandlung unter Umständen bereits früher einsetzen. Verletzte Sehnen sind im Frühstadium besonders empfindlich, hier kommt es zu heftigen Schmerzäußerungen, wenn der Schallkopf zu früh direkt über den betroffenen Bereich geführt wird.
● Das Auftragen von Ultraschallgel in ausreichender Menge sichert die optimale Schallfortleitung ins Gewebe, ständiges Bewegen des Schallkopfes
verhindert eine Überhitzung.

● Wehrt das Pferd ab, ist die Therapie also unangenehm, wird sofort auf den Impulsmodus umgeschaltet, die Intensität vermindert oder beides zugleich. Schmerzen treten am ehesten auf, während das Zentrum der Verletzung behandelt wird, deshalb ist es empfehlenswert, stets von außen nach innen zu arbeiten und anfänglich den verletzten Bereich überhaupt auszusparen.

● Eine Therapieeinheit sollte nie länger als fünf Minuten dauern, allerdings ist es in einigen Fällen möglich, zweimal am Tag zu behandeln.

● Bei Blutergüssen ist Ultraschalltherapie von zweifelhaftem Wert, bei frischen Verletzungen kann es dadurch sogar zu erneuten Blutungen kommen.

● Ultraschall hilft beim Abtransport von Entzündungsprodukten aus dem Gewebe, er reduziert die Entzündungserscheinungen, wie Hitze, Schwellung und Schmerz.

Nochmals sei hier betont, daß man das keinesfalls mit einer endgültigen Ausheilung verwechseln darf, die Gewebestrukturen befinden sich nach wie vor noch im Stadium der Reparation. Eine Sehne kann nach wiederholter Behandlung wieder völlig klar aussehen, ist aber trotzdem bei weitem noch nicht wieder voll belastbar. Die dafür notwendigen strukturellen Umbauten im regenerierten Gewebe brauchen einfach ihre Zeit. Wird die Sehne, sprich das Pferd, in dieser Phase bereits gefordert, kommt es unweigerlich erneut zu einer Verletzung des noch nicht gefestigten Bereichs. Diese ist meist wesentlich schwerer, als es das ursprüngliche Problem war. Auch bei schneller symptomatischer Besserung durch physikalische Maßnahmen muß das Pferd immer so lange geschont werden, bis der Heilungsprozeß abgeschlossen ist.

Bei Weichteilverletzungen können Ultraschallscanner die jeweiligen Fortschritte kontrollieren. Sonst wird man sich diesbezüglich auf das Urteil erfahrener Fachleute verlassen.

● Ultraschall darf **nicht** in folgenden Regionen eingesetzt werden: Auge, Gehirn, Fortpflanzungsorgane.

● Erhitzt sich der Schallkopf während der Therapie, ist das meist ein Hinweis darauf, daß die Schallübertragung blockiert wurde. Dazu kommt es durch einen Mangel an Übertragungsmedium auf der Oberfläche. Starkes Erhitzen führt zu Schäden an der Kristallstruktur des Schallkopfes.

● Man mißt die auf die behandelte Oberfläche einwirkende Energie in Watt pro Quadratzentimeter, sie wird bestimmt durch die Einwirkungsdauer und die Intensität der Schallwellen. Je nach Schwere der Verletzung wird das geeignete Maß dafür ausgewählt, der Therapeut berücksichtigt dabei die Richtlinien des Geräteherstellers ebenso wie wissenschaftliche Untersuchungen und eigene Erfahrungen.

- Zerrungen im Gelenkbereich, auch an unterstützenden Bändern.
- Muskelverletzungen; zusätzlich zur Reizstromtherapie.
- Reduzierung der anfänglichen Entzündungsreaktion bei Sehnen und Bänderverletzungen. Die Grenzen dieser Therapie müssen hierbei klar erkannt werden, die traumatisierten Strukturen benötigen trotzdem nachher noch längere Zeit bis zu ihrer vollständigen Ausheilung.
- Nicht-infektiöse Schwellungen.
- Unterstützung bei der Frakturheilung kleiner Knochen.
- Wundbehandlung, besonders günstig bei verzögerter Wundheilung.
- Kontrolle von »wildem Fleisch«.
- Kronrandverletzungen (besonders günstig).

# Laser

Die Einsatzgebiete von Softlasern, meist als Infrarotlaser, entsprechen weitgehend denen des therapeutischen Ultraschalls. In manchen Fällen reduziert der Laser die Entzündungssymptome sogar noch effektiver, so daß bei Unterschätzung der zugrundeliegenden Verletzung die Gefahr eines zu frühen Antrainierens noch größer ist. Klinisch ist die schnelle Schmerzlinderung durch Lasertherapie besonders eindrucksvoll.

Die symptomatische Besserung darf nicht mit einer endgültigen Heilung verwechselt werden. Bei verfrüht eingesetzten Tieren muß mit nachteiligen Folgen für ihre Gesundheit gerechnet werden.

Bei chronischen Muskelverletzungen gelingt es durch Laser- oder Ultraschallanwendung allein nicht, den Muskel wieder funktionstüchtig zu machen. In akuten Fällen vermindern diese Therapien die Entzündungssymptome und vor allem die Schmerzen. Eine effektive Behandlung wird die normale Muskelfunktion wiederherzustellen trachten, indem zusätzlich ein aktives Kontraktionstraining mittels Reizstromtherapie durchgeführt wird.

# Reizstrom

Heutzutage gibt es die verschiedensten Geräte, die mit Hilfe von elektrischen Reizen auf die Muskulatur einwirken. Dadurch kommt es zu Muskelkontraktionen. Ein verletzter Muskel wird reflektorisch aus dem normalen Bewegungsablauf ausgeschaltet und erlangt seine normale Funktion nur selten ohne eine künstliche Stimulation wieder zurück. Andere Muskelpartien übernehmen seine Arbeit, so daß die Aktion des verletzten Tieres nach kurzer Zeit wieder annähernd normal erscheint. In Wirklichkeit kommt es zu minimalen Veränderungen des Bewegungsablaufs, wodurch andere Strukturen überlastet werden, das Risiko weiterer Verletzungen steigt.

Vom erfahrenen Fachmann können bestimmte Geräte auch diagnostisch sehr effektiv eingesetzt werden, um veränderte Muskeln zu lokalisieren und festzustellen, welche Art von Erkrankung hier vorliegt. Die muskelaktivierende Behandlung wird durch entsprechende Trainingsprogramme ergänzt, und der Muskel erreicht dadurch schnell seine volle Leistungsfähigkeit.

Diese Therapie ist aus der modernen Sporttherapie nicht mehr wegzudenken. Die Behandlung erfolgt dabei mit Hilfe von zwei Elektroden, von denen zumindest eine stationär aufgelegt wird, während die zweite bei manchen Geräten vom Therapeuten je nach Bedarf beweglich geführt werden kann. Besonders beim Lokalisieren von Veränderungen ist das wichtig, hier wird eine Elektrode über dem Pferderücken plaziert, während die zweite suchend über die verschiedenen Muskelpartien geführt wird. Andere Geräte verwenden zwei Pole, die an verschiedenen Enden eines Muskels aufgesetzt werden und diesen durch rhythmische Reizung gezielt stimulieren.

Reizstromgeräte unterscheiden sich außerdem durch ihren einpoligen oder bipolaren Ausgang. Bei der zweiten, moderneren Version fließt der Strom in wechselnder Richtung, was die Wirkung bei der Behandlung von Schwellungen und Gelenkverletzungen verbessert.

Im Kontaktbereich der Elektroden wird immer ein stromleitendes Medium aufgetragen, beispielsweise ein Elektrodengel.

Reizstromgeräte sind im medizinischen Fachhandel auch für Laien erhältlich. Damit sie korrekt und risikoarm angewendet werden können, ist aber eine entsprechende Ausbildung unerläßlich. Es wäre daher sehr wünschenswert, wenn Interessierte spezielle Kurse für Pferdephysiotherapie besuchen würden, die Möglichkeit dazu sollte am besten bereits im Laufe der normalen Ausbildung angeboten werden.

# Magnetfelder

Die Wirkungsweise der Magnetfeldtherapie unterscheidet sich zwar grundsätzlich von der des Lasers oder Ultraschalls, die Anwendungsgebiete dieser Behandlungsweisen stimmen aber trotzdem weitgehend überein.

Zu den Magnetfeldgeräten gehören jeweils diverse Decken und Pads, die

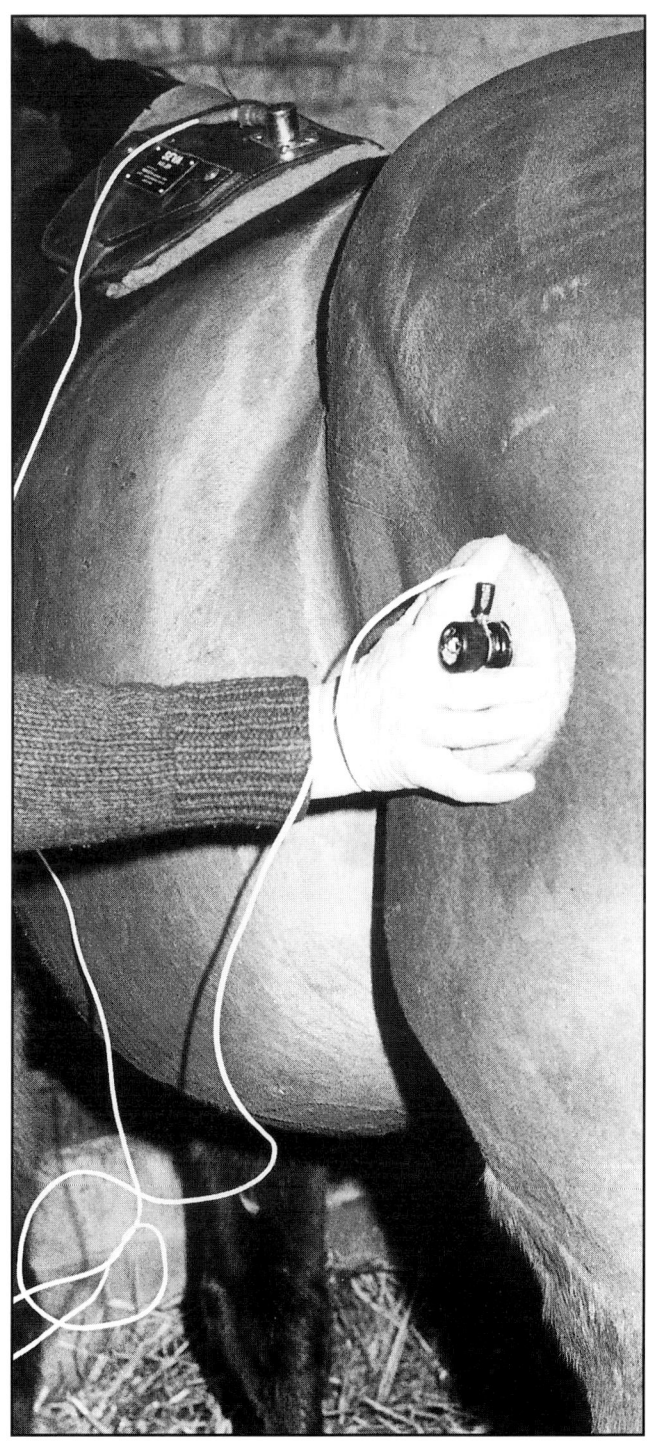

*Reizstromthera-
pie der mächti-
gen Hinterhand-
muskulatur, die
neutrale Elek-
trode ist in der
Sattellage befe-
stigt.*

zur Anwendung an verschiedenen Körperstellen bestimmt sind. Große Auflagen dienen beispielsweise zur Therapie von Rückenproblemen, Gamaschen werden an Gliedmaßen eingesetzt. Man legt diese für die geplante Behandlungsdauer (einige Minuten) an, das Gerät versorgt sie in dieser Zeit mit der entsprechenden, vorher programmierten Reizfrequenz und -stärke.

Während dieser Behandlung werden mit recht hoher Frequenz pulsierende Magnetfelder induziert, dadurch wird gezielt Energie auf das behandelte Gewebe übertragen.

Besonders vorteilhaft wirken die pulsierenden Magnetfelder bei der Heilung von Frakturen.

# Stabmagnete

Von der Verwendung von Gamaschen oder Pads mit eingelegten Magneten verspricht man sich eine verbesserte Durchblutung der entsprechenden Stellen. Zur Behandlung verschiedener Probleme in den distalen Extremitäten werden kleine Magnete auch an den Hufen angebracht.